Petra Hauke (Hrsg.)

Freundeskreise und Fördervereine

Praxiswissen

Freundeskreise und Fördervereine

Best Practice in Öffentlichen Bibliotheken

Herausgegeben von Petra Hauke
Mit einem Geleitwort von Sinikka Sipilä,
Präsidentin des Weltbibliotheksverbandes IFLA

DE GRUYTER
SAUR

Diese Veröffentlichung ist das Ergebnis einer Lehrveranstaltung des Instituts für Bibliotheks- und Informationswissenschaft der Humboldt-Universität zu Berlin, angeboten unter dem Titel „Von der Idee zum Buch – Durchführung eines Publikationsprojektes einschließlich DTP" im Wintersemester 2014/2015 unter der Leitung von Petra Hauke. Die im Folgenden genannten Studierenden haben daran teilgenommen:

Gesa Baron, Mareike Fenja Bauer, Jacqueline Bayer, Julia Boltze, Cliff Buschhart, Samantha Degenkolb, Judith Feist, Keith Gruenewald, Kamil Jaworski, Daniel Jobs, Kristina Langrock, Daniela Müller, Astrid Neumann, Anika Röcker, Simone Schad, Thao Vuong Phan Phuong, Maria Waigant

Aus Gründen der besseren Lesbarkeit wird in den Texten in der Regel das generische Maskulinum dann verwendet, wenn kein biologisches Geschlecht gemeint ist (Sexus) oder männliche und weibliche Personen gleichermaßen gemeint sind (Genus, grammatisches Geschlecht). Dies beruht nicht auf einer Diskriminierung des weiblichen Geschlechts. Das Buch richtet sich gleichermaßen an Leserinnen und Leser.

ISBN 978-3-11-042654-0
e-ISBN (PDF) 978-3-11-042199-6
e-ISBN (EPUB) 978-3-11-042203-0
ISSN 2193-0198

Library of Congress Cataloging-in-Publication Data
A CIP catalog record for this book has been applied for at the Library of Congress.

Bibliografische Information der Deutschen Nationalbibliothek
Die Deutsche Nationalbibliothek verzeichnet diese Publikation in der Deutschen Nationalbibliografie; detaillierte bibliografische Daten sind im Internet über http://dnb.dnb.de abrufbar.

Umschlagabbildung: Roman Antonov/iStock/thinkstock
Satz: Medien Profis GmbH, Leipzig
Druck und Bindung: Strauss GmbH, Mörlenbach
♾ Gedruckt auf säurefreiem Papier
Printed in Germany

www.degruyter.com

Geleitwort

"Friends of Libraries are non-profit, charitable groups formed to support libraries in communities. Friends of Libraries groups are often involved in fundraising, advocacy, volunteerism, public awareness campaigns, and literacy programs."[1]

Die Arbeit von Freundeskreisen und Fördervereinen ist überaus vielfältig und für viele Bibliotheken in unterschiedlichen Ländern weltweit unersetzlich. Ehrenamtliche engagieren sich in ihrer wertvollen Freizeit, um ihre Bibliothek zu unterstützen. Dieses Engagement kann ganz unterschiedliche Formen annehmen, wie in diesem interessanten und wichtigen Buch verdeutlicht werden soll. Studierende des Instituts für Bibliotheks- und Informationswissenschaft der Humboldt-Universität zu Berlin haben es unter der Leitung von Petra Hauke im Rahmen des Projektseminars „Von der Idee zum Buch – Praktische Durchführung eines Publikationsprojektes“ zusammengestellt. Zu ihren Aufgaben zählten unter anderem die Akquise von Autoren, die Bearbeitung ihrer Beiträge und das Finden eines Verlages.

Das Buch gibt einen guten Überblick über die Aktivitäten von Freundeskreisen und Fördervereinen in Deutschland. Durch Kürzungen in vielen Bibliothekshaushalten sind der Einsatz und die Unterstützung von Freundeskreisen immer wichtiger für Öffentliche und Wissenschaftliche Bibliotheken geworden. In diesem Buch sollen Best-Practice-Beispiele präsentiert werden. Hierzu berichten Bibliothekare und Mitglieder von Freundeskreisen und Fördervereinen aus ganz Deutschland von ihren Tätigkeiten.

Zu Beginn des Buches finden sich einige wissenschaftliche Beiträge über Freundeskreise im Allgemeinen und Themen wie Lobbyarbeit oder Makerspaces. Der Großteil der Beiträge stellt den jeweiligen Verein kurz vor und beschreibt seine Aktivitäten oder besonderen Errungenschaften für die Bibliothek.

Ich bin der festen Überzeugung, dass dieses Buch eine Inspiration für andere Freundeskreise sein wird oder auch Bibliothekare auf die Idee zu bringen vermag, selbst einen Förderverein für ihre Bibliothek zu gründen.

Sinikka Sipilä
Präsidentin des Weltbibliotheksverbandes IFLA

1 Wikipedia, http://en.wikipedia.org/wiki/Friends_of_Libraries. Letzter Zugriff am 7.2.2015.

Vorwort

Für das Jahrbuch der Öffentlichen Bibliotheken 2014/15[1] gaben rd. 400 von rd. 2000 hauptamtlich geleiteten ÖBs an, durch einen Förderverein oder Freundeskreis unterstützt zu werden. Die „Arbeitsgemeinschaft der Freundeskreise im Deutschen Bibliotheksverband" listet auf ihrer Webseite 423 Fördervereine auf, von denen 46 eingeschriebene Mitglieder der Arbeitsgemeinschaft sind, darunter auch einige Freundeskreise von Wissenschaftlichen Bibliotheken.[2] Alle Freundeskreise und Fördervereine wurden über einschlägige Mailinglisten, aber auch durch direkte Ansprache eingeladen, für diese Veröffentlichung Auskunft über ihre Aktivitäten zu geben – sei es im Hinblick auf ihre Lobbyarbeit, auf Leseförderungs- oder Fundraisingprojekte oder auf Veranstaltungen verschiedenster Art.

Uns erreichten viele kreative und inspirierende Best-Practice-Beispiele aus Öffentlichen Bibliotheken, die wir in Zusammenarbeit mit den Fördervereinen oder auch der jeweiligen Bibliotheksleitung für diesen Band zum Druck aufbereiteten. Darüber hinaus enthält der Band einige grundlegende Beiträge zu Themen, die für eine erfolgreiche Arbeit von Fördervereinen von Bedeutung und hilfreich für die praktische Arbeit sind, wie Lobbyarbeit, Fundraising, Partnerschaftsmanagement und die personellen Voraussetzungen, unter denen „Makerspaces" erfolgreich betrieben werden können.

Von besonderer Relevanz sowohl für bereits bestehende Fördervereine als auch gerade für Bibliotheken, die sich mit dem Gedanken der Gründung eines Fördervereins beschäftigen, dürfte das vorangestellte Interview mit dem Vorstandsmitglied des Deutschen Bibliotheksverbandes (dbv) und Ansprechpartner für die Freundeskreise im dbv Klaus Ulrich Werner sein, da hier u. a. die grundlegenden Voraussetzungen, aber auch die Vorteile sowie mögliche Konfliktfelder – und wie sie umschifft werden können – offen zur Sprache kommen.

Dass Bibliotheksfördervereine gerade – aber nicht nur – in Zeiten knapper Kassen und allgegenwärtig drohender Bibliotheksschließungen auch weltweit eine wichtige gesellschaftliche Funktion erfüllen, bestätigte uns die derzeit amtierende Präsidentin des Weltbibliotheksverbandes IFLA Sinikka Sipilä, die dies in ihrem Geleitwort deutlich zum Ausdruck bringt.

Die ebenso mühevolle wie spannende und interessante Arbeit für diesen Band wurde mit großem Engagement und zunehmender Freude an diesem Projekt von den Teilnehmern eines Projektseminars[3] am Institut für Bibliotheks- und Informationswissenschaft der Humboldt-Universität zu Berlin unter Leitung der Herausgeberin in dem kurzen Zeitraum des Wintersemesters 2014/15 geleistet.

Nachdem der bereits im Jahr 2005 ebenfalls im Rahmen eines solchen Projektseminars veröffentlichte Band „With a Little Help From My Friends"[4] auf große Resonanz und Zustimmung gestoßen war, erschien es nun vor dem Hintergrund zunehmender Präsenz von Fördervereinen und Freundeskreisen sowie der Aktivitäten der „Arbeitsgemeinschaft der Freundeskreise im Deutschen Bibliotheksverband" an der

---

1 Im Druck.
2 http://www.bibliotheksverband.de/fachgruppen/arbeitsgemeinschaft-der-freundeskreise.html
3 https://www.ibi.hu-berlin.de/studium/studprojekte/buchidee
Alle zitierten Internetquellen wurden zuletzt am 8.2.2015 aufgerufen.
4 Hauke, Petra u. Busch, Rolf (Hrsg.): „With a Little Help From My Friends." Freundeskreise und Fördervereine für Bibliotheken. Ein Handbuch. Bad Honnef: Bock + Herchen Verlag 2005 (Bibliothek und Gesellschaft) (Beiträge zur bibliothekarischen Weiterbildung, 19). Auch online verfügbar: http://www.bibliotheksverband.de/fachgruppen/konferenz-der-freundeskreise/publikationen.html

Zeit, das Thema mit einer aktuellen Publikation, schwerpunktmäßig ausgerichtet auf Best Practice, weiter voranzubringen.

Der Dank der Herausgeberin und der Studierenden geht an das ganze Projektteam, aber auch an alle mitwirkenden Autoren und Interviewpartner, an die Freundeskreise und Bibliotheken, an Andrea Kaufmann für ihren sehr sorgfältigen letzten Korrekturdurchgang und – last but not least – an den Verlag De Gruyter für seine Bereitschaft, dieses wichtige Thema in seine Reihe „Praxiswissen" aufzunehmen.

Wir hoffen, dass der Band möglichst viele Freundeskreise und Fördervereine zu eigenen neuen Aktivitäten inspiriert oder auch Bibliotheken, die noch von keinem Förderverein begleitet werden, davon überzeugt, dass sich mit dieser Form der Unterstützung vieles ermöglichen lässt, was aus eigener Kraft nicht oder nicht in diesem Maß zu schaffen wäre.

Petra Hauke
Berlin, im Februar 2015

Inhalt

Schwerpunkt: Fundraising

Schwerpunkt: Veranstaltungen

Anhang

Verwendete Marginalien

Zum besseren Verständnis der Inhalte werden im Buch unterschiedliche Bildsymbole (Marginalien) am Seitenrand des Textes verwendet. Diese haben folgende Bedeutung:

Checkbox
Hier werden zum Erfolg eines Projektes führende Schritte genannt.

Tipps und Tricks
Dieses Symbol markiert besondere Tipps und Tricks für ein erfolgreiches Projekt.

Zitat
Hier wird ein wichtiges Zitat wiedergegeben.

„Gesicht zeigen“
Dieses Symbol weist auf die Wichtigkeit der persönlichen Kommunikation hin.

Netzwerkarbeit
Hier werden hilfreiche Beispiele zur Netzwerkarbeit gegeben.

Wichtig
Dieses Symbol weist auf wichtige Informationen hin.

FAQ
Mit diesem Symbol werden häufig vorkommende Fragen gekennzeichnet.

Rechtsnorm
Dieses Symbol markiert rechtliche Hinweise.

Achtung!
Hier werden besonders wichtige Tipps gegeben.

Handwerkszeug
Dieses Symbol kennzeichnet Tipps für die praktische Arbeit.

Strategie
Hier werden Tipps zum strategischen Vorgehen gegeben.

Voraussetzungen und Grundlagen

„Vernetzung ist gerade im Kultur- und Bildungsbereich ein ganz wichtiger Aspekt ...“

Interview mit Klaus Ulrich Werner

dbv-Vorstandsmitglied, Ansprechpartner für die Arbeitsgemeinschaft der Freundeskreise im Deutschen Bibliotheksverband[1]

Am 14.1.2015 stellte sich Dr. Klaus Ulrich Werner den Studierenden des Projektseminars „Von der Idee zum Buch“ im Institut für Bibliotheks- und Informationswissenschaft der Humboldt-Universität zu Berlin für ein Interview zur Verfügung. Klaus Ulrich Werner ist Direktor der Philologischen Bibliothek der Freien Universität Berlin[2], die ihrerseits von einem aktiven Förderkreis[3] unterstützt wird.

Frage: In Ihrer Eigenschaft als Mitglied des dbv-Vorstandes möchten wir Sie zunächst bitten, kurz zu umreißen, welche Aufgaben der dbv hat!

„Ja, interessant, dass Sie erst einmal nach dem Deutschen Bibliotheksverband fragen, wenn wir hier über Fördervereine sprechen. Der Deutsche Bibliotheksverband ist die Interessenvertretung der Bibliotheken in Deutschland. Es gibt ihn seit 1949. Mitglieder sind ungefähr 2000 Bibliotheken in Deutschland, es gibt aber auch Fördermitglieder, die keine Bibliotheken sind, außerdem Privatpersonen, die die Sache von Bibliotheken unterstützen möchten. Die Aufgabe des dbv besteht in der Interessenvertretung gegenüber der Politik in den Ländern, im Bund, aber auch in den Kommunen für die kommunalen Bibliotheken. Das heißt: allen Trägern gegenüber Interessenvertretung zu sein, aber auch in die breitere Öffentlichkeit zu wirken, Journalisten mit Informationen zu versorgen, die Öffentlichkeit zu informieren, Kampagnen anzustoßen, auch Gesetzgebungsverfahren zu beeinflussen, ganz im positiven Sinne, so wie das andere Interessenvertretungen oder Lobbyisten – der Begriff muss nicht zwangsläufig negativ konnotiert sein – auch tun.

Ein gutes Beispiel sind die Wahlprüfsteine, die der Bibliotheksverband regelmäßig zu den Wahlen herausgibt, um die konkurrierenden Parteien z. B. zu befragen: Was habt Ihr vor zum Thema Urheberrecht, wie steht Ihr zu der Sonntagsöffnungsmöglichkeit von Öffentlichen Bibliotheken?

Der Bibliotheksverband ist auch vernetzt in und hält Verbindung zu anderen Bildungs- und Kultureinrichtungen, die besonders für Bibliotheken wichtig sind, z. B. zum Deutschen Kulturrat[4], in dem Organisationen der Kulturschaffenden vertreten sind, oder zur Deutschen Literaturkonferenz[5], zum Deutschen Städte- und Gemeindebund[6].

Der dbv hat Kommissionen und Arbeitsgruppen ins Leben gerufen, die bestimmte Gebiete bearbeiten und Themen verfolgen und dem Vorstand so von der fachlichen Seite her zuarbeiten. Ansonsten ist der dbv wie ein Verein organisiert, finan-

---

1 http://www.bibliotheksverband.de/fachgruppen/arbeitsgemeinschaft-der-freundeskreise.html
2 http://www.fu-berlin.de/sites/philbib
3 Förderkreis Philologische Bibliothek e. V., http://www.fu-berlin.de/sites/philbib/foerderkreis
4 http://kulturrat.de/
5 http://www.literaturkonferenz.de/
6 http://www.dstgb.de

ziert durch Mitgliedsbeiträge und verschiedene Aktivitäten, zunehmend immer mehr durch eingeworbene Drittmittel für Aktionen, für Projekte, für besondere Aktivitäten. Der Mitgliedsbeitrag wird von Bibliotheken, Organisationen und Privatpersonen jährlich bezahlt. Ansonsten arbeiten wir auch eng zusammen mit den anderen bibliothekarischen Organisationen, d. h. mit den berufsständischen Vertretungen, also BIB[7] und VDB[8]. Über allem steht mit der BID[9] eine Dachorganisation – alles ein bisschen kompliziert: Wir deutschen Bibliothekare haben relativ viele Verbände. Ob das gut ist, ist eine andere Frage.

Frage: Welche besonderen Aufgaben hat der Vorstand des dbv?

Der Vorstand ist paritätisch besetzt aus Öffentlichen und Wissenschaftlichen Bibliotheken. Vertreten werden alle Typen von Bibliotheken, da es das Ziel ist, das ganze Spektrum zu repräsentieren. Deswegen hat es sich sehr bewährt, dass der Vorsitz zwischen einem Bibliothekar aus dem Öffentlichen und einem Bibliothekar aus dem Wissenschaftlichen Bibliothekswesen wechselt. Im Moment haben wir für drei Jahre einen Vertreter aus dem Wissenschaftlichen Bibliothekswesen. Davor war es eine Kollegin aus der Stadtbibliothek Heilbronn. Dieser Wechsel zeigt, dass auch im Vorstand versucht wird, sich für alle Belange von Bibliotheken einzusetzen.

Der Verband hat eine Geschäftsführung, um nicht nur die Interessensvertretung im Alltag zu unterstützen, sondern auch, um mit Positionspapieren, Presseerklärungen und anderen Initiativen Diskussionen anzustoßen oder auch, um direkt mit verantwortlichen Leuten ins Gespräch zu kommen.

Damit komme ich auf die Interessenvertretung zurück. Was ist das? Das sind Menschen, die Politiker ansprechen, um bei bestimmten Ereignissen und am Rande von Veranstaltungen an verantwortliche Menschen heranzutreten und zu sagen: „Wir haben ein Anliegen, wir sind der und der Verband, wir würden gerne unsere Position präsentieren, wäre das möglich?" und so weiter. Das können Spitzengespräche sein, wie z. B. mit Bundestagsabgeordneten oder Politikern aus dem Kultur- und Bildungsbereich. So etwas ist z. B. in den Sitzungswochen des Bundestages günstig, am frühen Abend, wenn die Plenarsitzung beendet ist. Für Abgeordnete ist es völlig normal, dass Verbände und Interessenvertretungen an sie herantreten, ihnen Material schicken oder sie auch einladen, um ihre Position zu präsentieren und mit ihnen ins Gespräch zu kommen.

Was heißt das nun für mich als normales Vorstandsmitglied? Der Bibliotheksverband arbeitet auch mit dauerhaften Ansprechpartnern, Organisationen und anderen Verbänden. Diese werden innerhalb des Vorstandes aufgeteilt, sodass jedes Vorstandsmitglied sich um bestimmte Organisationen, Verbände usw. kümmert. Aufgeteilt ist im Bundesverband auch die Zuständigkeit für die Landesverbände des dbv. Die Landesverbände mit ihrem jeweils eigenen Vorstand und Vorsitzenden sind wichtig, da man bestimmte Sachen auf Länderebene schneller und besser regeln kann. Und so bin ich, nur damit Sie sich das vorstellen können, der ich auch in Berlin arbeite und hier tätig bin, für die Landesverbände Berlin und Brandenburg zuständig.

Und was Sie heute hier auch interessiert: Ich bin zuständiger Ansprechpartner für die Arbeitsgemeinschaft der Fördervereine.

7 Berufsverband Information Bibliothek e. V., http://www.bib-info.de/
8 Verein Deutscher Bibliothekare e. V., http://www.vdb-online.org/
9 Bibliothek & Information Deutschland, http://www.bideutschland.de/

Frage: Wie bekommt man so etwas zeitlich, dazu mit der Leitung einer relativ großen Wissenschaftlichen Bibliothek, geregelt?

Alle Vorstandsmitglieder arbeiten ehrenamtlich. Nur die Geschäftsführerin und ihr kleines Team in der Geschäftsstelle arbeiten hauptamtlich, das ist ihr Job. Auch in den Landesverbänden sind die Vorstände ehrenamtlich tätig. Das ist zeitlich und organisatorisch durchaus eine Belastung, aber unterschiedlich. Für den Vorsitzenden ist sie natürlich deutlich größer als für ein normales Vorstandsmitglied. Ich könnte z. B. nicht Vorsitzender eines Verbandes sein: Ich könnte es schon allein deshalb nicht, weil ich in meinem Alltag keinen Unterbau habe, z. B. ein Sekretariat, dem ich sagen könnte: „Bitte rufen Sie für mich diese drei Leute an und machen Sie eine Terminvereinbarung.“ Als Vorsitzender eines Verbandes braucht man so etwas. Auf jeden Fall muss in der eigenen Bibliothek die Möglichkeit einer gewissen Zuarbeit bestehen – mit Genehmigung des Vorgesetzten bzw. der Bibliothek – das ist klar. Die Annahme eines solchen Amtes muss auch offiziell genehmigt werden, denn damit sind Termine verbunden, und es entsteht z. B. die Frage: In welcher Funktion spreche ich jetzt mit Ihnen hier? Ist das meine Arbeitszeit? Habe ich die Erlaubnis, während meiner Arbeitszeit als Bibliotheksleiter hier mit Ihnen zu sprechen? Oder ist es eine Art Nebentätigkeit, die ich gesondert genehmigen lassen muss?

Jetzt im Moment, da ich hier befragt werde zum Thema „Fördervereine“ – und da geht es auch um den Förderverein der Philologischen Bibliothek (und das ist etwas Positives für die Bibliothek, aber auch für die Universität) – sitze ich jetzt nicht ehrenamtlich als Privatperson hier, sondern als Leiter der Bibliothek.

Aber es ist schon viel Arbeit, Sie haben Recht. Vieles muss dann in der Freizeit gemacht werden. Bei ehrenamtlichen Tätigkeiten ist es, wie wenn Sie in einem Sportverein oder für den Förderverein einer Bibliothek tätig sind, dann läuft viel – das Meiste – in der Freizeit. Doch aufgrund der Möglichkeiten, die die Technik heutzutage bietet, kann man viel Kommunikation von jedem Ort aus oder während der S-Bahn-Fahrt erledigen. Man kann etwas lesen, man kann etwas schreiben, man kann Kontakt halten. Es sind jedoch auch viele Treffen und Reisen damit verbunden. Deswegen hat man es im dbv räumlich so verteilt, dass man nicht zu viel reisen muss.

Es macht aber auch Spaß – das sollte ich vielleicht auch noch dazu erwähnen – sich auf einer ganz anderen Ebene für Bibliotheken einzusetzen, als man es sonst im Alltag tut, auch als ich es sonst mit meinen Studierenden oder in der Universität tue. Man kommt mit interessanten Leuten zusammen. Man lernt einen neuen Blick auf bestimmte Dinge kennen und man lernt, sich damit auseinanderzusetzen und für seine Sache auf allen Ebenen zu kämpfen, auch mit unterschiedlicher Sprache. Denn wenn wir unter Bibliothekaren reden, ist das ganz anders, als wenn ich mit einem Abgeordneten spreche. Das ist eine ganz andere Art, und ich kann z. B. nicht so viel Fachliches voraussetzen.

Frage: Wie gestaltet sich die Zusammenarbeit zwischen dem dbv und der AG der Freundeskreise?

Als Ansprechpartner im dbv habe ich keine Funktion in der Arbeitsgemeinschaft selbst. Wir haben im dbv beschlossen, dass wir als Starthilfe für drei Jahre diese Arbeitsgemeinschaft unterstützen, und zwar sowohl finanziell, mit Know-how, aber auch mit Verwaltungskapazität, beispielsweise dem Verschicken der Newsletter. Damit wollen wir der AG auf die Beine helfen mit dem Ziel, dass sie in relativ kurzer Zeit selbstständig sein soll. Das heißt, sie muss auch finanziell unabhängig sein. Sie muss sich über ihre eigenen Mitgliedsbeiträge finanzieren.

Wie bereits erwähnt, ist der Deutsche Bibliotheksverband ein Institutionenverband, er vertritt die Interessen der Bibliotheken. Freundeskreise, Fördervereine hingegen sind in der Regel selbstständige, eingetragene gemeinnützige Vereine. Sie sind kein Teil des Bibliotheksverbandes und können auch nicht immer die gleichen Interessen haben wie der Verband. Ihr Interesse liegt natürlich darin, die Bibliothek, die sie im Namen führen, bzw. aus der heraus sie sich gegründet haben, zu unterstützen. Sie setzen sich als engagierte Benutzer dieser Bibliothek oder interessierte Honoratioren der jeweiligen Stadt zusammen mit dem Ziel, ihre Stadtbibliothek zu unterstützen, und gründen einen Verein, um dies zu tun. Natürlich, man tut etwas für Bibliotheken, aber es sind andere Menschen, es ist eine andere Zielrichtung, es geht um EINE Bibliothek. Bei uns hingegen sind es die 2000 Bibliotheken in ganz Deutschland, die im dbv Mitglied sind. Das heißt, die AG Freundeskreise ist keine Sektion, keine vom dbv eingesetzte Arbeitsgruppe. Ich spreche jetzt also nur als Ansprechpartner im Verband, und vielleicht spreche ich auch noch als Mitglied eines Freundeskreises, der Mitglied in der Arbeitsgemeinschaft ist.

Frage: Welche Vorteile entstehen den Fördervereinen aus der Mitgliedschaft in der AG der Freundeskreise?

Es wird ein Netzwerk geboten, man bekommt Kontaktmöglichkeiten zu anderen Freundeskreisen und dies nicht nur abstrakt, sondern ganz konkret. Es gibt interessante Tagungen, auf denen nicht nur ein für die Arbeit in einem Freundeskreis interessantes Vortragsprogramm geboten wird, und dort eröffnen sich natürlich Möglichkeiten für interessante Diskussionen. Insofern sind auch die Kaffeepausen und das Mittagessen bei einer solchen Veranstaltung, wie bei anderen Tagungen auch, hochinteressant. Man tauscht sich aus und sagt: „Ah, haben Sie ähnliche Probleme, oder was machen Sie für Aktionen?" Man lernt die Aktivitäten von anderen Freundeskreisen kennen und lernt davon. Man hat in dieser Arbeitsgemeinschaft die Möglichkeit, über den Newsletter unglaublich umfangreiche und interessante Informationen für die Arbeit von Freundeskreisen zu bekommen. Im Moment bekommt man den Newsletter noch frei im Netz, in Zukunft soll er aber ein Privileg für die Mitglieder dieser Arbeitsgemeinschaft werden.

Denn, denken Sie daran, so wie Bibliotheken sehr vielfältig sind, die unterschiedlichen Typen, große und kleine, One-Person Libraries, Staatsbibliotheken, Gefangenenbibliotheken, kirchliche Bibliotheken – es gibt ein breites Spektrum von Bibliotheken – so vielfältig sind auch die Freundeskreise. Das sehen Sie bei Ihrer Arbeit an diesem Buch ja auch. Es gibt nicht nur Unterschiede in der Größe, sondern im Vorgehen, bei den Prioritäten und in vielem mehr.

Bei der ehrenamtlichen Arbeit in einem Freundeskreis konzentriert man sich auf eine Sache und hat dann in der Arbeitsgemeinschaft die Möglichkeit, unglaublich davon zu profitieren, dass man durch solch einen Zusammenschluss einfach gute Ideen, gute Tipps bekommt aus einem Bereich, zu dem man vorher vielleicht gar keinen Kontakt hatte. Diese Arbeitsgemeinschaft fördert diese Kontakte intensiv. So habe ich z. B. schon mehrfach Besuche bekommen von Fördervereinen, die einmal im Jahr Ausflüge machen, dabei am Wochenende Spaß haben, aber auch Bibliotheken besuchen und andere Freundeskreise kennenlernen.

Des Weiteren gibt es einen Preis, den die AG ausgelobt hat für den besten Freundeskreis des Jahres. Das gab es zuerst 2014 und wird es auch 2015 wieder geben, ausgestattet mit einem beachtlichen gesponserten Preisgeld, das der Vorsitzende der AG eingeworben hat. Zur Preisverleihung gibt es eine große Veranstaltung, bei der die Möglichkeit besteht, in die Presse zu kommen.

Man sieht, nicht nur der einzelne Förderverein ist etwas Tolles, sondern das ganze Netzwerk, das auch nach außen interessant ist.

Frage: An welchen Förderverein ging die erste Auszeichnung?

Bei der ersten Preisverleihung ging die Auszeichnung an einen sehr großen, sehr erfolgreichen Förderverein in Dortmund, der bereits seit Jahrzehnten existiert, auch finanziell sehr erfolgreich ist und die eigene Bibliothek großartig unterstützt.[10] Die Kriterien bei der Vergabe des Preises beziehen sich aber nicht nur auf das Geld, das der Förderverein beschafft. Die Kriterien sind vielfältiger. Vergeben wird der Preis von einer unabhängigen Jury.

Frage: Welche Voraussetzungen muss ein Förderverein erfüllen, um die Angebote des dbv nutzen zu können? Werden Bedingungen vorausgesetzt, um Mitglied in der Arbeitsgemeinschaft der Fördervereine zu werden?

Man muss gar keine Verbindung zum Bibliotheksverband haben. Der dbv unterstützt die Arbeitsgemeinschaft auch, indem er seine Website als Plattform anbietet, auf der sich die AG präsentieren kann und auf der interessierte Fördervereine das Beitrittsformular und Informationen z. B. zur Höhe des Mitgliedsbeitrages, zu den Angeboten, aber auch die Liste der bereits eingeschriebenen Mitglieder finden können. Es sind noch nicht so viele Mitglieder, wie es sein könnten – wie es m. E. wünschenswert wäre. Die Arbeitsgemeinschaft versucht, mehr Freundeskreise von dem Nutzen der Mitgliedschaft zu überzeugen. Aber es gibt tatsächlich auch Freundeskreise, die lieber jeden eingeworbenen Euro in die Unterstützung der Bibliothek investieren und nichts davon für den Mitgliedsbeitrag abzweigen wollen. Das halte ich für zu kurz gedacht, denn diese Freundeskreise sind normale Vereine, die auch Unkosten haben, und wenn man das Ziel hat, seine Institution hundertprozentig zu unterstützen, bedeutet das natürlich nicht, dass nicht auch Verwaltungskosten dabei entstehen – darunter fällt auch so ein Mitgliedsbeitrag, der sich aber lohnt!

Frage: Wie hoch ist der Mitgliedsbeitrag?

Er liegt bei 80 Euro jährlich. Das ist für einen großen Freundeskreis keine Frage. Aber auch meinen Förderverein, den „Freundeskreis der Philologischen Bibliothek der Freien Universität Berlin“, wies ich auf die Arbeitsgemeinschaft hin, und der Mitgliedsbeitrag wirkte zunächst abschreckend. Doch nachdem die Vorteile einer Mitgliedschaft aufgezeigt und mit dem Vorstand diskutiert wurden, war man sich über den Nutzen des Beitrittes einig.

Der Mitgliedsbeitrag lohnt sich, denn die AG unterstützt ihre Mitglieder auch in ganz praktischen Dingen, wie z. B. in juristischen Fragen: Bei Problemen mit dem

10 Freunde der Stadt- und Landesbibliothek Dortmund e. V., http://www.dortmund.de/de/leben_in_dortmund/bildungwissenschaft/bibliothek/freundederstlb/

Finanzamt oder der Gemeinnützigkeit kann sich ein Mitglied mit anderen Freundeskreisen, die sich mit ähnlichen Fragen auseinandersetzen, in Verbindung setzen.

Frage: Kann jeder Freundeskreis dem Bibliotheksverband beitreten, solange er nur den Beitrag bezahlen kann, unabhängig davon, wie groß er ist?

Bei dem Beitrag handelt es sich um einen Mitgliedsbeitrag, durch den ein Mitglied die genannten Vorteile für sich nutzen kann. Es ist außerdem gut, sich als Freundeskreis nach außen nicht als Einzelkämpfer zu zeigen, sondern deutlich zu machen, dass man bei der praktischen Arbeit ein Netzwerk hinter sich hat, ähnlich wie bei Sportvereinen. Auch da gibt es natürlich immer noch Unterstützung im Hintergrund. Vernetzung ist meiner Meinung nach gerade im Kultur- und Bildungsbereich ein ganz wichtiger Aspekt.

Frage: Welchen Herausforderungen muss man sich im Hinblick auf die Gründung eines Fördervereins stellen?

Man muss sich damit beschäftigen, was in Deutschland als eingetragener Verein gilt. Natürlich kann man auch keinen eingetragenen Verein gründen und sich einfach als Gruppe von Gleichgesinnten zusammenschließen und ein gemeinsames Ziel verfolgen, ohne die ganze „Vereinsmeierei“. Danach wird der Verein, der dann kein „e. V.“ ist und auch nicht gemeinnützig, tätig und möchte zum Beispiel im Umfeld nach Unterstützern suchen. Wenn die Gruppe es schafft, jemanden von dem gemeinsamen Projekt zu überzeugen und dieser bereit ist, eine Summe zu spenden, taucht allerdings ein entscheidendes Problem auf. Der Unterstützer verlangt nach Überweisung des Spendenbetrages eine Spendenquittung, um die Steuerlast seines zu versteuernden Einkommens zu verringern. Dies gilt allerdings nur für Spenden an einen gemeinnützigen eingetragenen Verein. Der private Unterstützerclub, also ein lockerer Verband, darf aber diese Spendenquittung nicht ausstellen.

Die „Gemeinnützigkeit“ hat der Staat bewusst geschaffen, um Engagement für soziale, karitative und kulturelle Bildungszwecke zu fördern, um einen Anreiz für den einzelnen Bürger zu schaffen, indem er Einnahmen, die er als Spende an eine gemeinnützige Organisation weitergibt, steuermindernd geltend machen kann. Und das ist für die meisten Menschen, die sich zusammenfinden, um gemeinnützig etwas zu tun, schon das entscheidende Argument, um einen Verein zu gründen und die Gemeinnützigkeit zu beantragen.

Es sind also zwei Schritte: Man gründet erst einen eingetragenen Verein und beantragt dann die Gemeinnützigkeit. Die Gemeinnützigkeit muss man anerkennen lassen, und damit sind bestimmte Regeln verbunden. Eine Voraussetzung ist eine bestimmte Art, mit dem Geld umzugehen. Die Gemeinnützigkeit muss nachgewiesen werden können. So muss klar sein, was der Verein mit dem Geld tut und ob das wirklich gemeinnützig ist. Das Vereinsrecht fordert auch, dass man z. B. jährlich eine Mitgliederversammlung abhalten und Protokoll führen muss, dass man einen Vorstand, einen Vorsitzenden und einen Kassenwart wählen muss. Man braucht ein Konto und einiges mehr. Der Vorsitzende wird sich einen Briefkopf zulegen und eine Visitenkarte, mit der man dann viel besser die Interessenvertretung, die Unterstützungsarbeit für die Bibliothek wahrnehmen kann, als wenn man sich nur als Herr Müller oder Frau Maier für die Bibliothek einsetzen würde.

Der Staat hat diese Form zur Unterstützung des bürgerschaftlichen Engagements für eine gemeinnützige Angelegenheit geschaffen. Sie ist in Deutschland sehr beliebt und erfolgreich und hat auch nicht mehr diesen negativen Anstrich von Vereinsmeierei.

Frage: Unter den Beispielen, die wir für unseren Best-Practice-Band zusammengetragen haben, gibt es einen bislang sehr erfolgreichen Förderverein, der auf 8 000 Mitglieder angewachsen ist, nun aber wegen seines „Geschäftsmodells“ nach amerikanischem Vorbild – nämlich den Mitgliedern Vergünstigungen einzuräumen – vom Stadtkämmerer gerügt wurde. Offenbar wurde hier die Gemeinnützigkeit in Frage gestellt?

In dieser Frage stecken gleich mehrere interessante Themen für Fördervereine. Da ist zum einen der Gedanke, für einen Förderverein seien viele Mitglieder besser als wenige. Aber das ist nicht zwangsläufig richtig, denn woran misst man einen erfolgreichen Förderverein? Misst man ihn daran, wie häufig er in der lokalen Presse ist, wie viel Geld er der Bibliothek zufließen lässt oder wie viele Freiwilligen-Stunden er in die Bibliothek investiert?

Andererseits bedeuten viele Mitglieder auch viel Arbeit für den Verein. Diese Mitglieder müssen verwaltet werden. Man muss prüfen, ob alle ihre Mitgliedsbeiträge gezahlt haben, ob alle ihre Einladung zur Jahreshauptversammlung erhalten haben – eine Vier-Wochen-Frist ist im Vereinsrecht gesetzlich vorgeschrieben – das heißt, man muss E-Mails und Adressen verwalten. Man muss auch Mahnungen schreiben, wenn jemand vergessen hat, seinen Mitgliedsbeitrag zu überweisen. Es entsteht also plötzlich eine Verwaltung, die nicht einfach nebenbei in einer Stunde pro Woche zu bewältigen ist, sondern wesentlich mehr Zeitaufwand bedeutet.

Haben Sie dagegen einen kleinen Verein mit wenigen Mitgliedern, muss das nicht schlecht sein. Der Verwaltungsaufwand ist gering, man kennt sich persönlich. Wenn beispielsweise das Hauptanliegen ist, möglichst große Summen für die Bibliothek einzuwerben, braucht es vielleicht nur wenige Mitglieder, dann aber die „richtigen“: den Sparkassen-Direktor, die drei wichtigsten Unternehmer in Ihrer Kleinstadt, den Rotary-Club usw. In diesem Beispiel sind die wichtigsten Fragen: „Wo ist das Geld?“ und „Wie können wir es schnell erreichen?“ Hierfür genügt auch ein kleiner Verein, ohne aufwendige Verwaltung und womöglich hohe Verwaltungskosten.

Was noch in der Frage steckt – und das ist für alle Vereine wichtig, die einen gemeinnützigen Anspruch haben – ist, dass die Anerkennung dieser Gemeinnützigkeit nicht auf Dauer gegeben ist. Die Regeln der Finanzämter müssen immer eingehalten werden, um die Gemeinnützigkeit zu behalten. Es kann nämlich passieren, dass ein Verein mit fortschreitender Entwicklung wirtschaftlich so agiert, als wäre er ein Wirtschaftsunternehmen. Zu diesem Schluss kommt zumindest irgendwann das Finanzamt, wenn die Summen, die der Förderverein z. B. durch eigenes wirtschaftliches Handeln einnimmt, „zu hoch“ sind. Es gibt bestimmte Richtwerte für die Finanzämter, von denen ab genauer hingeschaut wird, wo das Geld hergenommen und – vor allem auch – wie es ausgegeben wird. Verkauft ein Verein im großen Stil Dinge, ist er eher wie ein Laden, dann ist er ein womöglich (kleiner) Wirtschaftsbetrieb, der Steuern zahlen muss. Das kann man selbstverständlich tun – aber dann scheint ein Verein nicht mehr gemeinnützig zu sein. Das Finanzamt bezweifelt in diesem Fall nicht, dass der Verein eine gute Sache verfolgt und der Allgemeinheit dienlich sein will, sondern es geht hier um Steuerminderung. Auch kann ein Verein selbst nicht immer steuerbefreit sein. Wenn das Finanzamt es so entscheidet, muss der Verein eben Steuern zahlen, das ist legitim. Es ist nur sehr schade, wenn Sie Steuern zahlen müssen, denn eigentlich wollen Sie ja, dass 100 % Ihres Geldes in die Bibliothek fließen. Solche Probleme kenne ich aus ganz vielen Fördervereinen.

Frage: Oft wird ein Förderverein als Argument für die Wichtigkeit der Bibliothek, für den Rückhalt in der Gesellschaft genommen. Man könnte den Spieß aber auch umdrehen, dass der Förderverein die Gefahr birgt, dass Geldgeber sagen könnten: „Ihr verdient Euch doch Euren Etat auch alleine, oder vielleicht macht der Förderverein sogar bibliothekarische Arbeit." Wie sehen Sie diese Gefahr?

Vorab: Ich bin davon überzeugt, dass es gut ist, als Bibliothek einen Förderverein zu haben. Und ich bin als Bürger auch davon überzeugt, dass es besser aussieht, wenn eine Institution auch noch einen Förderverein hat. Wenn ich als Bürger in die Kommune gucke und eine Institution sehe, die auch einen Förderverein hat, der etwas tut, dann steigert das für mich auch das Image der Institution. Das heißt, die sind so engagiert, die sind so gut, dass sie bereits andere Bürger von ihrer Arbeit überzeugt haben, die sich wiederum engagieren, die Privatzeit und Geld investieren, um sich für diese Einrichtung einzusetzen. Für mich ist es also – auch als Bürger – etwas Positives.

Als Bibliothekar ist es das auch, weil ich selber die Erfahrung gemacht und in meiner Bibliothek einen Förderverein habe. Diese Gefahr, die Sie schildern, kenne ich auch ganz konkret aus der Arbeit des Fördervereins meiner Bibliothek und aus meiner Bibliothek, nämlich: Es gab eine ganz brisante Diskussion. Der Förderverein meiner Bibliothek ist eine studentische Gründung von 1997 und aus einer Situation heraus, als der Erwerbungsetat plötzlich ganz stark vom Unterhaltsträger gesenkt wurde.

Damals haben die Studenten das genau diskutiert, was Sie gefragt haben. Sie wollten etwas tun, um ihre Institutsbibliothek zu unterstützen, aber kann man dabei politisch nicht auch etwas falsch machen? Denn wenn Geld gesammelt wird, heißt das: Die Universität kann sich ein bisschen zurücklehnen und sagen: „Ach ja, da haben sich ja welche zusammengetan, und die stopfen jetzt die Löcher und Lücken, die im Etat entstanden sind." Das ist eine Diskussion, die nie ganz aufgehört hat, die auch immer wieder anklingt in dem genannten Sinne. Allerdings, mittlerweile geht der Förderverein meiner Bibliothek mit diesem Argument ganz offensiv um. Wenn die Gelegenheit besteht, in der Presse oder bei einem Gespräch mit Professoren oder mit der Universitätsleitung, dann heißt es: „Wir haben das und das für die Bibliothek geleistet, weil der Etat viel zu niedrig ist." Das heißt, man macht bewusst darauf aufmerksam, dass die eigene Arbeit und das gesammelte Geld das nicht kompensieren und auch nicht ausgleichen dürfen, dass es eigentlich zusätzlich ist und dass es den Unterhaltsträger nicht von der Pflicht entbindet, die Bibliothek auskömmlich zu finanzieren.

Frage: Neben dem finanziellen Aspekt gibt es auf der anderen Seite auch noch den Aspekt der Arbeitskraft, und gerade in den Öffentlichen Bibliotheken habe ich manchmal das Gefühl, dass Bibliothekare durch FAMIs ersetzt werden und auch Ehrenamtliche bibliothekarische Arbeit übernehmen. Wie verhalten sich die Fördervereine in dieser Frage?

In ihrer Frage steckt eine große Sorge der bibliothekarischen Berufsverbände. Diese befürchten, dass durch ein eventuell immer größer werdendes Engagement von Freiwilligen und durch den Einsatz von Freiwilligen in Bibliotheksroutinen der Unterhaltsträger, sich darauf beziehend, z. B. dringend benötigte Stellen beim Fachpersonal kürzen könnte. Dahinter steckt eine große Gefahr.

Ich denke aber, dass dabei einige Dinge zu berücksichtigen sind und die Bibliotheksleitung gefordert ist, in der individuellen Situation vor Ort zu beurteilen, ob dies wirklich als Gefahr angesehen werden muss, wie viele Stunden dahinter stecken und ob die Freiwilligen tatsächlich im Routinebetrieb tätig sind. Denn das kann es nicht sein. Wir können und dürfen Freiwillige nicht in großem Stil mit Routineaufgaben betrauen. An dieser Stelle spielen auch versicherungs- und datenschutzrechtliche Fragen eine Rolle. Sie können zum Beispiel keine Ausleihtätigkeiten übertragen, denn damit sind sensible Benutzerdaten verbunden.

Andererseits ist es aber ein Thema, wenn z. B. ein Bibliotheksstandort in einer Gemeinde geschlossen wird und es einen Förderverein gibt, der dies verhindern möchte. Schafft man es dann nicht auf politischer Ebene, die Schließung zu verhindern, kann es sein, dass sich einzelne Vereinsmitglieder zusammenfinden, um zu versuchen, diesen Standort lebendig zu halten. Das verstehe ich als Bürger, und als Bürger hat das meine Sympathie. Als Bibliothekar muss ich sagen: „Bitte zieht aber mit der Bibliothek an einem Strang oder versucht es, und arbeitet nicht gegeneinander, sondern miteinander.“

Wenn die Bibliothek dann sagt: „Wir wollen unsere Services professionell halten und bündeln…“, heißt das: die Angebote an einem Standort konzentriert und optimiert anzubieten. Professionell halten heißt nicht, dass das, was der Förderverein tut, nicht gut ist, es ist aber eine Aushilfe. Im Förderverein sind ja nicht unbedingt gelernte Bibliothekare. Man sollte im Gespräch bleiben und gemeinsam schauen, wie die Strategie aussieht, um die Schließung zu verhindern.

Als Bürger wiederum muss ich dann sagen, dass einen manchmal Bibliothekskollegen verwundern, wenn sie ein solches bürgerschaftliches Engagement sehr kritisch sehen, weil seitens des Fördervereins nicht verstanden wird, dass zwar ein Standort geschlossen wird, aber dafür die Zentrale ihre Leistungsfähigkeit steigert. Der Verein sagt: „Denkt doch mal, dass hier im Kiez viele junge Familien mit Kindern leben, die bisher einen kurzen Weg in ihre Bibliothekszweigstelle hatten. Wir sehen ja, dass Ihr das ganz professionell halten wollt, aber einfach mit dem Personal nicht mehr könnt. Lasst uns doch die kleine Bibliothek im Kiez irgendwie weiterführen.“ Da muss ich sagen, als Bürger hat das meine Sympathie, aber es ist durchaus ein Konfliktbereich zwischen der Bibliotheksleitung und dem Verein.

Frage: Sollte man diesen Konflikt vielleicht eher gemeinsam an die Entscheidungsträger weitergeben, die dafür gesorgt haben, dass es an einem solchen Standort überhaupt eine Notsituation gibt?

Genau das ist eigentlich das gemeinsame Interesse von Bibliothek und Förderverein, sich gemeinsam gegenüber der Öffentlichkeit und gegenüber dem Unterhaltsträger für die Weiterentwicklung der Bibliothek einzusetzen.

Frage: Wir möchten mit unserem Band Bibliotheken anregen, Freundeskreise zu gründen. Ab welcher Größenordnung ist es sinnvoll für eine Bibliothek, einen Freundeskreis ins Leben zu rufen?

Bei einer kleinen Krankenhausbibliothek, die traditionell die Kranken mit Literatur versorgt, die Bücher regelmäßig austauscht und bewahrt, aber vielleicht nur 100 Bücher besitzt, könnte ich mir schon einen Freundeskreis vorstellen. Dieser kann aus ehemaligen Patienten, die gute Erinnerungen mit der Bibliothek verbinden, aus Ärzten oder aus anderen Krankenhausbeschäftigten bestehen.

Die Größe und der Bibliothekstyp sind für mich nicht entscheidend. Die Fragen lauten: Ist es sinnvoll, einen Freundeskreis zu haben? In welcher Situation befinde ich mich, und gibt es engagierte Personen? Die Initiierung eines Freundeskreises muss aus der Bürgerschaft, von der Klientel beziehungsweise von den Bibliotheksbesuchern kommen und kann von der Bibliotheksleitung lediglich gefördert werden.

Von der rechtlichen Seite lauten die Fragen: Was ist notwendig, um einen Verein zu gründen? Welche Bestimmungen gibt es? Wie viele Personen brauche ich mindestens für den Vorstand? Vor einer Gründung braucht es nur wenige Aktive, die sich zusammentun, und im rechtlichen Rahmen eines Vereins finden sie eine sehr geeignete und vom Staat geförderte Organisationsform für ihr Engagement.

Frage: Zum Stichwort Bibliothekstypen: Sehen Sie grundsätzliche Unterschiede zwischen Öffentlichen und Wissenschaftlichen Bibliotheken in Bezug auf die Fördervereine?

Ich sehe Unterschiede bei den Fördervereinen: Wie viele aktive oder im Ruhestand befindliche Bibliothekare sind dort aktiv? Das ist immer interessant, lässt sich aber letztlich nicht zuordnen zu einem bestimmten Bibliothekstyp. Bei den Fördervereinen sehe ich – vielleicht bin ich da aber auch ein bisschen betriebsblind – viel mehr Gemeinsamkeiten, als man auf den ersten Blick vermuten würde. Das sieht man auch bei den Veranstaltungen der Arbeitsgemeinschaft der Fördervereine. Die Fragen und die Themen sind sehr ähnlich, und deshalb kann man sich auch so fruchtbar vernetzen.

Frage: Wie kommen die jährlichen Treffen und andere Veranstaltungen zustande? Woher kommen und wer bestimmt die Themen?

Die Arbeitsgemeinschaft lässt aus den Fördervereinen Themen vorschlagen, die im Vorstand beraten werden und dann in die Veranstaltungsplanung einfließen. So werden genau die Themen behandelt, die die Fördervereine und die Mitglieder interessieren. Kürzlich wurde eine große Umfrage gemacht, um herauszufinden, was die oberste Priorität bei den Themen hat, für die sich die Fördervereine interessieren. Das ist eine sehr direkte Art der Mitgliederbeteiligung. Die Arbeitsgemeinschaft versteht sich nicht als eine Art von Dachverband, sondern wirklich als ein Netzwerk.

Frage: Nehmen an den Treffen auch viele Bibliothekare teil? Wie laufen solche Treffen ab?

Ich weiß es gar nicht so genau. Die Teilnehmer stellen sich vor, dann sagt man, aus welchem Förderverein man kommt, aber die Teilnehmer sagen nicht unbedingt: „Früher war ich Bibliothekarin in der Bibliothek." In einem Fall wusste ich es, weil ich die Kollegin kannte; sie war sogar Direktorin bei der Bibliothek und ist jetzt im Ruhestand und engagiert sich im Förderverein. Aber das ist gar nicht das Wichtige, und ich würde auch sagen, das ist völlig irrelevant. Für eine gute Arbeit in einem Förderverein muss man nicht unbedingt die Geschäftsgänge der Bibliothek kennen. Das kann auch nützlich sein, aber es ist nicht die Idee.

Ein Förderverein, der womöglich zum großen Teil aus ehemaligen Mitarbeitern besteht, wäre nicht gut, denn das verengt den Blick vielleicht für das, was man tun könnte. Dann hat man nicht den Blick von außen, und genau das will ja der Förderverein mit Menschen aus anderen Berufen, aus anderen gesellschaftlichen Zusammenhängen. Diese Menschen sollen andere Erfahrungen in die Arbeit in der Bibliothek einbringen und Fragen stellen wie: „Könnten wir nicht mal dies machen oder haben Sie da vielleicht ...?" Der Förderverein ist nicht eine Art Nebenregierung und gehört nicht zur Bibliotheksleitung, sondern kommt bewusst von außen, mischt sich nicht ein, soll aber Anregungen geben, soll unterstützen, soll Dinge, die in der Bibliothek gemacht werden sollen, ermöglichen. Fördervereine sind Ermöglicher, und wenn sie darüber hinaus interessante Fragen stellen, dann sollte eine Bibliothek froh sein, dass solche Fragen gestellt werden.

Frage: Ist das nicht auch konfliktträchtig, wenn ein ehemaliger Bibliotheksleiter nun womöglich als Vorsitzender des Fördervereins seinem Nachfolger gegenübersitzt?

Das kann Konflikte geben, natürlich, wie überhaupt die Rolle der Bibliotheksleitung gegenüber dem Förderverein klar abgegrenzt sein muss. Vor Jahren habe ich z. B. dem Förderverein meiner Bibliothek vorgeschlagen oder besser ihn angeregt, den jeweiligen Bibliotheksleiter qua Satzung in der Position als „Beratendes Mitglied" im Vorstand des Fördervereins zu verankern. Ich dachte, ich berate sowieso den Förderverein häufig und wir sind in engem, gutem Kontakt. Der Vorschlag war also nicht aus einem Konflikt heraus entstanden, dass ich da nun Sitz und Stimme haben wollte; das war es gar nicht, und ich dachte auch nur an eine beratende Position. Ich dachte, es wäre ganz nützlich, es wäre nicht verkehrt, diese Kommunikation untereinander zu verankern. Wir haben das dann diskutiert, und der Förderverein hat es abgelehnt. Man wollte es nicht, weil man befürchtete – und das war nicht auf meine Person bezogen, sondern auf meine Funktion – es könnte doch irgendwie einschränken, wenn man in einer Situation dann doch einmal unterschiedlicher Meinung sei. Damit war die Sache erledigt.

Ich kenne die Situation auch von Kollegen, dass man Konflikte mit dem Förderverein hat. Vielleicht will der Förderverein beim Träger „auf den Putz hauen", und als Bibliotheksleitung möchte man das lieber taktisch angehen und hat Sorge, Porzellan zu zerschlagen.

Das sind klassische Konflikte. Wenn ich als Vereinsvorsitzender eine ehemalige Mitarbeiterin der Bibliothek vor mir habe, dann kann das gut und von Vorteil sein. Das kann aber auch Konflikte hervorrufen. Wichtig finde ich klare Positionen: Ihr seid der Förderverein – wir sind die Bibliothek. Wir haben gemeinsame Ziele, aber jeder arbeitet mit dem eigenen Instrumentarium für diese gemeinsamen Ziele. Man bleibt gut in Kontakt, man schätzt sich gegenseitig und man hält einen menschlich auch sehr freundlichen Kontakt. Man weiß voneinander und auch von den Zielen untereinander. Dann steht einer guten Arbeit eigentlich nicht mehr viel im Weg.

Frage: Wie präsent ist Ihr eigener Förderverein in der Bibliothek? Wie wird er beispielsweise auch von den Besuchern der Bibliothek wahrgenommen?

Der Förderverein meiner Bibliothek ist, wie gesagt, in studentischer Gründung entstanden, was ungewöhnlich ist. Ungewöhnlich ist auch, dass er immer noch von Studierenden getragen wird – hauptsächlich. Es sind zwar nicht mehr nur Studierende bei den Aktiven und im Vorstand, aber maßgeblich sind die Studierenden. Unser Förderverein heißt „Förderkreis Philologische Bibliothek e. V.", der Name war den Studierenden wichtig, um zu betonen, dass es nicht Verein heißt, nicht nach Vereinsmeierei klingt. „Förderkreis Philologische Bibliothek" klingt lockerer und moderner. Es handelt sich aber um einen eingetragenen gemeinnützigen Verein.

Wie ist er in der Bibliothek präsent? Wir haben einige Ausstellungsvitrinen im Eingangsbereich der Bibliothek. Die erste, prominenteste Vitrine gehört zum Förderkreis. Die Vitrine wird regelmäßig geradezu künstlerisch gestaltet. Das sind kleine Ausstellungen, die zum Teil witzig gemacht sind und einfach auch toll aussehen.

Zudem ist der Förderkreis auf der Website der Bibliothek sichtbar. Er ist des Weiteren auch physisch sichtbar durch die Werbung, die wir für die Haupteinnahmequelle unseres Förderkreises machen, nämlich für einen Bücherbasar, der feste Räume hat. Der Basar befindet sich in unmittelbarer Nähe der Bibliothek – leider nicht in der Bibliothek, aber im Gebäudekomplex der Universität.

Außerdem wird er sichtbar gemacht, wenn wir besondere Aktivitäten haben und der Förderverein uns dabei unterstützt. Zum Beispiel haben wir ein Schülerprojekt durchgeführt, bei dem uns der Förderkreis personell und allgemein massiv unterstützt hat. Zu diesem Projekt gab es einen Flyer mit dem Logo des Förderkreises, auf dem betont wurde, dass der Förderkreis uns unterstützt hat. Wir haben immer wieder Aktivitäten – seien es Veranstaltungen oder die Lange Nacht der Bibliotheken, Dichterlesungen oder Ähnliches. Das könnten wir gar nicht ohne die Unterstützung des Förderkreises, bzw. ich will es auch nicht ohne diese Unterstützung. Bei vielen Ideen, die wir haben, überlegen wir als Erstes, ob der Förderverein uns dabei unterstützen kann. Wenn eine Unterstützung aus verschiedenen Gründen (z. B. zu viele andere Verpflichtungen des Förderkreises) nicht möglich ist, dann stellen wir diese Ideen oft auch erst mal zurück.

Wir machen auch temporär immer wieder Aktionen und Veranstaltungen, bei denen der Förderkreis mit Sonderbüchertischen in der Bibliothek physisch präsent ist, oder wir legen Informationen des Fördervereins in die Mappenschließfächer in der Bibliothek.

Der Förderverein ist auch bei den Mitarbeitern präsent. Wir haben eine Bibliotheksmitarbeiterin als Ansprechpartnerin für den Förderverein. Weiterhin ist es eine ganz tolle Sache und etwas Besonderes, dass wir in alle Bücher, die wir aus Mitteln des Fördervereins erwerben, und in die Bücher, die wir direkt vom Förderverein erhalten, das Exlibris des Fördervereins stempeln. Dann kann auf alle Zeit jeder, der das Buch in die Hand nimmt, sehen, dass dieses Buch nur deshalb in der Bibliothek vorhanden ist, weil der Förderverein es gestiftet hat. Manchmal kaufen wir ganz bewusst wichtige Grundlagenliteratur oder wichtige Nachschlagewerke von dem Geld, damit dort der Stempel hineinkommt, weil diese Bücher von vielen Studierenden in die Hand genommen werden. So ist der Förderverein in ganz vielen Büchern auf Dauer präsent.

Frage: Wie gestaltet sich die Anwerbung von Mitgliedern?

Der Förderverein hält Kontakt zu den Fachschaften der einzelnen Fächer und zu den Organisatoren der Orientierungswochen, in denen die neuen Studierenden die Universität kennenlernen, und macht dort massiv Werbung. Der Förderverein betreibt auch den Bücherbasar, der mindestens zweimal die Woche geöffnet hat. Insofern braucht der Förderverein Aktive, die sich dafür einsetzen.

Frage: Welche Maßnahmen ergreift der Förderverein konkret, um die Bibliothek zu unterstützen?

Das ist ganz unterschiedlich – zum einen durch das Geld, zum anderen durch das Netzwerk des Fördervereins. Um ein Beispiel zum Thema Geld zu nennen: Wir erhalten im Durchschnitt pro Jahr regelmäßig über 15 000 Euro direkt vom Förderverein an Erwerbungsmitteln. Wenn Sie das über die 18 Jahre, die es diesen Förderverein gibt, summieren, dann sehen Sie, was da für ein beachtlicher Betrag entsteht!

Auch über das Netzwerk können wir direkt profitieren. Der Förderverein hat u. a. einen sehr guten Kontakt zu einer ziemlich bekannten Journalistin und Literaturkritikerin, die von Verlagen viele neue Bücher geschenkt bekommt. Da sie nicht alles lesen und besprechen kann und behalten will, stiftet sie die Bücher dem Förderverein.

Frage: In den 1990er Jahren gab es ja einen regelrechten Boom an Fördervereinen in Gesamtdeutschland. Warum gerade in dieser Zeit? Warum nicht früher, warum nicht später? Wie ist diese Entwicklung Ihrer Ansicht nach entstanden?

Dafür gibt es zwei Gründe. Einerseits wurde die Etatsituation für die Bibliotheken in den 1990er Jahren zunehmend schwieriger. Und auch wir, gemeint ist die Philologische Bibliothek in der Freien Universität Berlin, haben das am Ende dieser Zeit besonders hart erfahren müssen – nicht durch Stellenabbau direkt, sondern eher durch das Senken unseres Erwerbungsetats.

Andererseits denke ich, dass in den 1990er Jahren das bürgerschaftliche Engagement einen neuen, moderneren Anstrich bekommen hat. Bürgerschaftliches Engagement wurde auch von der Politik gefördert und wieder mehr in die Öffentlichkeit gerückt. Ein Beispiel hierfür ist, dass der Bundespräsident einmal im Jahr Menschen, die sich engagieren – davon sind sehr viele in solchen Vereinen – einlädt, und das eben aufgrund ihres bürgerschaftlichen Engagements. Das vielleicht vorher etwas verstaubte Image hat sich hier ins Positive gewandelt.

Auch die Helfer selbst haben schließlich erfahren, dass man etwas erreichen kann durch bürgerschaftliches Engagement, und zwar auf einer anderen Schiene, als es die Institution allein kann. Und diese Erfahrungen haben wir auch selbst in der Bibliothek ganz praktisch gemacht, dass unser Förderverein auf einer anderen Klaviatur spielen kann, als wir es tun. Das ist auch in der Presse und in der Öffentlichkeit zunehmend sichtbarer geworden. Alle fordern nun mehr bürgerschaftliches Engagement, mehr Partizipation. Und nicht nur Partizipation des Bürgers bei direkten Entscheidungsprozessen, sondern auch Partizipation durch bürgerschaftliches Engagement. Dann sieht man, was man da erreichen kann – im Kleinen, aber auch im Großen, ggf. bis hin zu einem Volksbegehren.

Viele waren z. B. ganz erstaunt darüber, dass wir von unserem Erwerbungsetat in einer Wissenschaftlichen Bibliothek auch eine Verwaltung bezahlen müssen. Ich muss natürlich für meine Bibliothek das Geld aus dem Erwerbungsetat nehmen, wenn bei uns ein Drucker kaputt geht, wenn wir in der Verwaltung Papier und Kugelschreiber kaufen müssen usw. Aber: Ich muss in meiner Philologischen Bibliothek auch die Handtücher, die Seife und das Toilettenpapier in den Sanitäreinrichtungen der Bibliothek aus dem Erwerbungsetat bezahlen.

Und als ich das – nicht zum ersten Mal – den Professoren in den Institutsräten gesagt habe, die regelmäßig von mir wissen wollten, „Was macht Ihr mit dem Geld?“, haben die das nicht glauben wollen: „Was? Das geht doch nicht! Wir geben das Geld an die Bibliothek für neue Bücher, für neue Datenbanken, für E-Books, aber doch nicht für so etwas! Das muss doch irgendwo anders herkommen!“ Dann habe ich erwidert: „Ja, wir haben es immer wieder versucht, umsonst, ich muss es aus dem Erwerbungsetat nehmen. Die Zuständigen weigern sich, uns dafür gesondert Mittel zu geben.“

Da wurde dann der Förderverein aktiv und meinte: „Können wir da nicht mal eine Aktion machen, zusammen mit Wissenschaftlern und Studierenden?“ Und sie haben eine Aktion gemacht! Sie haben den gläsernen Bibliothekseingang mit Klopapierrollen zugestellt. Das war natürlich ein starkes Zeichen.

Was ist darauf hin passiert? Zunächst zwei positive Sachen: Der Förderverein hat gesehen, dass er stark ist und dass er ein starkes Zeichen produzieren kann. Das zweite Positive ist: Wenige Tage später haben wir eine Zusage bekommen, dass wir in den nächsten zwei Jahren das Geld für die Sanitäranlagen von der Universität erstattet bekommen. Das Negative war, dass ich einen unerfreulichen Telefonanruf „von oben" bekommen habe dahingehend, wie ich als Bibliotheksleiter es denn zulassen könne, dass der eigene Unterhaltsträger öffentlich kritisiert wird?

Aber das führte nun nicht dazu, dass ich meine gute Zusammenarbeit mit dem Förderverein ändere. Allerdings, es ist natürlich ein Konfliktfeld. Man liefert Zahlen, man freut sich darüber, dass der Förderverein mit einer ziemlich „politischen", nach außen wirkenden Aktion den Unterhaltsträger kritisiert. Andererseits bin ich als Bibliotheksleiter loyal gebunden, natürlich, und das ist dann nicht immer einfach.

Frage: Vielleicht noch eine Frage zum Schluss. Sie haben das Stichwort „Politik" gegeben. Manche Fördervereine bemühen sich darum, Entscheidungsträger, Politiker, den Kulturreferenten als Vereinsmitglieder zu gewinnen, womöglich gar für den Vorstand. Andere lehnen das grundsätzlich ab, denn dann kann man gegen die Politik nicht mehr vorgehen, wenn deren Beschlüsse den Bibliotheksinteressen zuwiderlaufen.

Es wäre bestimmt nicht gut, wenn in dem Förderverein meiner Bibliothek der jeweilige Dekan oder der Präsident der Universität im Vorstand wäre – als einfaches Vereinsmitglied sehe ich da kein Problem. Was aber nützlich ist: Wenn eine Interessenvertretung jemanden in der ersten Reihe hat, der vielleicht ein ehemaliger Politiker ist oder der einfach weiß, wie Politik funktioniert.

Das versuchen zum Beispiel im Deutschen Bibliotheksverband die Landesverbände und auch der Bundesverband. Die jeweiligen Geschäftsführer bringen das bibliothekarische Know-how ein, und der „politische Vorsitzende" soll nach außen hin Einfluss haben, aber nicht unbedingt eingebunden sein in einen direkten Entscheidungsprozess. Er weiß aber, wie Politik funktioniert, und er hat auch in dem entsprechenden Umfeld einen guten Namen.

Herr Werner, wir bedanken uns sehr herzlich für dieses aufschlussreiche Gespräch, das uns zusammenfassend vieles noch einmal aus einer anderen Perspektive vor Augen geführt hat, was uns bei unseren Kontakten mit den Fördervereinen ansatzweise schon begegnet ist. Wir sehen jetzt, welche wichtige Funktion die Arbeitsgemeinschaft der Freundeskreise im Deutschen Bibliotheksverband innehat und hoffen, dass vielleicht auch aufgrund der Informationen aus diesem Interview sich nicht nur viele weitere Fördervereine bilden, sondern dass diese auch den Wert des Netzwerkes der Arbeitsgemeinschaft erkennen und sich ihm anschließen.

Cornelia Vonhof

Vom Bauchgefühl zur Strategie

Partnerschaftsmanagement als Managementinstrument

Ohne Partnerschaften, Kooperationen und Netzwerke geht heute fast nichts mehr. Dies gilt für den öffentlichen wie für den privaten Sektor, und es gilt für Bibliotheken aller Größen und Sparten ebenso wie für Fördervereine von Bibliotheken. Wenn dies aber so ist, dann ist es geboten, diese Beziehungen durch ein Partnerschaftsmanagement systematisch und bewusst zu entwickeln und zu pflegen. Der Beitrag stellt Instrumente und Vorgehensweisen für ein Partnerschaftsmanagement vor.

Einleitung

Bibliotheken – egal ob Öffentliche oder Wissenschaftliche – verstehen sich als Institutionen, die gut vernetzt sind, die offen sind für Partnerschaften, die gerne die Rolle einer Partnerin einnehmen, und sie verzeichnen es als Erfolg, von anderen Institutionen als Partnerin angefragt zu werden. Auch Freundes- und Förderkreise gehören zu den Institutionen, mit denen Bibliotheken partnerschaftliche Beziehungen pflegen.

A partnership can be defined as a formalised collaboration relation that is built on equality and respect. The partners create something which they would not create by themselves and thus the partnership becomes a win-win situation. (Overgaard u. Larsen 2012, S. 9)

Partnerschaften gewinnen aber nicht nur für Bibliotheken immer mehr an Bedeutung, sondern insgesamt im öffentlichen Sektor. Man denke an die immer häufiger werdenden Fälle, in denen Kommunen „Ressourcen-Sharing" nutzen, indem sie gemeinsame Rechnungsprüfungsämter, Justiziariate, Feuerwehren oder Schulen betreiben. Unternehmen bauen durch aktives Partnerschaftsmanagement gezielt Netzwerkstrukturen auf, wobei die Analyse solcher Partnerschaften zeigt, dass sie v. a. für kleine und mittlere Unternehmen (KMU) in dynamischen Märkten von hoher Relevanz sind (vgl. Steinheuser, Arnold u. Stahn 2006, S. 57). Verbindende und vorrangige Motivation, Partnerschaften aufzubauen und zu pflegen, sind für Organisationen des öffentlichen wie des privaten Sektors in erster Linie die begrenzten eigenen Ressourcen. Dabei ist der Begriff „Ressource" durchaus weit zu verstehen. Eine Begrenzung auf finanzielle Ressourcen griffe zu kurz: Gemeint sind Ressourcen wie intellektuelles Kapital (Kompetenzen, Know-how der Beschäftigten), Beziehungskapital, räumliche und technische Ressourcen. Hier lassen sich also durchaus Parallelen zur Motivationslage von Bibliotheken feststellen.

Diesen Gedanken des „gemeinsam sind wir stärker" verfolgen auch die dänischen Öffentlichen Bibliotheken in Roskilde und Aarhus in ihrem Projekt „Out of the Box – Innovative Partnerships in the Library".[1] Ihre Definition von Partnerschaft soll diesem Beitrag zugrunde gelegt werden.

Deutlich abgegrenzt von den so verstandenen Partnerschaften werden Kundenbeziehungen, Beratungsdienstleistungen und Lieferbeziehungen (vgl. Engage in Partnerships 2011, S. 2).

Mit Blick auf Partnerschaften in Bibliotheken ist zu konstatieren, dass bei aller Offenheit und Begeisterung für Partnerschaften selten eine systematische Auseinan-

1 Das Projekt wurde zwischen 2010 und 2012 gefördert von der „Danish Agency for Culture's Development Pool for Public and School Libraries" und hatte das Ziel, Materialien zu entwickeln, die einen strategischen Ansatz für den Umgang mit Partnerschaften fördern. Weitere Informationen: http://www.udafboksen.nu/

dersetzung mit dem Thema oder gar eine systematische Gestaltung von Partnerschaften stattfindet. Oft verlässt man sich auf das „Bauchgefühl" oder den Zufall.[2] Will man aber nachhaltig das Ziel erreichen, das von den dänischen Bibliotheken formuliert wird, nämlich, dass alle Parteien durch die Kooperation gewinnen, dann ist ein Management der Partnerschaften unabdingbar.

Partnerschaftsmanagement in diesem Sinne beschreibt also ein systematisches, professionelles Entwickeln und Steuern von Beziehungen, die die Strategie der Bibliothek unterstützen und dazu beitragen, ihre Ziele zu erreichen. Vor allem dieser strategische Aspekt unterscheidet Partnerschaften von Kooperationen oder einem Netzwerk.

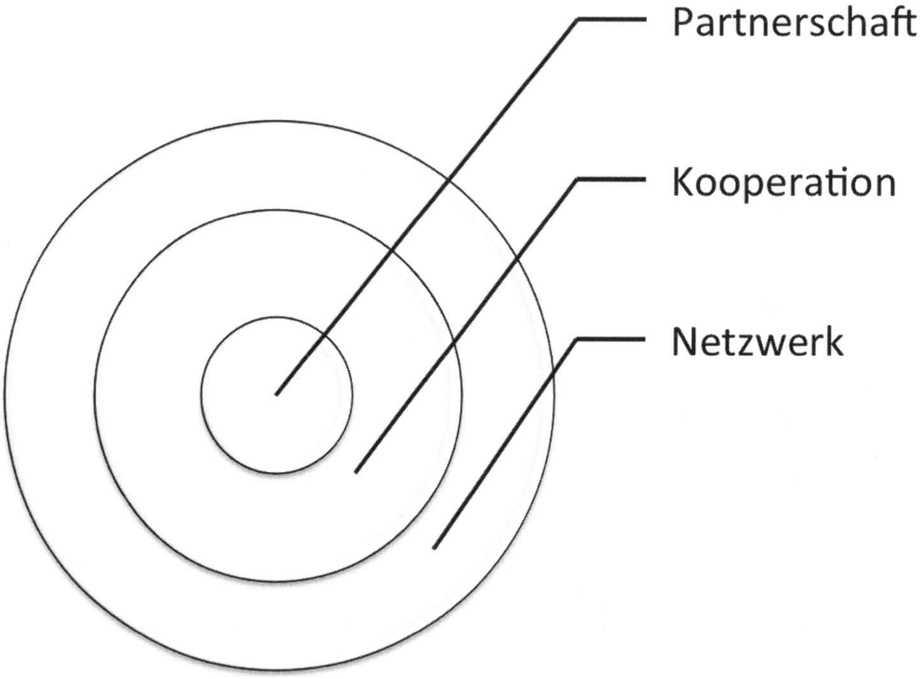

Abb. 1: Intensitätsstufen Partnerschaft – Kooperation – Netzwerk.[3]

Bibliotheken sind in der Regel in ein vielfältiges Netzwerk eingebettet, und sie verfügen über zahlreiche Kooperationen und Partnerschaften. Um den strategischen Aspekt einer Partnerschaft in den Blick zu nehmen, ist es zielführend, zwischen den verschiedenen möglichen Ausprägungen einer Beziehung zu unterscheiden. Dabei beschreiben die konzentrischen Kreise der Abbildung 1 das von außen nach innen zunehmende Maß der Intensivierung und Formalisierung einer Beziehung: von lockeren Netzwerkbeziehungen, in denen man sich kennt und informell austauscht, über Kooperationen, in denen gemeinsam Projekte gestaltet werden, bis zu Partnerschaften, die eine intensive, oft formalisierte und auf eine strategische Passung angelegte Beziehung beschreiben.

2 Dies zeigen u. a. Erkenntnisse, die aus Studienprojekten an der Hochschule der Medien in Stuttgart gewonnen wurden (vgl. dazu z. B.: Klug 2011: Entwicklung eines Fundraisingkonzepts für die Stadtbibliothek Lörrach; unveröffentlichte Projektdokumentation) sowie Erfahrungen aus dem Qualitätsmanagementprojekt „Ausgezeichnete Bibliothek" (vgl. dazu: http://www.hdm-stuttgart.de/bi/forschung/iqo/ab).

3 Eigene Darstellung in Anlehnung an Overgaard u. Larsen 2012, S. 10.

Eine Klärung, auf welcher Intensitätsstufe sich die Beziehung zu einer anderen Institution derzeit bewegt oder künftig bewegen soll, ist hilfreich, um die richtigen Maßnahmen zu einer aktiven Gestaltung dieser Beziehung ergreifen zu können. Dabei ist klar, dass sich die Positionierung einer Beziehung im Zeitverlauf ändern kann. Die richtige bzw. die gewünschte Positionierung zu finden, ist eine wesentliche Aufgabe des Partnerschaftsmanagements.

Im Folgenden sollen die wesentlichen Elemente des Partnerschaftsmanagements skizziert und zugleich Hinweise für die praktische Umsetzung gegeben werden.

Der Partnerschaftszyklus

Nähert man sich dem Anspruch, ein Partnerschaftsmanagement aufzubauen, so kann dies entlang eines Partnerschaftszyklus erfolgen. Dieser zeigt idealtypisch die Schritte auf, die dabei zu gehen sind.

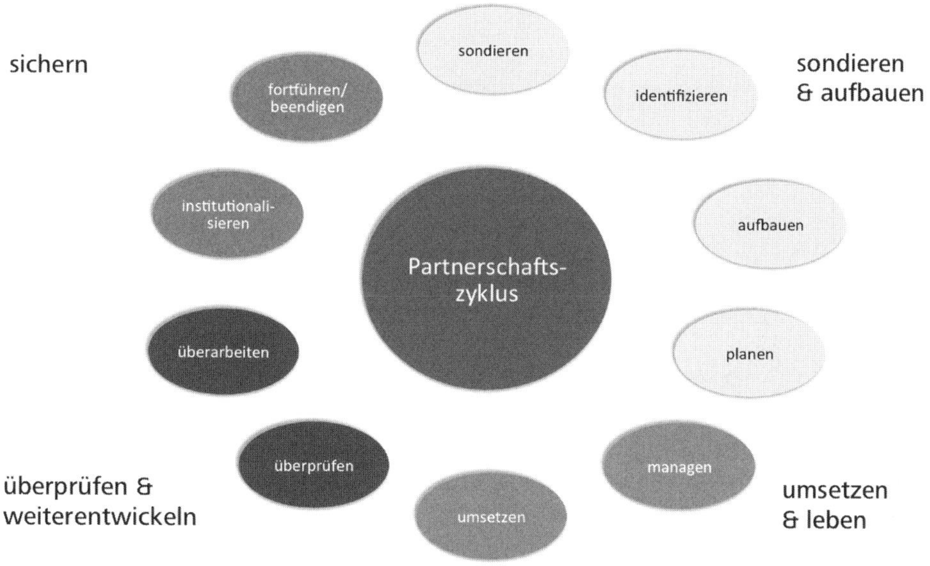

Abb. 2: Partnerschaftszyklus.[4]

Schritt 1: Partnerschaften sondieren und aufbauen

Dieser Schritt beinhaltet zwei wesentliche Aspekte der Analyse: zum einen den Blick nach innen auf bereits bestehende Partnerschaften und zum anderen den Blick auf das eigene Netzwerk und darüber hinaus auf potenzielle bzw. wünschenswerte Partnerschaften, die neu zu entwickeln wären.

Die oben skizzierte Ausgangslage von Bibliotheken legt es nahe, mit den vielen bereits bestehenden Partnerschaften zu beginnen und sich erst dann neuen zuzuwenden. Zur Dokumentation bestehender Partnerschaften kann eine „Partnerschaftslandkarte“ angelegt werden. Dazu kann z. B. die oben vorgestellte „Zielscheibe“ (Abb. 1) genutzt werden, um bestehende Partnerschaften nach ihrer Beziehungsintensität zu strukturieren. Es kann aber auch informativ sein, die bestehenden Partnerschaften

4 Eigene Darstellung in Anlehnung an Tennyson 2011, S. 6.

nach inhaltlichen Aspekten bzw. nach Bereichen der Zusammenarbeit zu strukturieren. Zu denken wäre dabei an eine Strukturierung nach: Bildungseinrichtungen, Kultureinrichtungen, Forschungseinrichtungen, Wirtschaft, Medien, politisches Umfeld etc. Welche Bereiche relevant sind, ist von der Bibliothek zu entscheiden.

Eine Kombination dieser beiden Strukturierungsansätze macht sichtbar, in welchen inhaltlichen Bereichen die Bibliothek über Partnerschaften verfügt, wo Kooperationen und wo „blinde Flecken“ erkennbar sind.

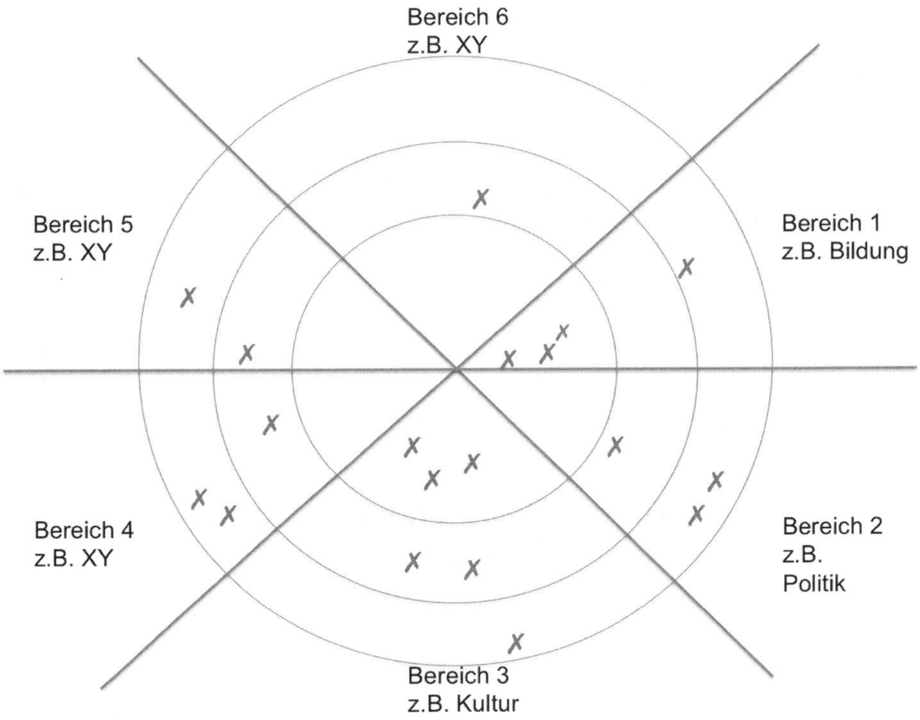

Abb. 3: Schematische Partnerschaftslandkarte.

Ausgehend von diesem Überblick über bestehende Partnerschaften können diese in einem weiteren Schritt bewertet werden. Voraussetzung dafür ist jedoch der Blick auf die eigene Organisation – auf den „eigenen Bauchnabel“.

Folgende Fragen können Impulse geben, sich über die Bedeutung der Partnerschaften für die eigene Organisation und die Ziele, die mit dem Eingehen von Partnerschaften verfolgt werden, klar zu werden:

- Erreichen wir die Organisationsziele mit unseren gegenwärtig und künftig verfügbaren Ressourcen?
- Sind Partner hilfreich und/oder notwendig, um die Organisationsziele zu erreichen?
- Welches Partnerprofil würde unsere eigenen Schwächen ausgleichen?
- Welches Partnerprofil würde uns dabei unterstützen, unsere eigenen Stärken weiter zu verstärken?
- Sind wir bereit, dafür etwas zu bieten? Was?[5]

5 Diese Fragen zeigen, dass das Vorhandensein einer eigenen strategischen Zielplanung – am besten eingebettet in eine Bibliotheksstrategie (bzw. eine Bibliothekskonzeption) – vorausgesetzt wird.

Die Literatur bietet eine Reihe von Ansätzen, mit denen Partnerschaften analysiert werden können. Barrantes und Wuthcke schlagen nach eingehender Literaturrecherche und empirischen Tests vier Dimensionen vor, die untersuchen, ob Partner zueinander passen. Dieser „Fit“ ist für eine erfolgreiche Partnerschaft wesentlich. Die vier im Folgenden skizzierten „Fit-Dimensionen“ sollten daher sowohl bei der Bewertung bestehender Partnerschaften als auch bei der Partnerwahl im Auge behalten werden.

- Kultureller Fit: Hier sind Aspekte zu betrachten wie der Umgang mit Fehlern, die Werte, das Menschenbild, Umgangsformen, Formalisierungsgrad von Arbeitsabläufen, Kommunikation und der Ausbildungshintergrund der Beschäftigten.
- Strategischer Fit: Zu diesem Fit gehören inhaltlich strategische Betrachtungen wie z. B., ob beide Partner hinsichtlich Zweck und Umfang der Kooperation vergleichbare Vorstellungen haben und in wieweit sich die Zielvorstellungen der Partner decken.
- Struktureller Fit: Dabei handelt es sich um Fragen nach einem ausgewogenen Kräftegleichgewicht, einer vergleichbaren finanziellen Leistungsfähigkeit sowie der (wirtschaftlichen) Unabhängigkeit der beteiligten Organisationen von der Partnerschaft.
- Persönlicher Fit: Die hier zugeordneten Aspekte beleuchten die gegenseitige Sympathie zwischen den Leitungspersonen bzw. den für die Partnerschaft Verantwortlichen, die richtige „Chemie“, durch ähnliche Persönlichkeit und Wertehaltung (vgl. Barrantes u. Wuthcke 2006, S. 15).[6]

Legt man die genannten Aspekte als Erfolgsfaktoren für gelingende Partnerschaften zugrunde, so lassen sich diese in eine Matrix überführen, mit der eine transparente Bewertung der Partner erfolgen kann. Ein einfaches Bewertungsraster mit 0 (kein Fit) bis 3 (ausgeprägter Fit) genügt, um einen kritischen Blick auf bestehende Partnerschaften zu werfen.

Fit-Dimension	Partner 1	Partner 2	Partner 3	Partner 4	Partner 5	Partner n
Kultureller Fit						
Strategischer Fit						
Struktureller Fit						
Persönlicher Fit						
Gesamt						

Abb. 4: Bewertungsmatrix Fit-Dimensionen.

Für Bibliotheken soll ein weiterer Aspekt ins Gespräch gebracht werden, der die Dimensionen „Macht und Einfluss des Partners“ und „Interesse an den Zielen der Partnerschaft“ betrachtet. Diese beiden Dimensionen scheinen gerade für Bibliotheken in hohem Maße relevant, da Bibliotheken erfahrungsgemäß dazu neigen, mit Partnern zusammenzuarbeiten, die zumindest die Dimension „Macht und Einfluss“ unzurei-

---

6 Ein anderes Schema zur Bewertung von Partnerschaften stellen Winkler, Slamanig u. Kaluza 2008 vor: Sie unterscheiden zwischen Kooperationsfähigkeit und Kooperationsbereitschaft. Diese beiden Dimensionen werden ebenfalls mit Hilfe von Kriterien operationalisiert.

chend erfüllen.[7] Will eine oft als nicht machtvoll und einflussreich (z. B. gegenüber den Trägern oder im politischen Raum) erlebte Institution wie eine Bibliothek dieses eigene Manko jedoch ausgleichen, so benötigt sie gerade machtvolle und einflussreiche Partner. Anhand einer weiteren Matrix kann eine kritische Bewertung bestehender und potenzieller Partnerschaften vorgenommen werden.

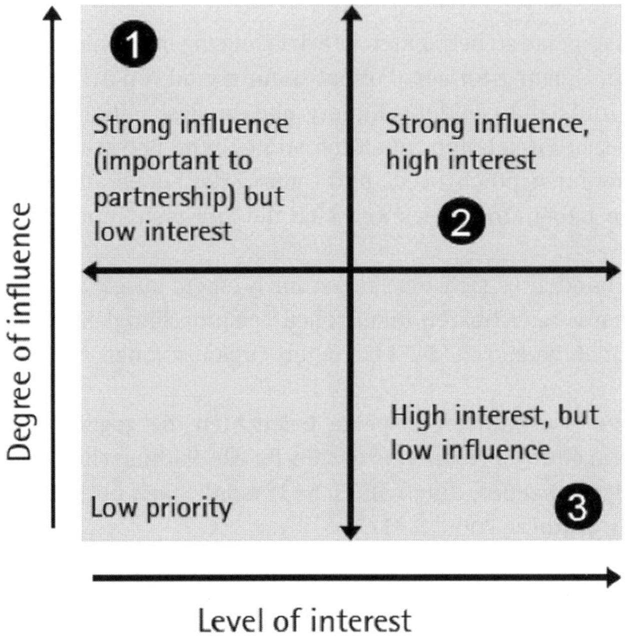

Abb. 5: Bewertungsmatrix Influence-Interest (Tennyson 2011, S. 43).

Selbstverständlich sind die Partnerschaften, die sich im rechten oberen Quadranten (2) positionieren lassen, von höchstem Wert für die Bibliothek. Werden Partnerschaften in einem anderen Quadranten verortet, so ist, falls die Partnerschaft aus anderen Gründen wichtig erscheint, zu überlegen, welche Maßnahmen ergriffen werden können, um bei einem machtvollen Partner (1) Interesse an der Partnerschaft (neu) zu wecken, bzw. wie gemeinsam mit Partnern, die über geringe Macht und geringen Einfluss verfügen (3), diese Situation verändert werden könnte. Wie bei den Analysen mit Hilfe der Partnerschaftslandkarten lassen sich auch die beiden vorgestellten Bewertungsmatrizen kombinieren.

Zielführend sind solche Analysen jedoch nur, wenn ihnen auch Konsequenzen folgen. Diese können darin bestehen, die aktuelle Situation der Partnerschaften zu bestätigen und weiter zu verfolgen, sie können jedoch auch aufzeigen, wo Partnerschaften beendet werden sollten oder wo bislang auf der Partnerschaftslandkarte blinde Flecken bestehen, die gezielt bearbeitet werden sollten.

Schritt 2: Partnerschaften umsetzen und leben

Wurden lohnenswerte Partnerschaften identifiziert, müssen diese systematisch gepflegt werden. Wie oben bei den Kriterien zur Bewertung von Partnerschaften gezeigt wurde, spielen „weiche" Faktoren (wie der kulturelle und der persönliche Fit) eine

---

7 Vgl. dazu Anmerkung 2.

entscheidende Rolle für das Gelingen. Daher soll das Augenmerk bei der Pflege von Partnerschaften vorrangig auf diese weichen Faktoren gelegt und ein Modell vorgestellt werden, das die Faktoren zusammenfasst, die die Kultur einer Partnerschaft maßgeblich beeinflussen (vgl. Dammer 2011, S. 37ff.).

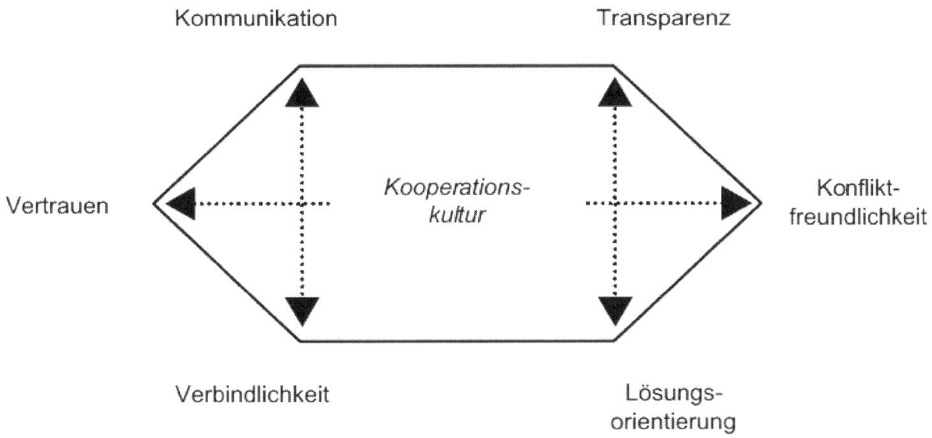

Abb. 6: Faktoren für gelingende Partnerschaften (Dammer 2011, S. 37).

Ingo Dammer betont in seiner Darstellung des Modells, dass die Faktoren nur im Zusammenspiel funktionieren und damit auch nicht einzelne Faktoren nach Belieben ausgeblendet werden könnten. Das Austarieren der Faktoren sieht er als wesentliche Aufgabe des Partnerschaftsmanagements.[8]

Nur zu postulieren, dass diese Faktoren wichtig seien, genügt sicher nicht, um sie wirksam werden zu lassen. Daher soll an einigen Beispielen skizziert werden, welche konkreten Maßnahmen dazu beitragen können, diese weichen Faktoren in die Tat umzusetzen:

- Um Vertrauen zu bilden und Konfliktfreundlichkeit zu ermöglichen, ist Information unabdingbar: Informationen über die Ziele der Partnerschaft, Informationen über den Partner, Klarheit über getroffene Absprachen, Formen der Zusammenarbeit, Verantwortlichkeiten etc. Zwar werden Partnerschaften häufig von Führungskräften oder von beauftragten Beschäftigten initiiert, im Verlauf der Partnerschaft werden aber mit großer Wahrscheinlichkeit auch auf der Arbeitsebene Kontakte und Begegnungen entstehen. Gerade für diese Beschäftigten, die nicht unmittelbar am Management der Partnerschaft beteiligt sind, ist dann der Zugriff auf Informationen zu den Partnerschaften unabdingbar. Schriftlich lassen sich Informationen in Form von Profilen oder Steckbriefen der Partner übersichtlich zusammenfassen. Das Thema Partnerschaften sollte aber auch regelmäßig Bestandteil der internen Kommunikation (Besprechungen, Workshops etc.) sein.
- Den notwendigen Grad der Transparenz herzustellen, um gemeinsam an den Zielen arbeiten oder gemeinsame Projekte steuern zu können, ist die zentrale Aufgabe des Partnerschaftsmanagements. Eine gemeinsame Informationsbasis ist auch hier unabdingbar. Dennoch stellt deren Pflege eine große Herausforderung dar, weil kontinuierliche gegenseitige Information zeitaufwändig ist und wieder-

8 Ebd. Einen ähnlichen Ansatz verfolgen auf Basis empirischer Untersuchungen auch Steinheuser, Arnold u. Stahn 2006, S. 57ff.

um nur funktioniert, wenn eine ausreichende Vertrauensbasis geschaffen wurde. Eine geteilte Plattform zur Ablage von Dokumenten und persönliche Treffen sind probate Mittel.
- Verbindlichkeit kann über ein Regelwerk (in welcher Form auch immer – es muss kein ausgefeiltes schriftliches Vertragswerk sein) hergestellt werden. Eine solche Partnerschaftsvereinbarung kann ein Gerüst sein, indem die Ziele der Partnerschaft, gegenseitige Angebote und Leistungen sowie Verpflichtungen, Absprachen über die gegenseitige Information, das Behandeln von Konfliktfällen, aber auch Verfahren zur regelmäßigen Evaluation der Partnerschaft festgelegt sind.

Neben diesen Maßnahmen, die sich auf die Umsetzung des kulturellen und persönlichen Fits konzentrieren, dürfen Maßnahmen nicht vergessen werden, die sich auf strukturelle Aspekte beziehen. So bedarf es einer Rollenklärung auf Seiten aller Partner und einer klaren Verantwortungs- und Kompetenzzuweisung. Grundsätzlich sind dabei unterschiedliche Formen der Partnerschaftsorganisation denkbar:

- Zentralisiertes Partnerschaftsmanagement: Hier werden alle Partnerschaften, unabhängig von Inhalten und fachlichen Bezügen, von einer Person betreut. Dies führt einerseits zu einer stringenten und einheitlichen Handhabung aller Abläufe und einer nach außen eindeutig kommunizierbaren Ansprechperson. Gleichzeitig kann die für das Gelingen einer Partnerschaft so wichtige persönliche Ebene kaum von einer Person allein abgedeckt werden. Das Risiko durch vermehrte Schnittstellen (z. B. wegen fachlicher Rückfragen) und eine personenbedingte Einseitigkeit besteht. Häufig sind zentrale Lösungen bei der Bibliotheksleitung angesiedelt.
- Dezentrales Partnerschaftsmanagement: Hier werden die Partnerschaften in fachlich zusammenhängenden Bereichen (z. B. Partnerschaften mit Schulen) von fachlich verantwortlichen und kompetenten Beschäftigten oder Organisationseinheiten betreut. Dies garantiert den persönlichen Bezug zwischen den Partnern und verknüpft die persönliche mit der fachlichen Ebene. Gleichzeit besteht das Risiko einer Abhängigkeit von genau diesen persönlichen Beziehungen. Zudem erschwert die Dezentralität eine einheitliche und strategische Ausrichtung aller Partnerschaften.
- Fallbezogenes Partnerschaftsmanagement: Hier wird die Dezentralisierung noch weiter vorangetrieben. Für jede Partnerschaft übernimmt eine Person, die fachlich geeignet oder interessiert ist und über zeitliche Ressourcen verfügt, die Betreuung einer Partnerschaft. Neben den Chancen, ein so gestaltetes Partnerschaftsmanagement auf viele Schultern zu verteilen und nicht zuletzt als Instrument der Personalentwicklung zu nutzen, gelten hier die oben genannten Chancen und Risiken sehr ausgeprägt.

Schritt 3: Partnerschaften überprüfen und weiterentwickeln

Organisationen verändern sich, ihre Strategien und Ziele verändern sich. Es wäre daher kaum nachvollziehbar, wenn sich Partnerschaften nicht verändern würden. Eine regelmäßige Evaluation der Partnerschaften trägt dazu bei, immer wieder in den Blick zu nehmen, ob die Form und die Inhalte der Partnerschaft noch angemessen sind, und sich zwischen den Partnern darüber auszutauschen, ob die Partnerschaft in der aktuellen Form fortgeführt werden soll. Partnerschaftsmanagement als aktives Steuerungsinstrument, wie es in diesem Beitrag vorgestellt wird, erfordert nicht nur, die ersten Schritte im Partnerschaftszyklus strukturiert und systematisch zu gehen, sondern den Zyklus vollständig zu durchlaufen und es nicht zuzulassen, dass mit großem Engagement aufgebaute Partnerschaften vor sich hindümpeln oder gar im Sande verlaufen.

Ein bereits zu Beginn vereinbarter Zeitpunkt, um den Stand der Partnerschaft aus Sicht aller Beteiligten zu reflektieren und ggf. Veränderungen einzuleiten, trägt zur strategischen Ausrichtung, Vertrauensbildung und Transparenz bei. Für eine solche Reflexion sind unterschiedliche Formen denkbar: So können sich die unmittelbar für die Partnerschaft Verantwortlichen zu Gesprächen treffen, es sind Workshops mit Gruppen von Beschäftigten denkbar oder paarweise Treffen unterschiedlicher Personen, die im Rahmen der Partnerschaft zusammenarbeiten. Genutzt werden kann z. B. die Methode der SWOT-Analyse, um, ausgehend von den vereinbarten Zielen, über den aktuellen Entwicklungsstand sowie Verbesserungspotenziale nachzudenken.

Schritt 4: Partnerschaften sichern

Der letzte Schritt des Partnerschaftszyklus stellt den Umgang mit den Ergebnissen des Evaluationsprozesses in den Mittelpunkt. Auch hier sollen grundsätzlich denkbare Handlungsoptionen skizziert werden, die in der Partnerschaftspraxis selbstverständlich passgenau zugeschnitten werden müssen. So kann sich aus veränderten Zielsetzungen, der Aufnahme neuer Aktivitäten oder veränderter personeller Zuständigkeiten die Notwendigkeit ergeben, die Partnerschaftsvereinbarung zu überarbeiten und zu aktualisieren. Es kann sich ergeben, dass eine gut funktionierende Partnerschaft um zusätzliche Aspekte erweitert oder auch stärker institutionalisiert wird. Genauso kann aber die Evaluation ergeben, dass die Partnerschaft abgeschlossen wird, weil die gemeinsamen Ziele erreicht wurden und aktuell kein weiterer Bedarf besteht. In einem solchen Fall würde der Partner im Netzwerk verbleiben, der Kontakt bliebe lose bestehen und könnte zu einem späteren Zeitpunkt wieder intensiviert werden. Letztlich bleibt aber natürlich auch die Möglichkeit, dass die Evaluation offenbart, dass die Partnerschaft trotz sorgfältiger Planung nicht zum gewünschten gemeinsamen Erfolg geführt hat. Lassen sich keine neuen, gemeinsamen Perspektiven entwickeln, ist die formelle Beendigung einer Partnerschaft der abschließend notwendige Schritt. Auch diese sollte im Sinne des wertschätzenden Umgangs miteinander in angemessener Form stattfinden, denn auch beendete Partnerschaften verbleiben unweigerlich im Netzwerk.

Ausblick

Partnerschaftsmanagement ist kein Selbstzweck, sondern Mittel zum Zweck: Es unterstützt die Bibliothek dabei, ihre Ziele zu erreichen, und es stärkt die Vernetzung der Bibliothek mit ihrer Umwelt. Professionelles Partnerschaftsmanagement setzt daher voraus, dass die Bibliothek Klarheit darüber hergestellt hat, welche Ziele sie verfolgt, wofür sie steht und was ihr mit dem Träger abgestimmter Auftrag ist. Mit dieser Sicherheit im Rücken kann sie Partnerschaften erfolgreich eingehen und sicherstellen, dass sie selbstbewusst, respektvoll und zum gegenseitigen Nutzen agiert.

Die vorgestellten Instrumente des Partnerschaftsmanagements sind als Teile eines Werkzeugkastens zu verstehen, aus dem sich Bibliotheken ebenso wie Fördervereine bedienen sollten. Die Auswahl der passenden Instrumente, ihre Anpassung und Erweiterung muss vor Ort erfolgen.

Abschließend seien nochmals die drei zentralen Prinzipien erfolgreicher Partnerschaften hervorgehoben:

- Gleichwertigkeit, denn diese führt zu gegenseitigem Respekt und gegenseitigem Nutzen
- Transparenz, denn diese führt zu Vertrauen und der Bereitschaft, gemeinsam Neues zu entwickeln und dabei auch Risiken einzugehen
- Gegenseitiger Nutzen, denn dieser führt zu einem nachhaltigen Engagement für die Partnerschaft

Literatur und Internetquellen

Barrantes, Luis u. Wuthcke, Michaela: Wie finde ich den richtigen Partner? In: Unternehmensführung in dynamischen Netzwerken. Erfolgreiche Konzepte aus der Life-Science-Branche. Hrsg. von Joachim Zülch, Luis Barrantes u. Sylvia Steinheuser. Berlin: Springer 2006. S. 7–19.

Dammer, Ingo: Gelingende Kooperationen. Effizienz. In: Netzwerkmanagement. Mit Kooperation zum Unternehmenserfolg. Hrsg. von Thomas Becker, Ingo Dammer, Jürgen Howaldt u. Achim Loose. Heidelberg: Springer 2011. S. 38–47.

Engage in Partnerships. Aarhus: Public Libraries 2011.

Overgaard, Louise u. Larsen, Stine Staunsager: Build Partnerships. Tools for Strategical Library Development. Aarhus: Citizens Services and Libraries 2012. http://udafboksen.nu/wp-content/uploads/2012/07/Build-Partnerships_Tools-for-Strategical-Library-Development.pdf

Steinheuser, Sylvia; Arnold, Verena u. Stahn, Catharina: Wie mache ich mein Unternehmen kooperationsbereit? In: Unternehmensführung in dynamischen Netzwerken. Hrsg. von Joachim Zülch, Luis Barrantes u. Sylvia Steinheuser. Berlin: Springer 2006. S. 57–75.

Tennyson, Ros: The Partnering Toolbox. An essential guide to cross-sector partnering. 4th ed. 2011. http://thepartneringinitiative.org/tpi-tools/toolbook-series/the-partnering-toolbook/

Winkler, Herwig; Slamanig, Michael u. Kaluza, Bernd: Bewertung, Auswahl und Entwicklung relevanter Partnerunternehmen bei der Bildung strategischer Wertschöpfungsnetzwerke. In: Wertschöpfungsnetzwerke. Konzepte für das Netzwerkmanagement und Potenziale aktueller Informationstechnologien. Hrsg. von Jörg Becker, Ralf Knackstedt u. Daniel Pfeiffer. Heidelberg: Physika 2008. S. 87–107.

Die zitierten Internetquellen wurden zuletzt am 17.01.2015 aufgerufen.

Petra Hauke

Freundeskreise und Fördervereine – Starke Lobbyarbeit für starke Bibliotheken!

Die Interessen der Bibliothek nach außen zu vertreten, ist eine der wichtigsten Aufgaben von Fördervereinen und Freundeskreisen. Lobbyarbeit stärkt das Image der Bibliothek bei ihrem Träger und bei den politisch Verantwortlichen, aber auch bei der Wirtschaft, die man u. U. als Sponsor gewinnen möchte. Ausgehend von den Grundsätzen der Lobbyarbeit gibt der Beitrag praktische Tipps und zeigt anhand von Best-Practice-Beispielen, wie erfolgreiche Lobbyarbeit funktionieren kann.

Einleitung

Der im 19. Jahrhundert in den USA geprägte Begriff des *lobbying* bezeichnete ursprünglich den Versuch von Interessenverbänden und großen Wirtschaftsunternehmen, den Kongress bei Gesetzesentscheidungen in ihrem Sinn zu beeinflussen. Dies geschah durch die Pflege intensiver Kontakte zu und Gespräche mit Politikern und Abgeordneten, besonders zwischen den Parlamentssitzungen und in den Vorhallen (engl.: *lobby*). Auch wenn durch mitunter fragwürdige Methoden der Begriff zwischenzeitlich einen negativen Beiklang erhielt, wird Lobbyarbeit heute als unverzichtbarer Bestandteil politischer Arbeit verstanden, da die Interessenvertreter als Experten ihres Faches auch Detailwissen vermitteln, das für Entscheidungsfindungen in Politik und Verwaltung auf den Ebenen Kreis, Land oder Bund von großem Nutzen sein kann. Unter diesem Blickwinkel ist die Lobbyarbeit z. B. von Bürgerinitiativen auch Bestandteil praktisch gelebter Demokratie (Wimmer 2000).

Lobbyarbeit bedeutet auch die Vertretung der Interessen von Bibliotheken gegenüber politischen Entscheidungsträgern mit dem Ziel, dass deren Belange bei Entscheidungen berücksichtigt werden. Sie beruht vor allem auf Kommunikation, auf Information und auf dem Aufbau eines Informationsnetzwerks. Hier können auf kommunaler Ebene Fördervereine und Freundeskreise die Bibliothek sehr unterstützen, da sie einerseits über ihre Mitglieder z. T. weitverzweigt in der Gesellschaft verankert sind, z. B. als Elternvertreter in Schulen und Kindergärten, als Firmenvorstände, als Pressevertreter, als Mitglieder von Rotary oder Lions Clubs, als Seniorenvertreter etc. Als bibliotheksfremde Fürsprecher können sie z. B. der Kommune gegenüber anders auftreten als die der Hierarchie der Verwaltung unterstellte Bibliotheksleitung (Häcker 2005b).

Lobbyarbeit, also Interessenvertretung zum Zweck der Unterstützung von Bibliotheken, kann aber auch in einem erweiterten Sinn gesehen werden, wenn es z. B. darum geht, bei potenziellen Sponsoren – Wirtschaftsvertretern, Rotary oder Lions Clubs etc. – vorstellig zu werden, um dort finanzielle Unterstützung einzuwerben.

„Wir machen uns stark – für starke Bibliotheken!“

Die 3. Jahrestagung der „Arbeitsgemeinschaft der Freundeskreise“ im Deutschen Bibliotheksverband (dbv) im März 2014 in der Neuen Stadtbücherei Augsburg stand unter dem Motto „Wir machen uns stark – für starke Bibliotheken!“ Das Schlüsselwort ist also „stark“ – und damit zeigt sich schon ein wesentlicher Aspekt von Lobbyarbeit: Stärke zeigen! Unsere Stärken zeigen! Schon die Bibel benennt (im Gleichnis von den anvertrauten Talenten, Mt 25,29) das Rezept für Erfolg: „Wer hat, dem wird gegeben“, und „Mit seinem Pfunde wuchern“ oder auch sprichwörtlich, „Es regnet immer dorthin, wo es schon nass ist.“ Die Soziologen nennen das den „Matthäuseffekt“ – Erfolge rufen neue Erfolge hervor. Erfolge erzeugen stärkere Aufmerksamkeiten, mit denen das Erzielen weiterer Erfolge wahrscheinlicher wird.

Tipp: Stärke zeigen: Jahresberichte müssen nicht langweilig sein. In professionellem Layout machen sie Lust zum Lesen und bieten einen schnellen Überblick über das, was die Bibliothek alles Tolles zu bieten hatte.

Um Einfluss zu nehmen auf die Entscheidungen derjenigen, von denen das Wohl und Wehe unserer Bibliotheken letztlich abhängt, ist entsprechende Öffentlichkeitsarbeit erforderlich. Aber: Klageorgien über einen schlecht ausgestatteten Haushalt, die unbefriedigende Personalsituation usw. werfen immer ein schlechtes Licht auf den, der da klagt, und der Gesprächspartner wird nur versuchen, sich so rasch wie möglich des unangenehmen Klägers zu entledigen. Niemand setzt auf ein krankes Pferd! Also: Punkten wir mit unseren Stärken!

Wie können Fördervereine und Bibliotheken ihre Stärken zeigen? „Jahresberichte“ – das klingt nach Langeweile. Erfurt zeigt, dass es auch anders geht. Der Jahresbericht 2013 der Stadt- und Regionalbibliothek Erfurt ist professionell gemacht auf eine Weise, die Lust zum Lesen macht. Und er listet bereits im Inhaltsverzeichnis auf einer Seite für den schnellen Überblick auf, was die Bibliothek alles Tolles zu bieten hatte. Hier wird wahrlich kein Licht unter den Scheffel gestellt, sondern „mit dem Pfunde gewuchert“![1] Und auch die Stadtbibliothek Rosenheim weiß geschickt mit ihren guten Zahlen zu punkten! In beiden Berichten werden auch die Fördervereine gewürdigt, was wiederum für deren eigene Außenwirkung von Relevanz ist.

Abb. 1: Die Stadtbibliothek Rosenheim würdigt ihren Förderverein im Jahresbericht.[2]

1 http://www.erfurt.de/mam/ef/service/mediathek/publikationen/2013/sturb_jahresbericht_2013.pdf
2 http://www.stadtbibliothek.rosenheim.de/fileadmin/Dokumente/Aktuell/2013_03_Jahresbericht_Stadtbibliothek.pdf

Auch ein gut formuliertes und überzeugend präsentiertes Leitbild ist eine gute Botschaft und macht deutlich, welche Kraft bzw. welche Kräfte hinter der Bibliothek bzw. hinter dem Verein stehen, was der Verein sich vorgenommen hat und was von ihm zu erwarten ist. Ein überzeugendes Leitbild wie z. B. das des „Fördervereins Stadtbibliothek Mitte e. V." in Berlin kann bei der Werbung um neue Mitglieder, aber auch bei der Sponsorenwerbung neben persönlichen Kontakten und Gesprächen unterstützend wirken: „Was will der Förderverein? – Wir wollen eine Lobby für die Besucherinnen und Besucher sein. ..."[3]

Presseberichte können sowohl in Printmedien als auch online platziert werden, wie z. B. beim Freundeskreis der Stadtbibliothek Schwäbisch Gmünd, dessen Aktion „Ein Geschenk für meine Stadtbibliothek!" Eingang in die Presseberichte der Stadtverwaltung fand und so auch unmittelbar die für die Bibliothek verantwortlichen Stadtväter erreicht haben dürfte.[4] Der „Freundeskreis der Stadtbibliothek Neu-Isenburg e. V." präsentiert die Erfolge seiner Aktivitäten und seiner Pressearbeit eindrucksvoll auf seiner Webseite.[5]

Abb. 2: Pressemeldung zum Ringen um den Erweiterungsbau der Württembergischen Landesbibliothek.[6]

3 http://www.berlin.de/citybibliothek/partner/foerdervereine/mitte.html
4 http://www.schwaebisch-gmuend.de/6937-Presseberichte-der-Stadtverwaltung.html?presseid=23084
5 http://www.freundeskreis-stadtbibliothek-ni.de/presse.html
6 http://www.zvw.de/inhalt.erweiterungsbau-streit-um-landesbibliothek-spitzt-sich-zu.fbd69ca5-d479-48ce-acf8-8dc807d5b7c9.html

Wichtig ist eine anhaltende intensive Pressearbeit, die dazu beiträgt, dass die Bibliothek im Bewusstsein der politischen Entscheidungsträger präsent bleibt.

Ein Beispiel für starke Lobbyarbeit durch intensive Pressearbeit und die Einflussnahme auf Entscheidungen von Parlament und Regierung zeigt die „Württembergische Bibliotheksgesellschaft, Vereinigung der Freunde der Landesbibliothek e. V.“. Sie finanzierte eine Machbarkeitsstudie, die dazu verhalf, das Projekt „Erweiterungsbau der Württembergischen Landesbibliothek“ öffentlichkeitswirksam in Angriff zu nehmen. Der Verein, vor allem in der Person des Vorsitzenden Prof. von Lucius, meldete sich auch während des Ringens um die Etatisierung regelmäßig in der Presse zu Wort. Und das Ziel wurde erreicht: Im Zweiten Nachtragshaushalt 2013 wurde das Projekt vom Landtag auf die Bauagenda des Landes Baden-Württemberg gesetzt.[7]

Imagepflege – Schritt für Schritt

Doch schauen wir uns zunächst an, was wir uns von dem Zauberwort „Lobbyarbeit“ eigentlich versprechen, was wir mit Lobbyarbeit erreichen wollen.

Das oberste Ziel heißt: Wir wollen die Interessen der Bibliothek bzw. des Bibliotheksträgers durchsetzen. Wir wollen letztlich diejenigen, die an den Hebeln (der Macht und) der Geldhähne sitzen, für die Interessen unserer Bibliotheken gewinnen. Wir erreichen das, indem wir uns „Zwischenziele“ stecken, um so – Schritt für Schritt – unserem „großen Ziel“ näherzukommen.

Das beginnt mit der Durchsetzung eines positiven Images für das „Produkt“, das wir vertreten, d. h. für unsere Bibliothek, um diese in der Öffentlichkeit und in den Köpfen der Entscheidungsträger wie selbstverständlich positiv zu verankern. Welche Faktoren, welche Personen und Zielgruppen kommen hier ins Spiel?

Zunächst sind der Leiter, die Leiterin einer Bibliothek zugleich ihr wichtigstes Aushängeschild und damit Grundlage für jede Imagebildung. Sie sind öffentliche Personen, Prominente im besten Sinn, und ihr Auftreten in der „Gesellschaft“ bestimmt den Erfolg der Lobbyarbeit. Sie sind Garant für personelle und institutionelle Kontinuität, für Autorität und Erfahrungsreichtum. Diese Rolle anzunehmen und mit Leben zu füllen, ist die wichtigste Grundlage für das positive Image der Bibliothek und damit für erfolgreiche Lobbyarbeit.

Aber auch die Beschäftigten der Bibliothek müssen hier ihren Part übernehmen. Man stelle sich vor, diese würden beim Schwatz im persönlichen Freundes- und Bekanntenkreis über schlechte Arbeitsbedingungen, ein unmögliches Betriebsklima usw. klagen. Das zöge schnell Kreise und wäre tödlich für das angestrebte positive Image.

Es gilt also zunächst erst einmal, im eigenen Haus u. U. „aufzuräumen“ und auf jeden Fall alle Beschäftigten ebenso wie die Freiwilligen des Freundeskreises auf eine gemeinsame positive Strategie einzuschwören.

Aber natürlich sind es auch – und vor allem! – die Bibliotheksbesucher, die, wenn sie gut und überzeugend, freundlich und persönlich „bedient“ werden, wesentlich zur Imagebildung und zur positiven Ausstrahlungskraft einer Bibliothek beitragen können. Durch empfehlende „Mundpropaganda“ ist die Bibliothek bald „in aller Munde“. Jeder hat die Erfahrung schon selbst gemacht: Ratschläge von Bekannten gelten in der Regel als vertrauenswürdig.

Medienvertreter – und das ist ihr Job – sind an guten Geschichten interessiert. Ihrer Natur nach sind Bibliothekare häufig eher bescheiden, zurückhaltend, wollen nicht im Mittelpunkt stehen, wohl einer guten Sache dienen, sich aber damit nicht wichtigmachen. Sollte das der Fall sein, ist dringend ein Umdenken nötig. „Klappern gehört zum Geschäft!“, und „Frech kommt weiter!“ Und wer Gutes tut, soll darüber reden! Es geht um eine gute Sache. Und wenn wir „klappern“, wollen wir nicht uns,

7 http://www.wlb-stuttgart.de/die-wlb/wir-ueber-uns/erweiterungsbau/, http://www.wlb-stuttgart.de/die-wlb/freunde-der-bibliothek/

sondern unsere Bibliothek „wichtig machen“. Das heißt praktisch: Wir schaffen oder finden immer wieder Anlässe, unsere Bibliothek über die Medien ins Gespräch zu bringen.

Ein Beispiel aus Berlin illustriert das eindrucksvoll
Als die Mauer gefallen war und irgendwann auch der „Palast der Republik“, stand die Frage im Raum, was man mit dem ehemaligen Schlossplatz im historischen Zentrum nun machen sollte. Claudia Lux, der damaligen Direktorin der Zentral- und Landesbibliothek, gelang es, einen spektakulären Artikel in den Medien zu platzieren: Das wäre genau der angemessene Ort für den dringend notwendigen Neubau der Bibliothek – egal ob mit historischer Schlossfassade oder in zeitgemäßer Architektur. Der Vorschlag war frech, aufregend, irgendwie genial, auch utopisch, auf jeden Fall aber: Die Bibliothek war in den Medien, die Bibliothek bzw. ihre Direktorin hatte Witz, Mut und Kreativität bewiesen, hatte den akuten Raummangel mit einem positiven Vorschlag so nachhaltig ins Gespräch gebracht, dass die Notwendigkeit für einen Neubau, und zwar einen Neubau als Leuchtturmprojekt, ein Dauerbrenner über Jahre wurde.

Partner und Zielgruppen

Lobbyarbeit ist Netzwerkarbeit – wer also sind die Partner, mit denen zusammengearbeitet werden soll?

Erfolgreiche Lobbyarbeit verlangt Professionalität – und damit ist sie eigentlich Chefsache. Machen wir uns klar: Die Zielgruppe, die wir ansteuern, die also über Macht und Geld verfügt, besteht aus Profis. Und dagegen haben Amateure keine Chance. Das heißt nicht, dass die Bibliotheksleitung alles selbst machen oder gar den Vorsitz im Förderverein innehaben sollte, aber bei ihr sollten letztlich alle Fäden zusammenlaufen.

Aus der Sicht der Bibliotheksleitung sind wichtige Partner vor allem die Mitglieder des Freundeskreises oder Fördervereins, die dann wiederum als Multiplikatoren außerhalb der Bibliothek netzwerkend tätig werden.

Multiplikatoren können als Verbündete die Anliegen der Bibliothek unterstützen und weitertragen, z. B. als Vertreter anderer Bildungsträger wie Schulen und VHS oder Elternbeiräte und ihre Dachorganisationen, die oft über gute Kanäle zu den politischen Entscheidungsträgern in Stadt und Land verfügen. Örtliche oder regionale Arbeitsgemeinschaften und Vereine sind ebenfalls Multiplikatoren. Für eine erfolgreiche Lobbyarbeit ist deshalb die Zusammensetzung des Fördervereins, insbesondere des Vorstandes, von großer Bedeutung.

Wenn der Oberbürgermeister, die Kulturreferentin, der Schulleiter, die Leiterin der VHS, Elternvertreter, der örtliche Buchhändler, die Sparkassendirektorin etc. als Mitglieder für den Förderkreis gewonnen werden können, ist die Bibliothek dadurch schon gut aufgestellt und darf sich sicher sein, dass das gute Image, an dem sie arbeitet, weite Verbreitung findet und damit der Boden bereitet ist für die Lobbyarbeit im engeren Sinn.

Beispiel
In Bayreuth haben die Kontaktpflege und das Image der Stadtbibliothek offenbar so gründlich überzeugt, dass der Förderverein[8] bewirken konnte, dass die Sparkasse Bayreuth zur Neuausstattung der Stadtbibliothek einen Betrag von 40 000 Euro beigesteuert hat, wovon 20 000 Euro für die Einrichtung des Lernstudios, die andere Hälfte für Kinderbücher reserviert war. Auch hier bestand die Lobbyarbeit aus persönlichen Kontakten: Ein CSU-Stadtrat ist Vorsitzender des Fördervereins, gleichzeitig sitzt er im Verwaltungsrat der Sparkasse und konnte den damaligen Sparkassenchef zu dieser Spende „überreden“.

8 http://pro-bibliothek.org/

Im Freundeskreis der Stadtbibliothek Eisenach erscheint die Zusammensetzung des Vorstandes[9] überzeugend:

- Vorsitzende ist eine Stadträtin, CDU
- Stellvertretende Vorsitzende ist die Leiterin der Stadtbibliothek Eisenach
- Schatzmeister ist der Kreisgeschäftsführer der CDU
- Beisitzer ist eine Journalistin
- Eine weitere Beisitzerin ist Lehrerin und Fortbildungskoordinatorin im Staatlichen Schulamt

Allerdings gibt es auch Stimmen, die unbedingt davon abraten, Politiker in den Vorstand des Fördervereins zu wählen, denn diese vertreten u. U. ihre eigenen Interessen – also z. B. die Schließung von Zweigstellen aus finanziellen Erwägungen heraus – und dann funktioniert der Förderverein nicht mehr als Instrument, um gegen solche Schließungen vorzugehen.

Einerseits kann es von großem Vorteil sein, wenn Kommunalpolitiker Mitglieder im Förderverein sind oder zumindest zu ihm in Beziehung stehen. Mindestens für Kulturreferenten sollte die Mitgliedschaft im Förderverein eine Frage der Ehre und der Glaubwürdigkeit sein – und wenn ihnen diese individuelle Interessenlage noch nicht bewusst ist, wäre es an der Zeit, sie davon zu überzeugen.

Alle genannten Zielpersonen und -gruppen haben, wie gesehen, auch eigene Interessen im Blick, die wir uns zunutze machen können: Die Beschäftigten wollen ihren Arbeitsplatz sichern und letztlich auch durch gute Arbeitsbedingungen die Freude an der Arbeit sichern. Die Bibliotheksbesucher möchten eine gut ausgestattete Bibliothek mit entsprechenden Serviceleistungen haben, die Medienvertreter brauchen interessante Geschichten, und die Politiker wollen wiedergewählt werden, z. B. auch von unseren Bibliotheksbesuchern.

Eine Win-Win-Situation

Ein Lobbying-Partner wird die Bibliothek nicht immer aus rein altruistischen Gründen unterstützen. Deshalb muss die Frage im Blick behalten werden: „Was hat mein Partner davon, dass er mich unterstützt?" Gegenleistungen seitens der Bibliothek oder des Freundeskreises sind in der Regel eher auf der immateriellen Ebene angesiedelt, doch sollten sie auf die Bedürfnisse und Interessen des Lobbying-Partners möglichst zielgenau zugeschnitten sein. So wird es dem Image des Bürgermeisters nützen und womöglich seine Chancen zu einer Wiederwahl erhöhen, wenn er sich mit einer Bibliothek schmücken kann, die das Aushängeschild der Stadt ist. Wenn ihm das – entsprechend diskret – vermittelt wird, werden die Bemühungen eher auf positive Resonanz stoßen.

Nicht nur die Bibliothek oder der Freundeskreis als deren Lobbyist haben also ein Interesse zu vertreten. Auch die Zielpersonen der Lobbyarbeit haben ihre eigenen Interessen. Das heißt für Bibliothek und Freundeskreis, dass sie mit ihrer Lobby-Strategie nicht nur Bittsteller sind, sondern dass alle, die ins Boot geholt werden, von der positiven Ausstrahlung der Bibliothek auch für ihr eigenes Image profitieren können. Modern – und damit wieder positiv – ausgedrückt heißt das: eine Win-Win-Situation.

Die Bibliothek bzw. ihr Förderverein kann Unterstützern oder auch Sponsoren in einer Art „Tauschverfahren" etwas anbieten, was es für diese reizvoll macht, ein Anliegen zu unterstützen. Was das sein kann? Zum Beispiel das Angebot, sich mit dem positiven Image der Bibliothek zu „schmücken", frei nach dem Motto: „Seht her, ich unterstütze diese tolle (starke) Bibliothek!" So bieten die „Bücherfreunde Reinbek e. V." ihren Unterstützern die Möglichkeit, sich auf der Vereinswebseite zu präsentieren und damit Werbung für sich bzw. ihr „gutes Werk" zu machen.

9 http://www.fvbibo.eisenachonline.de/scripts/angebote/2728

Abb. 3: Die Förderer der Bücherfreunde Reinbek e. V.[10]

Der „Verein der Freunde und Förderer der Landesbibliothek Oldenburg“ bietet Wissenschaftlern und interessierten Bürgern an, bei öffentlichkeitswirksamen Veranstaltungen z. B. durch Vorträge, durch die (Mit-)Gestaltung von Ausstellungen, aber auch durch Buchpatenschaften mitzuarbeiten. Dies schafft persönliche Bindungen, die sich auch positiv auf das Image der Bibliothek auswirken werden.[11]

---

10 http://www.buecherfreunde-reinbek.de/sposoringtestnichtoffen.html
11 http://www.lb-oldenburg.de/uberlbo/freund.htm

Barbara Lison (Direktorin der Stadtbibliothek) und Bürgermeister Jens Böhrnsen

29.03.2012

Bürgermeister Jens Böhrnsen zu Gast

Bürgermeister Jens Böhrnsen bekommt die eBIBCARD von Barbara Lison, der Direktorin der Stadtbibliothek, überreicht. Böhrnsen gehört damit jetzt zu den Bremer Bürgerinnen und Bürgern, die mit der neuen eBIBCARD den Schlüssel zu den vielfältigen digitalen Angeboten der Bibliothek haben.

Jens Böhrnsen: "Die eBIBCARD ist eine überzeugende, auch für jemanden, der elektronischen Medien sehr aufgeschlossen gegenüber steht, eine herausragend gelungene Möglichkeit, elektronische Medien online auszuleihen. Damit ist die Card eine wunderbare Ergänzung zur Nutzung der Stadtbibliothek vor Ort."

08.12.2011

Chinesischer Besuch in der Stadtbibliothek

Im Rahmen einer Studienreise zum Kennenlernen innovativer Bibliotheksarbeit waren die drei Chinesischen Professoren **Ye Jiyuan**, **Xu Yan** und **Zheng Jianming** vom *Department of Information Management Nanjing* am Donnerstag, dem 8. Dezember zu Gast in der Stadtbibliothek Bremen. Nach der Begrüßung durch Bibliotheksdirektorin Barbara Lison in der Zentralbibliothek, lernten die weitgereisten Gäste die vielfältigen Bereiche der Bibliothek kennen. mehr lesen...

01.11.2011

Gäste aus Nairobi in der Zentralbibliothek

Nach der Vorstellung der Stadtbibliothek Bremen als großstädtisches dezentrales System öffentlicher Bibliotheken wurde die Steuerung und das Management des Betriebes sowie einzelne Projekte aus der Leseförderung vorgestellt.

Dr. Jacob O ole Miaron ist Staatssekretär des Kenianischen Kulturministeriums, welches auch die Bibliotheken in Kenia verwaltet. Stephen G. Mau Kimani ist der stellvertretende Direktor der "Library Services", der für Bibliotheken zuständigen Abteilung des Kulturministeriums in Nairobi. Betty Kalugho ist als Bibliothekarin in der Nationalbibliothek Kenia zuständig für die technischen Dienstleistungen. Die Delegation kam in Begleitung von Frau Regine Frederici im Auftrag des Goethe-Instituts.

Abb. 4: „Zu Gast bei uns" – in der Stadtbibliothek Bremen.[12]

Die Frage ist nun: Wie erreicht man diese Personen, und wie können sie ins Boot geholt werden? Wie schafft man ein Netzwerk?

Schon Claudia Lux hatte für ihre IFLA-Präsidentschaft 2007–2009 das Motto ausgegeben: „Bibliotheken auf die Tagesordnung!" Dieses Motto hat viele Facetten, aber im Eigentlichen geht es um ein strategisches Sichtbarmachen der Bibliotheken als wesentlichen, unverzichtbaren Teil der gesellschaftlichen Infrastruktur. Bibliotheken müssen ihre Potenziale an den richtigen Stellen einbringen.

Deren Potenziale liegen natürlich im Bildungsbereich, als Kulturträger und -vermittler, aber auch bei der Stadtentwicklung, bei der Bewältigung des demografischen Wandels, als Plattform für bürgerschaftliches und interkulturelles Engagement, als Aushängeschild der Stadt, sogar als Touristenmagnet und damit als Wirtschaftsfaktor, schließlich als ausschlaggebender Faktor für Lebensqualität und Lebenszufriedenheit. Das ist Politikern mitunter gar nicht bewusst und muss kommuniziert wer-

12 http://www.stabi-hb.de/Aktuelles-Zu-Gast-bei-uns.html

den. Nur was der Politik bekannt ist, kann in die politische Entscheidungsfindung einfließen. Also: Einmischen, mitreden, wenn es z. B. um lokalpolitische Entscheidungen zu diesen Themen geht, ist die Devise. Die Bibliotheken dürfen nicht darauf warten, dass man sie abholt – sie müssen sich selbst aktiv einbringen.

Doch diese Verbündeten erreicht man nicht, indem man sie erst anruft, besucht oder ihnen schreibt, wenn man sie braucht. Sie wollen u. U. „erobert“, gepflegt und „bei Laune“ gehalten werden. Und das funktioniert eher auf einer lockeren gesellschaftlichen Ebene, bei gesellschaftlichen Anlässen wie Ausstellungseröffnungen, Jubiläen, Festen, bei einem zwanglosen „Come Together“ oder auch indem Anlässe geschaffen werden.

Ein gutes Beispiel dafür liefert die Stadtbibliothek Bremen, deren Leiterin kaum eine Gelegenheit auslässt, ihre Bibliothek medial zu „positionieren“ – nicht nur in den Print- und Online-Tagesmedien[13], sondern auch auf der Webseite der Bibliothek in einer eigenen Rubrik „Zu Gast bei uns“. So wurde auch die Einführung des elektronischen Bibliotheksausweises benutzt, um diesen dem Bürgermeister als erstem feierlich als Geschenk zu überreichen – und auch das medienwirksam zu platzieren!

Lobbyarbeit – aber wie?

Grundlage für eine erfolgreiche Lobbyarbeit ist eine eindeutig formulierte, konsistente positive Botschaft über die Bibliothek und ihr Image. Diese Botschaft wird in der Regel im Leitbild niedergelegt sein, sie muss aber auch Teil der Corporate Identity sein nach dem Motto: Wer wir sind, was wir wollen, was wir leisten. Diese Botschaft muss von allen, die letztlich an der Lobbyarbeit direkt oder indirekt beteiligt sind – die Belegschaft, die Bibliotheksbesucher, die Vertreter des Freundeskreises – verinnerlicht sein und kommuniziert werden.

Barbara Lison, Direktorin der Stadtbibliothek Bremen und darüber hinaus auch international erfolgreich unterwegs, sagt, dass eines der wichtigsten Instrumente der Lobbyarbeit das Sektglas sei. Systematische Kontaktarbeit ist vonnöten, bei der sowohl die offiziellen Kontakte gepflegt und ausgebaut als auch inoffizielle Kontakte hergestellt und mit Leben gefüllt werden. Auch womöglich langweilige Empfänge bergen immer noch die Möglichkeit, mindestens einen interessanten, „nützlichen“ Gesprächspartner kennenzulernen. So werden langfristige Beziehungen aufgebaut und gepflegt, auf die im Bedarfsfall zurückgegriffen werden kann (Lison 2006).

Das Prinzip „Steter Tropfen höhlt den Stein“, das Prinzip also, nicht zu früh und nicht zu schnell aufzugeben, weil der gewünschte Effekt sich nicht beschleunigt einstellt, gehört zu den obersten Handlungsmaximen des Lobbying. (Lison 2006)

Schon der römische Dichter Ovid (43 v. Chr. – 17 n. Chr.) hat die alte Weisheit zitiert: „Steter Tropfen höhlt den Stein!“ Und das gilt auch hier: Zu den obersten Handlungsmaximen des Lobbying gehört Geduld – aber mit dem Sektglas in der Hand lässt sich das ja vielleicht auch gut aushalten?

„Bottom-up-Lobbying“ ist ein ebenfalls von Barbara Lison kreierter Begriff für eine Lobby-Arbeit, die nicht bei den Entscheidungsträgern ansetzt, sondern bei Menschen, die wiederum Einfluss auf Entscheidungsträger haben: zum Beispiel die Sekretärin des Kulturdezernenten oder der Chauffeur des Oberbürgermeisters – beide kann man persönlich zu einer interessanten Veranstaltung in die Bibliothek einladen (Lison 2006).

13 http://bremen4u.weser-kurier.de/Citytalk/Deine-Stadt/Kultur-und-Freizeit/Gesche-Gottfried-aus-Sicht-der-Opfer,27970 „Videoinstallation in der Stadtbibliothek Bremen“ – gefördert u. a. vom Verein „Freunde der Stadtbibliothek Bremen e. V.“

Badische Zeitung

Suchbegriff

Dienstag, 18. März 2014

START | LOKALES | NACHRICHTEN | SPORT | MEINUNG | FREIZEIT | RATGEBER

Freiburg | Breisgau | Emmendingen | Ortenau | Schwarzwald | Lörrach & Dreiland | Waldshut | Elsa

Tatkräftiger Charakter, ideelle Kopfnote

So beschrieb Bibliotheksleiterin Dietrich den Freundeskreis zur Feier des zehnjährigen Bestehens.

Abb. 5: 26. Oktober 2013: 10 Jahre Freundeskreis der Stadtbibliothek Lörrach – erfolgreiche Arbeit gut vermarktet![14]

„Hinterlassen Sie bei Ihrem Gesprächspartner einen positiven Eindruck, der Ihnen wiederum in ganz anderen Konstellationen einmal nützlich sein könnte. Seien Sie also wachsam und aufgeschlossen – man weiß nie, wofür es gut ist!“ (Lison 2006)

„Stand-by-Lobbying“ nennt Barbara Lison die Situation, wenn sie am Samstagmorgen beim Bäcker auf ihre Bibliothek angesprochen wird, und rät, nicht diese gute Gelegenheit zur Lobby-Arbeit für die Bibliothek zu verpassen! Besser ist es, freundlich und interessiert auf diese Ansprache einzugehen, auch wenn man sich gerade nicht „im Dienst“ befindet.

Auch die Mitarbeit in übergreifenden kommunalen Arbeitsgruppen, Gremien oder Projekten wie z. B. der Weltdekade der UN 2005–2014 mit dem Titel „Bildung für nachhaltige Entwicklung“ wäre ein Thema, wie geschaffen für Bibliotheken, sich und ihre Leistungen ins rechte Licht zu rücken und ihren Stellenwert unter Beweis zu stellen.[15] Ein Beispiel bietet der Landkreis Peine, der 2013 ein Klimaschutzkonzept

---

14 http://www.badische-zeitung.de/loerrach/tatkraeftiger-charakter-ideelle-kopfnote--76548767.html
15 http://www.bne-portal.de/un-dekade/un-dekade-deutschland/arbeitsgruppen/

ausrief. In einem Workshop sollten dazu laufende Klimaschutzaktivitäten in Städten und Gemeinden vorgestellt werden.[16] Hier könnte eine Bibliothek mit entsprechenden Veranstaltungen oder auch einem eigenen ökologischen Konzept in Richtung „Grüne Bibliothek“ ihre Kommune unterstützen – und damit für sich punkten.

Strategisch planen – strategisch handeln

Schauen wir uns die einzelnen Elemente einer erfolgreichen Lobbyarbeit genauer an. Wichtige Punkte sind:

– Eine klare Strategie, die die Ziele der Lobby-Aktivität eindeutig und konkret beschreibt.

Der „Förderverein der öffentlichen Bibliotheken im Landkreis Märkisch-Oderland e. V.“ formuliert dies auf seiner Webseite so: „Der Verein hat sich auf die Fahnen geschrieben, die Bibliotheken des Landkreises bei der Leseförderung, Informationsbereitstellung und -vermittlung zu unterstützen und deren Position als Kultur- und Bildungseinrichtungen in den Gemeinden zu stärken.“[17] Noch deutlicher bringt dies ein Presseartikel in der „Märkischen OnlineZeitung“ zum Ausdruck: „Der Förderverein der öffentlichen Bibliotheken im Landkreis will sich deutlich breiter aufstellen als bisher. Das betrifft sowohl die Zahl der Mitglieder als auch die Wirksamkeit als Lobby für die Bildungs- und Kulturstätten. Strategisches Ziel ist die Einstufung der Bibliotheken als kommunale Pflichtaufgabe.“[18]

– Eine attraktive, nachvollziehbare Botschaft, die auch für die Zielpersonen von Interesse ist.

Ein Beispiel

Der „Förderkreis Stadt- und Musikbibliothek Mannheim e. V.“ entwickelte ein Leporello, das die Bemühungen der Stadtbibliothek um eine inhaltliche und räumliche Neuausrichtung unterstützt und in Gesprächen mit Politikern, neu zu gewinnenden Förderkreismitgliedern und bei Kontakten mit der Wirtschaft verwendet wird. Die Botschaft ist klar: Wir brauchen eine neue Bibliothek. Dabei bleibt die Aussage aber nicht stehen, sondern es wird gleich deutlich ausgeführt: 6 200 m^2 Nutzfläche, 150 Arbeitsplätze, 5 Lernwerkstätten bzw. Gruppenarbeitsräume usw., also: klare Ansagen, mit denen die Ansprechpartner etwas anfangen können, die sie als erste Grundlage für eigene Maßnahmen verwenden können. Weitere beeindruckende „klare Ansagen“ werden auf der Webseite des Vereins kommuniziert.[19] Daneben werden aber auch informelle Kontakte zu Wirtschaft und Politik von den Förderkreisverantwortlichen geknüpft.

– Ein Konzept, das alle Elemente eines Lobbying-Prozesses berücksichtigt und sie detailliert mit den konkreten Inhalten füllt, die die Maßnahme bewirken soll, also: Veranstaltungen und Aktionen, Kontaktarbeit in alle Richtungen, Pressearbeit usw.

16 http://www.klimaschutz-landkreis-peine.de/arbeitsgruppen/arbeitsgruppe-klimaschutz-in-den-kommunen/
17 http://www.foerderverein-oeffentliche-bibliotheken.de/
18 http://www.moz.de/artikel-ansicht/dg/0/1/1353139
19 http://www.stadtbib-ma.de/zukunftsbibliothek/r%C3%A4umliche/

– Auf Langfristigkeit angelegte Maßnahmen zum Aufbau und zur Pflege von Kontakten. Vertrauen kann man kaum mit einem Anruf erwerben und halten. Auch der Beweis von Zuverlässigkeit braucht Zeit zum Wachsen. Im Hintergrund aller Bemühungen steht immer der Gedanke daran, beim Partner positive Assoziationen mit der eigenen Einrichtung oder dem beabsichtigten Anliegen zu wecken.

Das Positionieren der Bibliothek als Aushängeschild, als Touristenattraktion oder als Wirtschaftsfaktor erfolgt am besten über intensive Pressearbeit, wie in Neckarsulm zur Einweihung der neuen Mediathek 2004. Zitat aus dem Zeitungsartikel: „Egal wen man fragte, ob Architekt, Bürgermeister, Stadtbediensteten, Gemeinderat oder Bücherei-Mitarbeiter. Alle einte ein Gefühl: Stolz. Stolz auf die Stadt, die das 8,7 Mio. Euro teure Projekt ermöglicht hatte, während anderswo Bibliotheken geschlossen werden. Stolz auf den gelungenen Umzug. Stolz auf den Prachtbau." Und weiter: „Solche Worte hört Neckarsulms Oberbürgermeister Volker Blust gerne."[20] Man darf vermuten: Hier ist bestimmt eine gute Lobby-Vorarbeit geleistet worden.

Fazit

Es gibt in der Frage der Lobbyarbeit kein Patentrezept. Es gibt dagegen viele Bausteine. Und jeder der hier in einer kleinen Auswahl dargestellten Bausteine trägt zur Stärkung der Außenwirkung bei, die wiederum die Grundvoraussetzung für jede öffentliche und politische Wahrnehmung ist.

Grundlage für erfolgreiche Lobbyarbeit sind Optimismus und Erfolg, denn: „Es regnet immer dort, wo es schon nass ist." Deshalb gilt es, mit seinen Pfunden zu wuchern und gute Leistungen offensiv zu präsentieren. Wo immer sich Gelegenheit bietet, muss die Kommunikation gesucht werden, und zwar nicht nur zu bestimmten Anlässen oder weil etwas Bestimmtes erreicht werden soll. Eines der Hauptziele ist, in steter Weise (nicht nur) im politischen Raum Gehör zu finden. Dazu bedarf es einer permanenten persönlichen Präsenz beim Umgang mit Politikern, Verwaltungsspitzen und Vertretern der Wirtschaft. Da Politik (fast ausschließlich) auf öffentliche Wahrnehmung reagiert, heißt es, durch regelmäßige Pressearbeit, Veranstaltungen und Kampagnen örtlich und darüber hinaus medial aufzufallen.

Durch die Kooperation mit anderen angesehenen Bildungspartnern in einem koordinierten Netzwerk gelingt es, in einer Stadt oder Region auffallender zu agieren nach dem Motto: „Gemeinsam sind wir stark!" Und damit schließt sich der Kreis: „Freundeskreise und Fördervereine – Starke Lobbyarbeit für starke Bibliotheken!"

Literatur und Internetquellen

Baier-Kreiner, Peter: Buchstaben über der Stadt. Wer betreibt Lobbying für die Bibliothek? In: Büchereiperspektiven (2006) H. 3. S. 14–16. http://www.publikationen.bvoe.at/perspektiven/bp3_06/s14-16.pdf

Berufsverband Information Bibliothek e. V., KfB – Kommission für Bibliothekspolitik. Lobbyarbeit für Bibliotheken – Literaturliste / Internetquellen, Stand: Juli 2009. http://www.bib-info.de/fileadmin/media/Dokumente/Kommissionen/Kommission%20f%FCr%20Bibliothekspolitik/docs/Lobbyarbeit-Literatur.pdf

---

20 http://www.stimme.de/heilbronn/nachrichten/neckarsulm-neckartal/top1-Stadt-feiert-ihr-neues-Aushaengeschild;art1907,366733

Deutscher Bibliotheksverband, Landesverband Thüringen: 13. Thüringer Bibliothekstag in Greiz am 10. Oktober 2007, „Bibliotheken stärken" – Lobbyarbeit für Bibliotheken. http://www.db-thueringen.de/servlets/DerivateServlet/Derivate-13718/13_Artikel10.pdf

Eichinger, Anita: Öffentlichkeitsarbeit als Lobbying. Bewusstseinsbildung über die Medien. In: Büchereiperspektiven (2006) H. 5. S. 20–21. http://www.publikationen.bvoe.at/perspektiven/bp3_06/s20-21.pdf

Fülle, Annette: Bibliotheksarbeit in schwierigen Zeiten: alternative Finanzierungsinstrumente. Stuttgart: Hochschule der Medien 2012. Bachelor-Arbeit. http://opus.bsz-bw.de/hdms/volltexte/2012/1412/pdf/Bachelor_Arbeit_Annette_Fuelle_Alternative_Finanzierungs-instrumente.pdf

Giersberg, Dagmar: Auf die Tagesordnung! – Lobbyarbeit für Bibliotheken. [München:] Goethe-Institut 2010. http://www.goethe.de/ins/lv/rig/kul/mag/bib/bid/de6572969.htm

Häcker, Susanne: Lobbyarbeit in Bibliotheken. PPP eines Referates im Seminar „Haushaltskonsolidierung" von Prof. C. Vonhof, Hochschule der Medien, Stuttgart, Sommersemester 2005(a). http://www.spareninbibliotheken.de/docs/Lobbyarbeit_Bibliotheken.pps

Häcker, Susanne: Fördervereine – das Besondere ermöglichen. Eine Handreichung zur Gründung und Arbeit eines Vereins der Freunde und Förderer der Bibliothek. Freiburg: Fachstelle für das öffentliche Bibliothekswesen 2005(b). http://www.lfs.bsb-muenchen.de/fileadmin/redaktion/management/Materialien/Finanzierung/Handreichung_gesamt_Foerdervereine.pdf

Kurth, Undine: „Lobbyarbeit für Bibliotheken – Wer erwartet Was von Wem?" Vortrag auf der Mitgliederversammlung des dbv am 17.3.2010 in Leipzig. http://www.bibliotheksverband.de/fileadmin/user_upload/DBV/themen/Kurth_MV_-_dbv_-_Leipzig_17.03.10_-_Beitrag_U.K..pdf

Lison, Barbara: Lobbying für Bibliotheken! Oder wie verkaufe ich meine Bibliothek? In: Büchereiperspektiven (2006) H. 3. S. 8–12. http://www.publikationen.bvoe.at/perspektiven/bp3_06/s8-12.pdf

Lux, Claudia: Lobbyarbeit für Bibliotheken oder Bibliotheken auf die Tagesordnung! Eröffnungsvortrag auf dem Bayerischen Bibliothekstag 2008 am 14. Juli in Regensburg. In: Bibliotheksforum Bayern (2008) H. 2. S. 228–231. https://www.bibliotheksforum-bayern.de/fileadmin/archiv/2008-4/BFB_0408_05_Lux_V03.pdf

Lux, Claudia: Bibliothekspolitische Forderungen und Lobbyarbeit für Bibliotheken. In: Praxishandbuch Bibliotheks- und Informationsmarketing. Hrsg. von Ursula Georgy u. Frauke Schade. Berlin/Boston: de Gruyter 2012. S. 525–535.

Mairföls, Claudia: Lobbyarbeit – was ist das eigentlich? Bayerischer Bibliothekstag, PP-Präsentation. 2008. https://www.fh-bibliotheken-bayern.de/allgemeines/bauten_berichte/Volltexte/BayBibtag_08_Mairfoels.pdf

Motzko, Meinhard: Warum Bibliotheken unverzichtbar sind. Argumentationshilfen für Bibliotheken bei politischen EntscheidungsträgerInnen. In: Büchereiperspektiven (2006) H. 3. S. 18–19. http://www.publikationen.bvoe.at/perspektiven/bp3_06/s18-19.pdf

Rutishauser, Pia-Maria: Bibliotheken starten durch! Lobbying in der Praxis. Solothurn, Bibliothekstreff, 2014, PP-Präsentation. http://www.bibliomedia.ch/de/aktuelles/dokumente/Lobbying.pdf

Schlegelberger, Katrin: Erfolgsfaktoren für die Lobbyarbeit von Bibliotheken. Impulsreferat. [Gemeinsame Konferenz der Bibliotheksverbände, der Staatlichen Fachkonferenz der Fachstellen in Deutschland und der ekz.bibliotheksservice, 9./10.2.2011, „Impulse 2011: Streitbar, sichtbar, machbar – Lobbyarbeit für Bibliotheken"]. Reutlingen: ekz 2011 (ekz-Skripte). http://www.ekz.de/fileadmin/ekz-media/downloads/skripte/2011/Impulse/Katrin%20Schlegelberger.pdf

Seefeld, Jürgen: Viel zu tun in Sachen bibliothekspolitischer Lobbyarbeit. Ergebnisse eines Seminars von ekz und Fachstellen. In: BuB, Forum Bibliothek und Information 58 (2006) H. 1. S. 22–24. http://www.b-u-b.de/archiv/

Teigelkämper, Sabine: Lobbyarbeit.[München:] Landesfachstelle für das öffentliche Bibliothekswesen 2009. http://www.oebib.de/fileadmin/redaktion/management/Materialien/Oeffentlichkeitsarbeit/Lobbyarbeit_Download_2009.pdf

Wimmer, Ulla (Hrsg.): Lobbyarbeit für Bibliotheken: Politisch denken – strategisch handeln. Berlin: EDBI 2009 (DBI-Materialien, 196).

Die zitierten Internetquellen wurden zuletzt am 16.1.2015 aufgerufen.

Ilona Munique

Crowdfunding für Bibliotheksprojekte

Einsichten, Erfahrungen und Empfehlungen aus der Praxis

Sie erfahren, was Crowdfunding ist und was zu seinem Gelingen beiträgt, wohin die Reise führt und worin Chancen und Risiken liegen, nebst Empfehlungen zum praktischen Vorgehen sowie Beispielprojekten. Die Verfasserin hält seit 2011 Crowdfunding-Seminare mit den Schwerpunkten Finanzierung und Marketing und führte 2013 selbst ein Crowdfunding-Projekt im bildungskulturellen Bereich erfolgreich durch.

„Unter „Crowdfunding“ fallen nicht nur die Tätigkeiten auf einer Crowdfundingplattform, sondern auch die Werbemaßnahmen sowie alternative Finanzierungsmaßnahmen, die neben der Plattformnutzung betrieben werden, um die benötigte Summe zu erhalten. Der Begriff „Crowdfunding“ wird in den meisten Fällen nur in Zusammenhang mit etablierten Crowdfunding Plattformen verwendet.“ (Schledjewski 2013)

Crowdfunding – eine Abenteuerreise mit guten Aussichten

Im Musik-, Film- oder Spielesektor, zunehmend auch in den Kategorien Literatur, Journalismus und Community ein Kassenschlager im wahrsten Sinne des Wortes: Crowdfunding.

Die Crowd, also eine Menschenmenge, die sich zumeist gar nicht untereinander kennt, hilft durch Einzelbeiträge in unterschiedlicher Höhe dabei mit, kulturelle und kreative Projekte zu verwirklichen. Diese „Schwarmfinanzierung“, die ergänzend zu den üblichen Drittmittelbeschaffungen wie klassischen Spenden, Firmensponsoring oder Fördermitteln seit 2010 auch in Deutschland und Österreich Fuß fasst, entwickelt sich rasant zu einem eigenen Geschäftsmodell mit beachtlichen Ausmaßen – Tendenz steigend.

Das Funding, also das Aufbringen von Kapital durch die Crowd auf speziellen Onlineplattformen[1] brachte alleine im Jahr 2014 für 767 deutsche und in einigen Fällen österreichische Projekte 6,3 Mio. Euro (Crowdfunding Monitor 2014)[2] ein. Seit dem Start der ersten deutschen Plattform sind es über 14 Mio. Euro (Crowdfunding Monitor 2014). Bekanntestes Projekt und mit einer Million Euro (Köllen 2011) eine der höchsten Funding-Summen, die bisher zustande kamen, war der Kinofilm „Stromberg“ nach der gleichnamigen TV-Serie. Da die Kapitalgeber außerdem am Gewinn beteiligt wurden, ist hier bereits von einem Crowdinvestment (auch Crowdinvesting) zu sprechen (Schenkel 2014). Doch ebenso werden kleinere Vorhaben im dreistelligen Bereich mit Hilfe vieler Minimaleinzahlungen von nur wenigen Euros gestemmt. Im Schnitt zahlt ein Unterstützer jedoch erstaunliche 70 Euro pro Projekt ein (Crowdfunding Monitor 2014).[3]

Crowdfunding – mehr als nur Mittelbeschaffung

Entscheidend für den Erfolg des Crowdfunding ist nicht unbedingt der Umfang der benötigten Finanzierungssumme. Sowohl kleine als auch große Projekte – das durchschnittliche Finanzbedarfsvolumen lag bei 8 200 Euro – können am gestellten Ziel scheitern. Die Erfolgsquote lag 2014 bei 61 %, auch hier mit steigender Tendenz (Crowdfunding Monitor 2014).

1 Crowdfunding Plattformen. http://www.crowdfunding.de/plattformen
2 Das Ergebnis bezieht sich auf das Quartal I-III in 2014.
3 Ebd.

Am wichtigsten ist die Öffentlichkeitsarbeit, welche den Aufwand der crowd-gestützten Finanzierung lohnend macht. Sich und das Projekt bekannt zu machen, ist das eine, doch der zusätzliche positive Effekt besteht darin, dass nach dem Erreichen des Finanzierungsvolumens an den gemeinsam erkämpften Erfolg angeknüpft werden kann. Denn die Menschen, die dem Crowdfunding-Projekt eines Freundeskreises oder einer Bibliothek zugetan sind – das sind im Durchschnitt pro Projekt 117 Unterstützer (Crowdfunding in Deutschland: Aktuelle Zahlen 2014) – sind gleichzeitig diejenigen, mit denen potentiell auch in Zukunft gerechnet werden kann. Etliche der neugewonnenen „Freunde“ interessieren sich auch zukünftig für das Projekt, für das gesammelt, mithin auch für die Bibliothek, für die es verwirklicht wurde. Daneben fiebern Menschen mit, die sich zwar nicht mit einer Zahlung beteiligen, aber mit dem Vorhaben, dem Förderverein oder der Bibliothek sympathisieren. Mithin ist Crowdfunding auch für die Lobbyarbeit einsetzbar.

Die Reiselust wecken

Crowdfunding benötigt und lebt von einer geschickten Kommunikation!

Crowdfunding benötigt und lebt von einer geschickten Kommunikation. Denn schließlich soll die Reise- bzw. Spendenlust bei Menschen geweckt werden, die möglicherweise weder das Land noch den Reiseveranstalter, sprich: Projekt und Betreiber kennen. Es ist wichtig, starke Anreize zu schaffen, indem zunächst das Reiseziel, also das Projekt, als gesellschaftlich relevant und lohnend dargestellt wird. Die Organisatoren dahinter dürfen und sollen Herzblut zeigen, dabei jedoch wahrheitsgemäß und klar nachvollziehbar ihre Beweggründe und Ziele offen legen, denn Transparenz ist das oberste und alles entscheidende Gebot. Erreicht wird dies durch das Einstellen eines kurzen, jedoch aussagekräftigen Videos, ansprechender Bilder und erläuterndem Text mit regelmäßigen Updates, also ganz so, wie ein Reiseveranstalter marketingtechnisch beim Anbieten seiner Abenteuerurlaube im digitalen Katalog vorgeht.

So funktioniert es beispielsweise auf den Plattformen „Startnext“ und „Betterplace“, derzeit für bibliotheksrelevante Projekte nach Meinung der Verfasserin die passendsten Plattformen auf dem Markt. Die Unterschiede: Der Vorreiter „Startnext“ ist die erfolgreichste Plattform für Kulturförderung und eine gemeinnützige Unternehmergesellschaft (gUG). Statt Provisionsgebühren sind Spenden an die Plattform „Startnext“ gerne gesehen, die auch steuerlich absetzbar sind. „Betterplace“ ist eine reine Spenden-Plattform ohne festzulegenden Finanzierungszeitraum. Beide arbeiten provisionsfrei.

Die Leitfragen:
Worum geht es im Projekt?
Was sind die Ziele?
Wer sind die Zielgruppen und Nutznießer?
Was passiert mit dem Geld bei erfolgreicher Finanzierung?
Wer betreibt das Projekt?
Was wurde bereits getan und ist noch zu tun?
Wer steht dem Projekt außerdem zur Seite, wer sind die Verbündeten und Partner?

Es dient der Legitimation, Logos derjenigen Institutionen einzubinden, die einem als „Reisebegleiter“ bereits zur Verfügung stehen, beispielsweise die Kommune, ein Großsponsor oder ein Kulturverein etc. Und das auch, wenn deren Mithilfe zunächst noch etwas zurückhaltend sein sollte. Das ändert sich meist recht schnell, denn Erfolg verschafft Mitläufer. Perfekt sind daher die Profillisten, wie sie auf machen Plattformen automatisch nach Anmeldung der Unterstützer generiert werden. Doch auch auf dem eigenen Blog lässt sich (zusätzlich) eine Liste[4] führen. Meine persönliche Erfahrung ist, dass Menschen, die darin bekannte Namen wiederfinden, sich davon stark motivieren lassen, ebenfalls ihr Scherflein beizutragen.

Zu all den anregenden visuellen und inhaltlichen Animationselementen kommen die handfesten „Reisedaten“ wie Projektsumme, Einzahlungsmöglichkeiten und -modalitäten, Dauer der Finanzierungszeit (beispielsweise 30, 60 oder 90 Tage, bei reinen Spendenplattformen auch ohne eine „Deadline“) und was der Reisende, also Kapitalgeber, für seine Einzahlung als Gegenwert erhält.

Chancen und Risiken des Crowdfundings

„Einen Gegenwert? Das wäre ja dann ein Verkauf und keine Spende mehr!“ mag der berechtigte Einwand sein. Tatsächlich sollte der Gegenwert eher ideeller Art sein, beispielsweise die limitierte, exquisite Einladung zu einem Fest anlässlich der Projektumsetzung, ein schriftlicher Dank auf einer eigens entwickelten, eventuell von bekannten Autoren handsignierten Postkarte, die Beteiligung bei der Auswahl von Medien beim Bestandsaufbau bestimmter Gruppen, das Angebot von speziellen Führungen, ein Ausstellungsplakat, Knowhow-Vorteile, etc. und natürlich Projektinformationen im weiteren Verlauf.

Risiken für als gemeinnützig anerkannte Vereine („Idealvereine“)

Für sie ist es finanz- und steuertechnisch wichtig, bei der Abrechnung der Gegengaben (Sach- oder Dienstleistungen) fein säuberlich in der Buchführung zwischen folgenden vier Bereichen zu trennen[5]:

- ideeller Bereich (Spenden ohne Gegenwert)
- Vermögensverwaltung (Beispiel Logoverwendung)
- Zweckbetrieb (hier ist der satzungsgemäße Zweck entscheidend!)
- wirtschaftlicher Geschäftsbetrieb (Beispiel T-Shirt)

Weitere Tipps:

- Je nach Gegengabe (auch als „Dankeschön“ bezeichnet) fallen Umsatz- und Einkommensteuer an, die entsprechend abzuführen sind.
- Neben dem Faktum eines Leistungsaustausches treten die Projektinitiatoren möglicherweise in eine Wettbewerbssituation mit anderen Anbietern (Werbeagenturen, Bekleidungsfirmen). Dann sind Einnahmen wie zum Beispiel die Gegengabe „bedrucktes T-Shirt“ nicht mehr dem Zweckbetrieb zuzuordnen, sondern dem wirtschaftlichen Geschäftsbetrieb. Einer Gefährdung des Idealvereins ließe sich hierbei am ehesten mit einer Auslagerung, beispielsweise in eine GmbH, begegnen.
- Weiteres Beispiel: Es sollen Werbetafeln eines Unterstützers an einem Gebäude angebracht werden. Dann könnte eine Verpachtung der Werbeflächen die Lösung sein, damit der Verein nicht selbst werbetechnisch in Aktion treten muss.[6]

---

4 Hier das Beispiel der auch nach der Crowdfunding-Aktion fortgeführten Liste der Schulbienen-Unterstützer: http://bienen-leben-in-bamberg.de/bamberger-schulbiene/schulbienen-unterstutzer/

5 Weitere Informationen siehe Literaturliste zur Vereinsbesteuerung bei Wachter 2014a, Wachter 2014b sowie Die Rechtslage 2012.

6 Für die genannten Beispielaussagen kann und darf die Verfasserin keine Gewähr für ihre finanz- und steuerrechtliche Richtigkeit übernehmen.

- Um jedes Risiko auszuschalten, empfiehlt es sich, einen Steuerberater und das Finanzamt hinzuziehen. Die Finanzämter reagieren regional unterschiedlich auf Crowdfunding-Situationen, insofern werden Sie Ihre eigenen Erfahrungen machen müssen.
- Egal, ob ideelle oder monetäre Gegenleistung: Projektinitiator (Anbieter) und Geldgeber (Käufer) gehen Verträge miteinander ein, die entsprechend der Gesetzeslage, beispielsweise basierend auf dem Bürgerlichen Gesetzbuch, einzuhalten sind.

Was sind die Risiken für Unterstützer?

Was hat der Unterstützer nun davon, wenn er in ein Projekt einzahlt, von dem er nicht einmal weiß, ob die Finanzierungssumme und damit das Projekt zustande kommen? Je nach (klassischem) Crowdfunding – also nicht Crowdinvestment oder -lending etc. – bestehen, wenn überhaupt, nur minimale Risiken (Crowdfunding: Wer im Internet wofür Geld einsammelt 2014). Das Hauptrisiko, wenn man es denn so bezeichnen will, liegt darin, dass das erfolgreich finanzierte Projekt doch nicht umgesetzt werden konnte. Hin und wieder passiert das tatsächlich, doch eher im Bereich technischer Erfindungen, weniger auf soziokulturellem Gebiet. Denn schließlich: Jeder potenzielle Geldgeber spricht auf der Grundlage der Projektdarstellung sein persönliches Vertrauen aus – oder eben auch nicht. Vertrauen ist der Grundpfeiler, auf dem Crowdfunding basiert. Projekte, die unzureichend durchdacht und beschrieben sind, schaffen es mangels Vertrauensvorschuss dann in aller Regel kaum, die angepeilte Finanzierungssumme bis zum Ende der Funding-Zeit, wie sie beispielsweise bei „Startnext" vorab festzulegen ist, zu erreichen. Sollte dieser Fall eintreten, erhalten die Unterstützer ihre auf einem Treuhandkonto hinterlegten Zahlungen nach dem „Alles-oder-nichts-Prinzip" wieder zurück. Ein wenig anders kann es auf Plattformen mit ausländischem Sitz aussehen. Im Übrigen sind nicht die Crowdfunding-Plattformen für Rückzahlungen zuständig, sondern die entsprechenden Treuhandbanken. Auch hier zeigt sich, dass das Geschäftsmodell Crowdfunding expandiert, indem sich Banken spezialisieren oder gar für den Crowdfunding-Bereich neu gründen, wie im Fall der Münchner Online-Bank „Fidor Bank" mit ihrem Community-Ansatz. Für reine Spendenplattformen wie „Betterplace" ist eine Rückzahlung allerdings nicht vorgesehen.

Bislang lässt sich kein grober Missbrauch oder Betrug auf einer in Deutschland ansässigen Crowdfunding-Plattform feststellen. Betreiber und potentielle Unterstützer bleiben jedoch wachsam, da es im Ausland – besonders im Spieleentwicklungssektor – hin und wieder zu derartigen Versuchen kam, die jedoch in der Regel schnell aufgedeckt wurden (Werner 2014).

Um auf die Frage des Gegenwerts zurückzukommen: Wer die vielfältigen Gründe der Geldgebenden kennt und verinnerlicht, tut sich leichter damit, passende „Dankeschöns" zu entwickeln. Die Art der Gegengaben ist zwar nicht alles entscheidend, doch steckt in diesem Angebot eine fundamentale Botschaft: Wie wichtig und nahe sind dem Initiator seine potenziellen, oft anonymen Geldgeber? Macht er sich Gedanken um seine Crowd? Daher, und um in der Marketingkommunikation den richtigen Ton zu treffen, befasst sich das folgende Kapitel eingehender mit der Motivation der Unterstützer.

Die Geldgebenden und ihre Motivation kennen

Ein altmodisch anmutendes, doch immer noch tragendes Element der Menschlichkeit ist Altruismus, der beim Crowdfunding ins Spiel kommt.

Das befriedigende Gefühl, etwas Sinnvolles unterstützt zu haben, ist bei sozial denkenden und fühlenden Wesen nicht unerheblich und neurobiologisch mit der Aktivierung des Belohnungszentrums im Limbischen System, also der Ausschüttung von Endorphinen, zu erklären. „Geben ist seliger denn Nehmen", kennen wir aus der Apostelgeschichte, und auch das Gemeinschaftsgefühl, das sich zwischen fremden Gebern entwickelt, kann befriedigend sein.

Den Einzahlungswilligen bietet Crowdfunding spannende Unterhaltung, vor allem am letzten Finanzierungstag. „Schaffen sie's, oder ganz knapp doch nicht?" Noch in den letzten Stunden kann das Ruder herumgerissen werden, was natürlich ebenso den sportlichen Ehrgeiz der Organisatoren anspornt.

In Sachen „Bibliothekscrowdfunding" sind es in aller Regel immaterielle Werte und Gefühle, die zu einer Unterstützung animieren. Neben den bereits beschriebenen Werten sind es oft die Identifikation mit der Einrichtung und ein gewisses Exklusivitätsgefühl, welches durch die Teilhabe entsteht, oder einfach Interesse am Projekt, verbunden mit dem Wunsch nach Realisierung. Vielleicht sogar, um es dann selbst zu nutzen, wie beispielsweise die (Neu-)Anschaffung eines Einrichtungsgegenstandes (Sofa) oder die Verbesserung der Aufenthaltsqualität in der Bibliothek durch Cafés, Probenräume oder Spieleecken für den Nachwuchs. Und schlussendlich: Idealismus und Befriedigung des Wunsches nach ausgleichender Gerechtigkeit, um die Schwachstellen der Gesellschaft ein wenig heilen zu helfen.

Crowdfunding-Mittel sollten auf keinen Fall verwendet werden, um die Versäumnisse der Träger einer Bibliothek in puncto Kernaufgaben oder gar Personal[7] zu lindern, denn das kann auf Dauer nur kontraproduktiv sein!

Beim Crowdfunding lässt sich zudem der gegenwärtige demografische Wandel positiv aufgreifen. Immer mehr Menschen, die an das Ende ihrer intensiven Erwerbstätigkeit und Familienphase gelangen, fangen an, sich wieder mehr für ihre Außenwelt zu interessieren, haben etwas mehr Zeit für Kunst, Kultur und – ganz im Trend des Lebenslangen Lernens – für Bildung, so die Beobachtung der Verfasserin. Ebenfalls fällt auf: Die jüngere Generation mag sich ungern an Vereine binden, bei gleichzeitig hohem Anspruch, sich gesellschaftsfördernd zu verhalten. Sie scheint sich dabei leichter mit dem Finanzieren einzelner, fest umrissener Projekte zu tun als mit dem Entrichten von Mitgliedsbeiträgen. Über den unkonventionellen Weg des Crowdfundings, das für Werteerhalt und Innovation gleichermaßen steht, erwachsen Chancen, Alt und Jung wieder an die Bibliothek und ihre Projekte zu erinnern. Und wer weiß? Vielleicht ergibt sich über diesen Umweg sogar wieder eine Mitgliedschaft.

Geldgeber, die handfestere Gegenleistungen erwarten, profitieren neben den „Dankeschöns" vom Bekanntheitsgrad, den sie mit ihrer Unterstützung erreichen. Sie erscheinen, so nicht gewollt anonym angemeldet, mit ihrem Realnamen, Foto und eigenen Kommentaren bis hin zur Verlinkung ihres Unternehmens im positiven Zusammenhang mit ihrer Großzügigkeit. Damit weise ich noch einmal auf die größte Chance hin, die Crowdfunding bietet: öffentliche Wahrnehmung als Win-win-Situation für Initiator wie Unterstützter gleichermaßen.

Es ist wichtig, diese Motivationen zu kennen. Die Kommunikation sollte nicht nur davon ausgehen, zu erklären, warum das Geld gebraucht wird, sondern vielmehr, was die Gesellschaft und der Einzelne von seiner Mitwirkung hat. Außerdem stärkt es das Selbstwertgefühl der Initiatoren, die sich weniger als Bettler, vielmehr als Vermittler für Sinnhaftigkeit, Spaß und Innovation verstehen. Apropos Initiator ...

7 Es sei denn für Zusatzpersonal wie hier: Bildungspatenschaften – Sprache und Bildung sind Zugang zur Welt. https://www.betterplace.org/de/projects/22062-bildungspatenschaften-sprache-und-bildung-sind-zugang-zur-welt

Ein Freundeskreis bzw. Förderverein kann für ein Crowdfunding-Projekt die größte Hilfestellung bieten, die sich eine Bibliothek erträumen mag. Schon alleine deshalb, weil er als gemeinnütziger Verein Zuwendungsbescheinigungen ausstellen darf. Noch mehr jedoch ist es die Arbeitszeit, die von ihm übernommen wird, wenn ein Vierteljahr lang exzessiv Werbung auf allen verfügbaren Medienkanälen gemacht werden soll.

Dieser Aufwand macht übrigens selbst dann Sinn, wenn das Projekt doch nicht zu finanzieren war. Denn neben dem Werbeeffekt hat man zumindest eine feinjustierte Projektkonzeption gewonnen, indem man durch das Feedback der Crowd die Schwächen feststellen konnte. Mit den neu gewonnenen Erkenntnissen lässt sich durchaus ein weiterer Anlauf nehmen oder es bei klassischen Drittmittelgebern versuchen – am besten beides. Im „schlimmsten" Falle reift die Erkenntnis, dass das Projekt keinen Rückhalt genießt oder eventuell weniger großartig ist als gedacht. Die Öffentlichkeitsarbeit gab es dennoch und damit verbunden erhöhten Zulauf für den Freundeskreis und natürlich die Bibliothek.

Da die Crowdfunding-Plattformen unterschiedlich agieren und es den Rahmen des Artikels sprengen würde, einen detaillierten Planungs- und Handlungsablauf wiederzugeben, sei auf ein gut geführtes Literaturverzeichnis[8] sowie auf eine Checkliste der Autorin (Munique 2015), die speziell auf Bibliotheken zugeschnitten ist, verwiesen. Lesen Sie sich in jedem Falle die FAQs und AGBs der in Frage kommenden Crowdfunding-Plattformen in aller Ruhe durch – und dann: Learning by doing!

Und was die Verfasserin bei ihrem eigenen beherzten Tun an Erkenntnissen gewonnen hat und so nicht überall zu lesen ist, erfahren Sie nachfolgend.

Vor dem Crowdfunding

Nicht die Institution (Freundeskreis, Förderverein oder Bibliothek) betreibt das Crowdfunding, sondern es sind die Menschen dahinter. Personalisieren Sie daher das Projekt. Geben Sie ihm ein Gesicht (kann auch ein Plüschtier sein), das für das Projekt kämpft und mittels seines persönlichen Namens (nicht nur) in den sozialen Netzwerken wirbt. Es kann auch ein zwei- bis dreiköpfiges Team sein, bestehend aus je einem Öffentlichkeitsmitarbeiter, Chef und internetaffinen Mitarbeiter, denn: „Eine grundlegende Social Media-Erfahrung der Bibliothek ist anzuraten..." (Schneider 2014, S. 73), so auch meine Erfahrung.

Wählen Sie eine für Ihr Vorhaben geeignete Plattform aus!
Der Markt expandiert stark und wird langsam etwas unübersichtlich. Je nach Projekt kommen vier grundlegende Plattform-Ausprägungen in Frage. Drei davon sind für den bibliothekarischen Bereich denkbar:

- Gemeinnützig ausgerichtet
- Geschäftlich/Kommerziellen Zwecken dienend (beispielsweise ein Zeitungscafé)
- Kreative Ideen umsetzen/etwas Neues schaffen (Das passende Crowdfunding Modell 2014).

Um vorab Erfahrungen zu sammeln, unterstützen Sie am besten selbst erst einmal ein Projekt. Machen Sie sich mit den genauen Modalitäten und Vorgängen des Geldeingangs vertraut, denn sobald die eigene Projektfinanzierungsphase beginnt, werden Sie das Verfahren anderen erklären müssen. Überweisen Sie dabei mehrere kleine

8 Literatur. http://www.crowdfunding.de/literatur/

Geldbeträge auf unterschiedlichem Wege: per Lastschrift, Kreditkarte, Sofortüberweisung, Paypal, Vorkasse etc. Fertigen Sie Schritt für Schritt Screenshots (Bildschirmfotos) davon an. Senden Sie diese bei Bedarf ratlos anfragenden Spendenwilligen, die keine oder wenig Erfahrung mit Online-Zahlungen haben, zu. Damit kürzen Sie das Erläutern der Zahlungsvorgänge stark ab. Die Plattformen stehen ebenfalls für Auskünfte zur Verfügung.

Sie werden trotzdem häufig Barzahlungen erhalten, die Sie dann einfach unter Ihrem Namen einzahlen können. Oder aber, Sie melden einen „Dummy" an, also zum Beispiel Vorname „Bar", Nachname „Zahlung", unter dem Sie die gesammelten Barschaften (am besten, wenn gerade mal weniger vorangeht!) einzahlen. Zu favorisieren ist das zwar nicht, aber auch nicht abwegig. Es gibt, wie so oft, wenn virtuelle auf konventionelle Welt trifft, Vor- und Nachteile, die Sie am besten schlicht akzeptieren und zu überbrücken helfen. Für eine Zuwendungsbescheinigung oder für die Rechnungsstellung spielt es keine große Rolle, solange entsprechend Belege geführt werden.

Falls nicht der Freundeskreis, sondern die Bibliothek selbst ein Crowdfunding-Projekt startet, dann ist damit zu rechnen, dass die vorgesetzte Behörde eine Liste der Spender im Zusammenhang mit der Korruptionsbekämpfung verlangt. Es ist möglich, eine Spendenliste auszudrucken. Generell sprechen Sie das Crowdfunding-Vorhaben mit dem Finanz- und Entscheidungsträger ab. Lassen Sie sich von ähnlichen, bereits crowdfunding-erfahrenen Institutionen unterstützen, indem Sie sie einfach darauf ansprechen.

Beginnen Sie rechtzeitig mit den Planungen zur Öffentlichkeitsarbeit und bereiten Sie Kurz- und Langversionen der Projektdarstellung sowie des Crowdfunding-Modells vor. Welche Medien kommen in Betracht? Wer kann als Multiplikator gewonnen werden? Erstellen Sie eine Mindmap dazu.

Legen Sie eine Bildsammlung für Print- sowie Webmedien und einen Presseverteiler an (notfalls konstruieren Sie etwas) und berichten Sie von den Fortschritten. Das erste Mal kurz nach dem Start und/oder spätestens etwa zwei Wochen, bevor der Finanzierungszeitraum beendet ist.

Ein Beispiel: Um mein Projekt, die „Bamberger Schulbiene", in die Zeitung bringen zu können, legte mir die Redakteurin nahe, Fotos von Schulkindern während des Unterrichts zu senden. Es interessierte nicht, dass das Projekt erst in der Finanzierungsphase war und daher noch gar kein Unterricht stattgefunden haben konnte. Schließlich wurde eine Schule für gestellte Aufnahmen gewonnen.

Rechnen Sie damit, selbst einen nennenswerten Betrag einzuzahlen, etwa, weil die Geberbereitschaft seit ein paar Tagen oder Wochen ins Stocken gerät und etwas Motivation die Zahlungen wieder ankurbelt. Bei Plattformen, die nach dem „Alles-oder-nichts-Prinzip" funktionieren, möchten Sie vielleicht kurz vor Ende der Finanzierungszeit den fehlenden Restbetrag auffüllen, bevor alle Einzahlungen für das Projekt verloren gehen und rückgebucht werden.

Bauen Sie ein Netzwerk auf. Welche Personen und Gruppen lassen sich ansprechen, die a) geberfreudig und/oder b) informationsaffin sind und für die Projektfinanzierung Werbung machen könnten? „Aufbauen" heißt noch nicht, mit der Türe ins Haus zu fallen! Machen Sie sich nach und nach bekannt, dann wird man Ihnen und Ihrer Institution zum Startzeitpunkt stärker vertrauen.

Während des Crowdfundings

Möglichst keine größeren Aufgaben vornehmen! Stehen Sie auch an Abenden und Wochenenden, wenn viele Menschen in den Sozialen Netzwerken unterwegs sind, zur Verfügung.[9] Unbedingt in den letzten Stunden (Ende ist bei manchen Plattformen

9 „Startnext" zeigt in einer Statistik, wann die meisten Fundings nach Stunde und Wochentag getätigt werden. https://www.startnext.de/ueber/statistiken.html Der Zahlungseingang ist jedoch nicht

Punkt Mitternacht) am Rechner sitzen und telefonierbereit sein. Da kann es noch einmal richtig rund gehen.

Nutzen und aktivieren Sie regelmäßig das aufgebaute Netzwerk – beispielsweise für die Weitergabe von Informationen in andere Gruppen als die eigene (Sharing/Teilen-Funktion). Dabei kann man zitierfähige Äußerungen (Meinungen, Lob, Interviews) als vertrauensbildende Maßnahme posten. Hierbei jedoch immer um die Zusage der Namensnennung bitten.

Mit Copy-and-Paste lassen sich schnell kurz gehaltene Unterstützungsbitten in Form einer privaten Nachricht (PN) innerhalb sozialer Medien (hier: Facebook) versenden. Per klassischer E-Mail funktioniert das natürlich auch, wird jedoch eher als lästiger Spam bewertet.

Achtung! Versenden Sie zu viele Nachrichten in kurzer Zeit, können Sie unter Spamverdacht fallen. Verteilen Sie daher die PNs über mehrere Stunden und Tage. Gut kommt dabei auch eine direkte Namensnennung an.

Nach dem Crowdfunding

Versenden Sie die versprochenen Gegenleistungen zeitnah und betreiben Sie noch einmal intensive Pressearbeit über Ihren angelegten Verteiler. Sie können auch Pressemappen anlegen und verteilen, dabei die vorgesetzten Dienststellen nicht vergessen!

Bedanken Sie sich bei allen Beteiligten und Unterstützern über die genutzten Kommunikationswege. Führen Sie daher rechtzeitig Listen. Pflegen Sie neue Kontakte weiterhin, indem Sie über die Umsetzung des nun finanzierten Projekts bzw. neue Vorhaben informieren.

Fazit

Gegenüber den üblichen Projektanträgen, die nicht minder aufwändig sind, hat Crowdfunding einen entscheidenden Vorteil: Während sonst nur einzelne Sachbearbeiter über Wohl und Wehe Ihres Antrags entscheiden, schenken Ihnen beim Crowdfunding in sehr demokratischer Weise viele Menschen ihr Vertrauen und geben dem Projekt damit jede Menge Chancen.

Crowdfunding macht Spaß, denn Sie arbeiten intensiv an Ihrem Traum, den Sie mit anderen teilen. Da wird viel Adrenalin freigesetzt. Daher eine letzte Empfehlung: Lassen Sie die Finanzierungsphase nicht zu lange andauern und gönnen Sie sich nach dem Erfolg eine ausgiebige Feier mit Ihren Fans, Supportern und Ihrem Crowdfunding-Team. Nebst verdienter Ruhepause.

Crowdfunding muss man nicht können, sondern erleben. Und es gibt weder Verluste noch Verlierer. Deshalb: „Let's do it!"

Beispiele aus der Welt der Bibliotheken, Archive und Museen

- Neue Regale für 5 000 heimatlose Bücher – https://www.startnext.de/halle14-kunstbibliothek
- Bücherregale im neuen Literaturhaus Köln – https://www.startnext.de/literaturhaus-koeln-de

---

unbedingt gleichzusetzen mit dem Zeitpunkt, den Sie für Ihre Überredungskunst nutzen konnten. Beste Zeiten für Werbung sind erfahrungsgemäß von 11–12 Uhr, von 19.30–20.15 Uhr (danach beginnt die Hauptfernsehzeit) und schließlich wieder von 21.30–22.30 Uhr.

- Es werde Licht! Licht in unserer Bibliothek! – https://www.betterplace.org/de/projects/8626-es-werde-licht-licht-in-unserer-bibliothek
- Rettet die MONAliesA! – https://www.betterplace.org/de/projects/19508-rettet-die-monaliesa
- Unterstütze das Archiv der Jugendkulturen Berlin – https://www.betterplace.org/de/projects/4563-unterstutze-das-archiv-der-jugendkulturen-berlin
- museum in motion® – https://www.startnext.de/museuminmotion

Literatur und Internetquellen

Crowdfunding: Wer im Internet wofür Geld einsammelt. 2014. https://www.test.de/Crowdfunding-Wer-im-Internet-wofuer-Geld-einsammelt-4762685-0/

Crowdfunding in Deutschland: Aktuelle Zahlen. 2014. http://www.fuer-gruender.de/blog/2014/10/crowdfinanzierung-9-m-2014/

Crowdfunding Monitor 2014. http://www.crowdfunding-berlin.com/de/magazin/news/2014/10/23/neueste-zahlen-crowdfunding-monitor-2014_2/

Crowdfunding Plattformen. http://www.crowdfunding.de/plattformen

Köllen, Katja: Crowdfunding – Ein Schwarm von Finanziers. 2011. http://www.wiwo.de/erfolg/gruender/crowdfunding-ein-schwarm-von-finanziers/5984910.html

Munique, Ilona: Crowdfunding für OPL-Projekte nutzen. Finanzierung, Marketing, Social Networking. 2012 (Checklisten / Berufsverband Information Bibliothek, Kommission für One-Person Librarians, 36). http://www.wegateam.de/team/artikel28.htm

Das passende Crowdfunding Model. 2014. http://www.crowdfunding.de/das-passende-crowdfunding-modell

Die Rechtslage. In: Das Co:funding Handbuch / D. Bartels ... 2., aktualis. u. erw. Aufl. Dresden: tyclipso media evolution 2012.

Schenkel, Dennis: Stromberg Kinofilm mit knapp 17 % Rendite. 2014. http://www.germancrowdfunding.net/2014/10/stromberg-kinofilm-mit-knapp-17-rendite/

Schledjewski, Janine: Ergebnisse der Crowdfunding-Projektgruppe. 2013 [Nicht publiziert. Die Unterlage liegt der Verfasserin vor].

Schneider, Raphaela: Erfolgreiches Crowdfunding als alternative Finanzierungsmethode in Bibliotheken. Ein Kriterienkatalog. Wiesbaden: Dinges & Fricks 2014.

Wachter, Klaus: Sponsoring. 2014(a). http://www.vereinsbesteuerung.info/sponsoring.htm

Wachter, Klaus: Leitfaden – Körperschaftssteuer und Gewerbesteuer. 2014(b). http://www.vereinsbesteuerung.info/leitfaden_kst.htm#1.3

Werner, Silvio: Kommentar: Das Problem von Kickstarter & Co. 2014. http://www.tomshardware.de/kickstarter-crowdfunding-finanzierung-spiele-gaming,news-251204.html

Die zitierten Internetquellen wurden zuletzt am 2.2.2015 aufgerufen.

Karsten Schuldt

Makerspace oder nicht – eine Frage der Community

Neue Aufgaben für Fördervereine

Das Thema Makerspaces hat sich seit 2013 in der deutschsprachigen bibliothekarischen Diskussion etabliert. In Makerspaces stellen Bibliotheken für unterschiedlich große Projekte von Besucherinnen und Besuchern gleichzeitig die technische Infrastruktur und den notwendigen Platz zur Verfügung. Oft werden dabei in den Diskussionen Techniken wie 3D-Drucker thematisiert. Ein Blick in australische und kanadische Bibliotheken, die schon länger Makerspaces betreiben, zeigt, dass eine solche Einrichtung nur dann funktioniert, wenn die Bibliothek es schafft, eine Community von Gruppen anzusprechen und zum Teil selbst zu initiieren, die regelmäßig und eigenständig Veranstaltungen und Workshops im Makerspace anbietet.

Einleitung

Makerspaces sind seit 2013 in deutschsprachigen Diskussionen um die Zukunft Öffentlicher Bibliotheken zu einem wahrnehmbaren Thema geworden. Auf Konferenzen und in Abschlussarbeiten sind sie seit 2014 ein wiederkehrendes Thema, auch die Fachorgane veröffentlichten mehrere Texte zu Makerspaces (Meinhard 2014; Zukunftswerkstatt 2014; Nötzelmann 2013). Die Diskussionen scheinen darauf hinzudeuten, dass in absehbarer Zeit in deutschsprachigen Bibliotheken eine Anzahl von ihnen eingerichtet wird. In Betrieb scheint bislang allerdings nur der Makerspace in der Stadtbibliothek Köln zu sein (Vogt 2013). Bibliotheken haben insoweit aktuell die Chance, über diese Einrichtungen zu diskutieren und sie aktiv zu gestalten, bevor sie zu etablierten Angeboten werden.

Eigenschaften von Makerspaces

Makerspaces sind Einrichtungen in Bibliotheken, die die eigenständige Erarbeitung verschiedener Projekte ermöglichen.

In Fachtexten werden Makerspaces beschrieben als Einrichtungen in Bibliotheken, die eine Infrastruktur zur Verfügung stellen, in der möglichst eigenständig kleinere und größere Projekte erarbeitet werden können (Bagley 2014; Slattera, Diane, Howard 2013). Die Bibliothek stellt dabei einen oder mehrere flexibel zu nutzende Räume und technische Gerätschaften zur Verfügung. Erwähnt werden oft 3D-Drucker sowie Ensembles zur Aufnahme und Bearbeitung von Videos inklusive spezialisierter Software, denkbar sind aber auch Musikinstrumente und dazugehörige Aufnahmeeinrichtungen, Bausets für das Bauen und „Hacken" – also das Auseinanderbauen, Verstehen der Funktionsweise, Um- und Nachbauen sowie Umnutzen – von elektronischen Geräten und weiteres mehr. Möglich sind Makerspaces auch, weil in den letzten Jahren in zahlreichen Projekten Bausets zur kreativen Verwendung, z. B. leistungsstarke und offen gehaltene Minicomputer wie der Raspberry Pi und Spielzeug wie die Lego Mindstorms-Serien, von leicht zu programmierenden Robotern entwickelt wurden.

In funktionierenden Makerspaces finden sich Gruppen zusammen, die diese Infrastruktur selbstständig gebrauchen.

Aufgabe der Bibliotheken – so scheint die jetzige Diskussion zu suggerieren – ist es dann,

- diese Infrastruktur inklusive der Räume und flexiblen Möblierung zur Verfügung zu stellen, aktuell und funktionstüchtig zu halten,
- Regeln für die Nutzung der Makerspaces aufzustellen und durchzusetzen,
- dafür zu sorgen, dass auch Bibliotheksmedien und bibliothekarische Informationsangebote für die Projekte genutzt werden können.

Makerspaces als Antwort auf den Wandel der Gesellschaft

Makerspaces, wenn sie funktionieren, sind laut, haben einen ständigen Publikumsverkehr und sind für Personen attraktiv, die ansonsten wenig mit Bibliotheken zu tun haben. Offensichtlich ist aber, dass eine Anzahl von Veränderungen in der Gesellschaft erst dazu geführt hat, dass sich das Konzept „Makerspace" entwickeln konnte (Kurti, Kurti, Fleming 2014a, 2014b). In den bibliothekarischen Debatten werden diese Veränderungen oft nicht beachtet, obgleich sie relevant sind.

Makerspaces reagieren zum einen auf grundlegende Veränderungen in der pädagogischen Diskussion und Praxis. Schlagworte sind dabei: Konstruktivismus, Kompetenzförderung, Lebenslanges Lernen sowie Individualisierung, bei der die Lernenden und ihre eigene Lernarbeit im Mittelpunkt stehen. Nimmt man diese Schlagworte ernst, implizieren sie eine Gesellschaft, in der Menschen angesichts des immer möglichen ökonomischen und persönlichen Scheiterns die Aufgabe haben, ihr gesamtes Leben lang Lernmöglichkeiten zu erkennen, einzufordern, selbst zu schaffen und zu nutzen. Gleichzeitig haben Einrichtungen, die primär (Schule, Hochschule, Berufsausbildung) und sekundär (z. B. Bibliotheken, Museen) mit Bildung zu tun haben, die Aufgabe, Lernprozesse zu unterstützen, aber immer weniger direkt vorzuschreiben.

Gleichzeitig hat sich der Arbeits- und Lebensrhythmus von Menschen in den letzten Jahren verändert. Genauer: Unregelmäßiges Arbeiten, Arbeiten in Projekten und in flexibler Zusammensetzung von Teams, Arbeiten in verschiedenen Städten und Ländern sind für viele zum Normalzustand geworden. Zudem werden der Alltag und die Lebensplanung immer mehr als eine nur wenig planbare Situation begriffen.

Anders gesagt: Das Leben der Menschen ist in den letzten 20 Jahren flexibler geworden. Makerspaces und die Technologien, auf denen sie aufbauen, basieren letztlich auf diesen Veränderungen. Entscheiden sich Bibliotheken für Makerspaces, integrieren sie nicht nur neue Technologien im Raum Bibliothek, sondern in gewisser Weise auch die aktuelle Gesellschaft mit allen ihren Charakteristika.

Vier Beispiele

Anhand von vier Beispielen aus Australien und Kanada sollen Charakteristika von Makerspaces in Bibliotheken skizziert werden.

The Edge bietet u. a. Digital Media Labs, ein Soundstudio und flexibel zu nutzende Arbeitsplätze mit Blick aufs Wasser!

Brisbane: The Edge (State Library of Queensland)

Einer der am besten beschriebenen Makerspaces in Bibliotheken befindet sich in der State Library des australischen Bundesstaates Queensland in Brisbane (Bilandzic, Foth 2013; Bilandzic, Johnson 2013). Im Jahre 2010 gegründet, hat sich dieser Makerspace zu einer Einrichtung entwickelt, in der fast täglich Workshops und Veranstaltungen stattfinden, die von einem Team von neun Angestellten und zahlreichen Helfenden entwickelt werden. The Edge bietet unter anderem Digital Media Labs, in denen Videos produziert werden können, ein Soundstudio und flexibel zu nutzende Arbeitsplätze mit Blick aufs Wasser.

Der Veranstaltungskalender umfasst Workshops für die Arbeit mit verschiedener Open Source Software, Einführungen in die Arbeit mit 3D-Druckern und Handwerksgeräten, einen regelmäßigen „Hack the Evening"-Event, bei dem wöchentlich gemeinsam an kleinen Projekten zwischen Technik, Kunst und Software gearbeitet wird, einen ebenfalls wöchentlichen Co-Working-Abend, an dem kreativ Arbeitende zusammensitzen und arbeiten können, eine offene Theatergruppe sowie eine Lerngruppe für japanische Sprache und Kultur (The Edge 2014).

The Edge funktioniert also aufgrund des Einsatzes einer größeren Gruppe von Angestellten in einer Stadt, die einen Einzugsbereich von rund zwei Millionen Menschen hat und großen Wert auf ein reichhaltiges Kulturprogramm sowie Räume und Möglichkeiten für diverse Subkulturen legt.

Abb. 1: Digital Media Lab im Makerspace „The Edge" © State Library of Queensland.[1]

Edmonton: EPL Makerspace (Edmonton Public Library)

Der Makerspace der Edmonton Public Library befindet sich im Zentrum (Downtown) der Provinzhauptstadt der kanadischen Provinz Alberta. Zum Einzugsbereich der Stadt gehören rund zwei Millionen Menschen, wobei die Public Library zahlreiche Filialen unterhält und in den umliegenden Gemeinden weitere Bibliotheken existieren.

Im Februar 2014 eröffnet, konnte die Bibliothek auf die Erfahrungen aus anderen Einrichtungen zurückgreifen. Der Makerspace bietet unter anderem 3D-Printer, Espresso Book Machines, mit denen sich PDF-Dateien als Buch drucken lassen, Raspberry Pi's und andere Bastelsets aus kleinen Computern und Robotern, Video- und Kameraequipment und zahlreiche Rechner, teilweise mit spezialisierter Software. Zudem ist der Makerspace in einem eigenen großen Raum untergebracht. Die FAQs des Makerspaces stellen zwei Dinge klar: Zum einen ist der Makerspace für alle und

1 http://edgeqld.org.au/wp-content/uploads/2013/12/MG_29571-855x524.jpg

kostenlos geöffnet, zum anderen wird der Makerspace ständig von Makerspace Assistants, also explizit für diesen Raum zuständigen Angestellten geführt. Der öffentlich einsehbare Teil der Veranstaltungen beinhaltet Workshops und Einzelveranstaltungen zu Game Design, zur Erstellung von eigenen Büchern und Filmen sowie offene „Hack“-Abende (Edmonton Public Library 2014).

EPL Makerspace bietet u. a. 3D-Drucker, Espresso Book Machines und Raspberry Pi's.

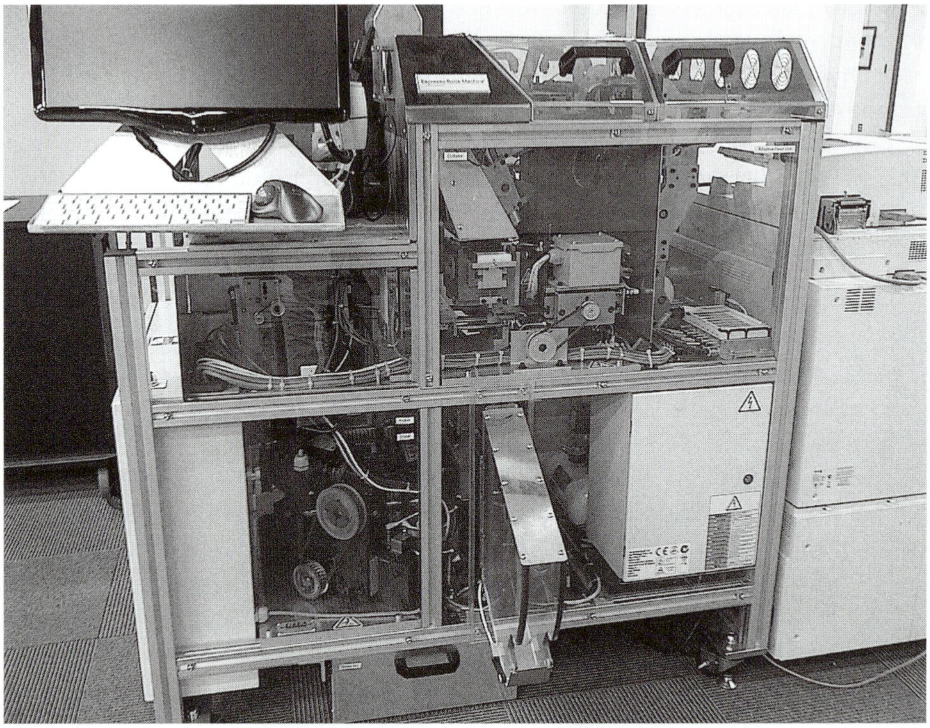

Abb. 2: „Espresso Book Machine“ im EPL Makerspace © dotLinda – Attribution-ShareAlike 2.0 Generic (CC BY-SA 2.0).[2]

Die beiden Makerspaces der Toronto Public Library halten 3D-Drucker, Video- und Musikstationen, kleinere Computer mit Open Source Systemen und Bausets für Rechner und Roboter bereit.

Toronto: Digital Innovation Hubs (Toronto Public Library)

Die Bibliothek der Hauptstadt der kanadischen Provinz Ontario, deren Metropolregion rund fünf Millionen Menschen umfasst, bietet unter dem Namen Digital Innovation Hubs bislang zwei Makerspaces an. Untergebracht sind diese in Filialen im Stadtgebiet, wobei deren Fokus vor allem auf dem Lernen von Technologien liegt. Neben 3D-Druckern und Stationen für das Erstellen und Bearbeiten von Videos und Musik halten beide Hubs zahlreiche kleinere Hardware bereit, inklusive kleinerer Computer mit Open Source Systemen und Bausets für Rechner und Roboter.

Auch in Toronto werden die Hubs von je einem spezialisierten Team von Angestellten betreut, die von weiteren Personen unterstützt werden. Gleichzeitig verweist die Homepage des Hubs darauf, dass es in Toronto zahlreiche weitere Einrichtungen gibt, die ähnliche Ziele haben, und verlinken diese (Toronto Public Library 2014).

2 https://www.flickr.com/photos/lindamahoney/11213431676/in/photostream

Abb. 3: Präsentation eines 3D-Druckers während des MeetUp im März 2014 © Toronto Public Library.[3]

Hamilton: Digital Media Lab (Hamilton Public Library)

In der Großstadt Hamilton, direkt am Ontariosee gelegen und damit an der kanadisch-US-amerikanischen Grenze integriert in einem von Toronto dominierten urbanen Geflecht, unterhält die Public Library ein Digital Media Lab. Die Metropolregion der Stadt umfasst rund 700 000 Menschen.

Dieser Makerspace konzentriert sich vor allem auf die Produktion von Filmen und anderen digitalen Medien. Der öffentlich einsehbare Plan der möglichen Aktivitäten ist von Montag bis Donnerstag gefüllt, manche Veranstaltungen finden auch samstags statt. Gleichzeitig ist das Lab – im Vergleich zu den anderen Makerspaces – relativ klein. Maximal sechs Personen können gleichzeitig anwesend sein. Auch die Ausstattung ist mit zwei Rechnern, einigen Kameras und Audioequipment weit weniger umfangreich. Gleichzeitig betont die Bibliothek, dass das Personal zwar einfache Hilfestellungen geben kann, für spezielle Fragen aber im Voraus Termine geklärt werden sollten (Hamilton Public Library 2014).

Digital Media Lab konzentriert sich vor allem auf die Produktion von Filmen und anderen digitalen Medien.

Makerspace und Community

Makerspaces funktionieren nicht ohne spezifisches Personal. Die drei Einrichtungen in den großen Städten beschäftigen solches. Hamilton als kleinere Stadt muss darauf verweisen, dass spezifische Fragen offenbar nur von bestimmtem Personal beantwortet werden können. Dabei ist diese Stadt im Vergleich mit dem deutschsprachigen Raum nicht klein. Mit seiner Metropolregion wäre Hamilton von der Größe her zwi-

3 http://media-cache-ec0.pinimg.com/736x/b1/95/0b/b1950b26a326e5f8551917b9270bdf6e.jpg

Makerspaces benötigen spezifisches Personal, Kooperationen mit Personen von außerhalb der Bibliotheken sowie die kontinuierliche Organisation abwechslungsreicher Angebote.

schen Frankfurt am Main und Stuttgart einzuordnen, in Österreich wäre nur Wien größer, in der Schweiz gar keine Stadt. Dies lässt sich analog auch für die Größe und die Möglichkeiten der Bibliothek vermuten.

Makerspaces benötigen zudem eine Zusammenarbeit mit Personen von außerhalb der Bibliotheken. Alle drei großen Einrichtungen nutzen Freiwillige, um den Betrieb der Makerspaces aufrechtzuerhalten. Zum einen benötigen Bibliotheken offenbar Kooperationen mit anderen Gruppen, um das Programm eines Makerspaces abwechslungsreich zu gestalten. Wieder kann das Beispiel Hamilton als Kontrast gelten. Der Raum in Hamilton ist klein und auf eine Thematik zugeschnitten, während beispielsweise Brisbane eine größere Anzahl von Angeboten und Räumen bereitstellt. Zum anderen ist es für einen lebendigen Makerspace notwendig, solche Angebote kontinuierlich zu organisieren. Makerspaces reagieren auf gesellschaftliche Veränderungen, insbesondere auf die wachsende Verantwortung von Personen für die Gestaltung des eigenen Lernens über die gesamte Lebenszeit. Aber das heißt offenbar nicht, dass Menschen vollständig selbstständig die potenziellen Angebote von Makerspaces nutzen. Bezogen auf Bibliotheken heißt dies auch, dass es bei der Gestaltung eines Makerspaces nicht alleine um technische Fragestellungen geht. Insbesondere das Beispiel Brisbane, das sich über einige Jahre hin entwickelt hat, zeigt, dass es nicht immer 3D-Drucker sind, die Communities motivieren, den Makerspace zu nutzen oder sich in ihm überhaupt erst zusammenzufinden. Es können ebenso Bastelsets oder das gemeinsame Interesse an einer fremden Sprache sein.

In erster Linie geht es darum:
- ob es die Bibliothek schafft, auf ausreichend unterschiedliche Communities zuzugehen, um einen abwechslungsreichen Makerspace zu gestalten,
- ob sie das Personal dazu motivieren kann, die Angebote des Makerspaces gemeinsam mit Communities zu gestalten.

Dies führt zu einer weiteren wichtigen Überlegung: Um Kontakt zu genügend vielen Communities herzustellen, die einen Makerspace mitgestalten, oder aber solche Communities erst aufzubauen, bedarf es eines lokalen gesellschaftlichen Klimas, in dem genügend solcher Subkulturen existieren. Eventuell bedarf es dazu einer gewissen Stadtgröße oder aber einer gewissen offenen Kultur.

Möglichkeiten für Bibliotheken und Fördervereine

Makerspaces stellen auf der einen Seite ein Konzept dar, das im deutschsprachigen Bibliotheksbereich intensiv diskutiert wird, auf der anderen Seite ist aber nicht ersichtlich, ob sie sich jemals etablieren werden. Dabei ist es wichtig, darauf zu verweisen, dass die Diskussion um Makerspaces sich darauf konzentriert, Formen zu finden, mit denen Bibliotheken eine Aufgabe in der heutigen Gesellschaft spielen können, um auf die Veränderungen im Verhalten, im Arbeiten, Lernen und in der Freizeitgestaltung von Menschen zu reagieren. Auch wenn Makerspaces vielleicht nicht überall funktionieren werden, ist ein Grund für die Diskussion die zukunftsorientierte Ausrichtung von Bibliotheken. Schwierig ist dabei die Tendenz, Angebote wie Makerspaces hauptsächlich als zusätzliches Angebot, das vor allem technisch zu lösen sei, zu verstehen. Es ist evident, dass Makerspaces oder ähnliche Angebote vor allem die Bibliotheken selbst verändern. Ein erfolgreicher Makerspace wie in Brisbane verortet die Bibliothek innerhalb eines Netzwerks von unterschiedlichen Gruppen und Interessen. Sie wird eine Einrichtung in der Gesellschaft, die auch auf Veränderungen reagieren kann, beispielsweise wenn sich neue Subkulturen oder Interessen bilden. Die regelmäßige Lerngruppe für japanische Sprache und Kultur in Brisbane ist dafür nur ein gut sichtbares Beispiel. In anderen Ländern als Australien gäbe es vielleicht ein Interesse an einer anderen Kultur.

Gerade diese Netzwerkfunktion ist es, die Makerspaces für Bibliotheken relevant macht. Selbst wenn Bibliotheken nach einer Analyse ihrer lokalen Gemeinschaften entscheiden, dass sich ein Makerspace für sie nicht lohnt, würde ihnen diese Analyse dabei helfen, die Potenziale für Kooperationen oder Angebote in der jeweiligen Stadt oder Gemeinde zu erkennen und die Bibliothek selbst als Teil dieser Gemeinden zu begreifen.

Fördervereine werden zumeist gegründet, um die Bibliothek bei den schon vorhandenen Aufgaben zu unterstützen. Die Bibliotheken daraufhin auszurichten, auf die Interessen der jeweiligen Communities zu reagieren, ist eine solche Aufgabe, die eines langen Atems bedarf. Das Beispiel des Makerspaces in Brisbane zeigt, wie groß der Personal- und Raumbedarf sein kann, um dieses Ziel zu erreichen. Gleichzeitig ist eine hohe Kreativität gefragt, da sich solche Interessen selten mittels Umfragen erheben oder von anderen Bibliotheken übernehmen lassen. So haben die drei hier vorgestellten Makerspaces in den Millionenstädten sämtlich 3D-Drucker, aber wie sehr und wozu diese genutzt werden, ist offenbar sehr unterschiedlich: In Brisbane ist der 3D-Drucker in Projekte eingebunden, in Edmonton wird er regelmäßig neu vorgestellt. Leider sind die Struktur und die Finanzierung von Öffentlichen Bibliotheken in den deutschsprachigen Ländern oft so gestaltet, dass sie diesen langen Atem und dieses ständige Ausprobieren nicht leisten können. Einen Makerspace zu unterhalten und zu finanzieren, wenn er funktioniert, mag möglich sein. Aber die finanzierenden Einrichtungen im DACH-Raum sind kaum daran interessiert, Experimente zu gestatten.

Fördervereine können hier einspringen und zum Korrektiv im Sinne einer Einrichtung werden, die die Interessen der Gesellschaft einfordert. Indem sie kleine Projekte in Richtung Makerspace finanzieren, freiwillig übernehmen oder über ihre Kontakte zu anderen Vereinen und Gruppen Freiwillige aus anderen Zusammenhängen organisieren, können sie den Bibliotheken die Möglichkeit einräumen, sich als Einrichtungen, die in der Gesellschaft vernetzt sind, zu etablieren. Dabei wird vielleicht ein Teil der Projekte vordergründig scheitern. Die Gesellschaft und ihre zahllosen Subkulturen sind zu komplex, als dass man sofort die richtigen Infrastrukturen aufbauen könnte. Aber aus diesen gescheiterten Projekten kann gelernt werden.

Literatur und Internetquellen

Bagley, Caitlin A.: Makerspaces. Top Trailblazing Project, A LITA Guide. Chicago: ALA TechSource 2014.

Bilandzic, Mark; Foth, Marcus: Libraries as coworking spaces. Understanding user motivations and perceived barriers to social learning. In: Library Hi Tech 31 (2013) H. 2. S. 254–273.

Bilandzic, Mark; Johnson, Daniel: Hybrid placemaking in the library: designing digital technology to enhance users' on-site experience. In: The Australian Library Journal 62 (2013) H. 4. S. 258–271.

The Edge: What's On. http://edgeqld.org.au/whats-on/month

Edmonton Public Library: EPL Makerspace. http://www.epl.ca/makerspace

Hamilton Public Library: Digital Media Lab. http://www.hpl.ca/services/digital-media-lab

Kurti, Steven R.; Kurti, Debby L. u. Fleming, Laura (2014a): The Philosophy of Educational Makerspaces. Part 1 of Making an Educational Makerspace. In: Teacher Librarian 41 (2014) H. 5. S. 8–11.

Kurti, Steven R.; Kurti, Debby L. u. Fleming, Laura (2014b): The Environment and Tools of Great Educational Makerspaces. Part 2 of Making an Educational Makerspace. In: Teacher Librarian 41 (2014) H. 5. S. 8–12.

Meinhardt, Haike: Das Zeitalter des kreativen Endnutzers. Die LernLab-, Creatorspace- und Makerspace-Bewegung und die Bibliotheken. In: BuB, Forum Bibliothek und Information 66 (2014) H. 6. S. 479–485.

Nötzelmann, Cordula: Makerspaces – eine Bewegung erreicht Bibliotheken. In: Bibliotheksdienst 47 (2013) H. 11. S. 873–876.

Slattera, Diane; Howard, Zaana: A place to make, hack, and learn. Makerspaces in Australian public libraries. In: The Australian Library Journal 62 (2013) H. 4. S. 272–284.

Toronto Public Library: Digital Innovation Hubs. http://www.torontopubliclibrary.ca/using-the-library/computer-services/innovation-spaces

Vogt, Hannelore: Musik, Medien, Makerspace. Die Etage „4" in der Stadtbibliothek Köln bietet Zugang zu neuen Entwicklungen. In: BuB, Forum Bibliothek und Information 65 (2013) H. 10. S. 645–646.

Zukunftswerkstatt: Let's make it! Die Zukunftswerkstatt Kultur- und Wissensvermittlung e. V. freut sich auf den Bibliothekartag in Bremen! In: Bibliotheksdienst 48 (2014) H. 6. S. 441–444.

Die zitierten Internetquellen wurden zuletzt am 25.11.2014 aufgerufen.

Guido Jansen

Powerful Players & Potent Partners

Bibliothekarische Freundeskreisarbeit im Ausland an den Beispielen USA und Großbritannien

Einleitung

Viele Herausforderungen, denen sich deutsche Bibliotheken gegenübersehen, kennt auch das Fachkollegium jenseits unserer Grenzen nur zu gut – dazu gehören nicht zuletzt ein sich immer wieder verengender finanzieller Spielraum und ein mangelndes Bewusstsein für den gesellschaftlichen Mehrwert von Bibliotheken bei deren Trägern.

Die Arbeit von Freundeskreisen und Fördervereinen kann helfen, diesen Spielraum wieder zu vergrößern, Mitstreiterinnen und Mitstreiter in Wirtschaft und Politik vor Ort zu aktivieren und zudem bedeutende immaterielle Unterstützung für die Bibliotheksarbeit zu gewinnen.

Dieses Werkzeug wird auch in anderen Ländern intensiv genutzt. In Europa gilt dies unter anderem für Großbritannien; auf der internationalen Ebene sind hierzu beispielsweise die Vereinigten Staaten von Amerika zu nennen. In beiden Bibliothekslandschaften agieren Freundeskreise und Fördervereine sehr professionell, bewegen nicht selten umfangreiche Mittel und können beträchtliche Aufmerksamkeit in Medien und Politik erzeugen.

Im Folgenden sollen am Beispiel dieser beiden Staaten Organisationen und Organisationsformen von Freundeskreisen auf nationaler Ebene skizziert und die Vorgehensweise ausgewählter erfolgreicher Freundeskreise vorgestellt werden.

Der Schwerpunkt liegt hierbei auf Organisationen, deren Aktivitäten und besonders deren Lobby- und Öffentlichkeitsarbeit eine landesweite Wirkung anstreben und tatsächlich vielfach auch erreichen.

Bibliotheken in den USA – Land der unbegrenzten Möglichkeiten?!

Historisch bedingt sind die USA Heimat eines vergleichsweise früh entstandenen, vielfältigen und heterogenen Systems öffentlich zugänglicher Bibliotheken. Die American Library Association (ALA) hat dazu in ihrem zuletzt im April 2014 aktualisierten „ALA Library Fact Sheet 1“[1] aus verschiedenen Quellen eine Reihe von aussagekräftigen Kennzahlen zusammengestellt. Demnach existierten zum genannten Zeitpunkt in den Vereinigten Staaten insgesamt 120 096 Bibliotheken.

Den weitaus größten Teil dieser Summe machen die Schulbibliotheken aus, deren Zahl sich auf 98 460 beläuft. An zweiter Stelle stehen die Öffentlichen Bibliotheken mit 8 956 Einrichtungen an 16 415 Standorten. Die Spezialbibliotheken folgen auf dem dritten Platz (7 616), während die Wissenschaftlichen Bibliotheken mit 3 793 Institutionen eine deutlich kleinere Gruppe bilden (in der sich allerdings einige der von ihren Beständen her größten Bibliotheken der USA befinden, wie z. B. die Universitätsbiblio-

1 http://www.ala.org/tools/libfactsheets/alalibraryfactsheet01

theken von Harvard, Yale und Columbia). Die Regierung unterhält zudem 1006 Behördenbibliotheken, wobei die 265 Bibliotheken der Streitkräfte nicht mitgerechnet sind.

Die größte Bibliothek des Landes ist bekanntermaßen mit der Library of Congress eine Parlamentsbibliothek (mit einem Bestand von 34 528 818 Bänden), die zweitgrößte jedoch mit der Boston Public Library eine Öffentliche Bibliothek, deren Sammlungen mehr als 19 090 261 Bände umfassen. Die schon genannte Bibliothek der Harvard University ist mit 16 832 952 Bänden die größte Wissenschaftliche Bibliothek und gleichzeitig die drittgrößte Bibliothek der USA.[2]

Auch die Benutzungszahlen der US-amerikanischen Bibliotheken sind beeindruckend: 58 % der Erwachsenen sind Bibliotheksmitglied, insgesamt beläuft sich die Zahl der Mitglieder Öffentlicher Bibliotheken auf über 171,1 Mio. Jährlich zählen die Bibliotheken der USA über 1,5 Mrd. Besuche und mehr als 2,4 Mrd. Ausleihen.[3]

Zudem investieren die USA rund 11,4 Mrd. US-Dollar in ihre Öffentlichen Bibliotheken, d. h. knapp 36 US-Dollar pro Kopf der Bevölkerung. Die ALA merkt hierzu jedoch nicht ohne Ironie an, dass dies etwa dreimal weniger seien als die jährlichen Pro-Kopf-Ausgaben für Süßigkeiten.

Zunehmend wichtig: Lobbying und Fundraising

Tatsächlich verhüllen die aus europäischer Perspektive respekteinflößenden absoluten Zahlen, dass die US-amerikanischen Bibliotheken durchaus mit beträchtlichen Finanzierungsproblemen zu kämpfen haben. Insbesondere der große Bereich der Schulbibliotheken ist laut dem Jahresbericht „2014 State of America's Libraries Report" von Kürzungen betroffen, die sich sowohl auf die Bestandsentwicklung als auch auf den Einsatz von qualifiziertem Personal auswirken. Aber auch die Wissenschaftlichen Bibliotheken sind von diesem Trend nicht ausgenommen und versuchen, dessen negative Auswirkungen durch die Umnutzung von Räumlichkeiten und die Versetzung von Personal zugunsten digitaler Ressourcen und Dienstleistungen zu mildern.[4] Öffentliche Bibliotheken in den USA sind hingegen in großem Maße von lokalen Steuer- und Abgabenregelungen abhängig, die besonders in wirtschaftlich schwierigen Zeiten kurzfristigen Änderungen unterworfen sind.

Deshalb kommt der immer schon umfangreichen Lobbying- und Fundraising-Tätigkeit von Freundeskreisen und Fördervereinen wachsende Bedeutung zu. Im Gegensatz zu anderen Ländern findet diese Tätigkeit in den USA mit ihrer ausgeprägten Tradition philanthropischen Engagements in einem vergleichsweise sehr günstigen Klima statt.

Koordinierte Freundeskreis-Arbeit von Küste zu Küste – „United for Libraries"

Die organisierte Arbeit von Bibliotheksförderkreisen hat in den Vereinigten Staaten bereits eine lange Tradition. Schon 1890 wurde mit der „Association for Library Trustees and Advocates" (ALTA) eine Organisation ins Leben gerufen, die sich über mehr

---

2 http://www.ala.org/tools/libfactsheets/alalibraryfactsheet22 „Bände" („Volumes") sind nicht gleichzusetzen mit den (wesentlich zahlreicheren) Katalogtiteln oder Medieneinheiten. Eine Definition findet sich in der Fußnote des genannten FactsSheets.

3 http://www.ala.org/tools/libfactsheets/alalibraryfactsheet06

4 http://www.ala.org/news/press-releases/2014/04/ala-releases-2014-state-america-s-libraries-report

als ein Jahrhundert landesweit intensiv für Bibliotheken eingesetzt hat. ALTA war zudem gleichzeitig die erste „Division" (Fachbereich) der ALA, der mit der fortschreitenden Differenzierung von Bibliothekstypen noch zahlreiche weitere Bereiche, Abteilungen und Unterorganisationen folgen sollten.

In einer dieser Abteilungen, der „Library Administration and Management Association", wurde 1975 damit begonnen, die dort bekannten „Friends of Libraries" in einem Verzeichnis zu erfassen. Dieses Projekt führte zur Gründung einer eigenen Organisation, die 1979 unter dem Namen „Friends of Libraries U.S.A." (FOLUSA) erfolgte. Diese Organisation trat 2007 wiederum in einen Dialog mit ALTA mit dem Ziel, die beiden Lobbygruppen zu einer Division unter dem Dach der ALA zu vereinen, was auch 2009 geschah.[5]

United for Libraries
Association of Library Trustees, Advocates, Friends and Foundations
A division of the American Library Association

Die heute unter dem griffigen Titel „United for Libraries" (UfL) agierende Unterorganisation der ALA hat sich folgenden Auftrag gegeben: „The mission of United for Libraries is to support citizens who govern, promote, advocate, and fundraise for all types of libraries." Die Aktivitäten von UfL sollen also neben externer Unterstützung ausdrücklich auch denjenigen Aktiven dienen, die selbst in beaufsichtigender oder verwaltender Funktion („Trustees") für bzw. in Bibliotheken tätig sind. Ihnen allen soll durch geeignete Werkzeuge, Infrastrukturen und Projekte geholfen werden, effektiver für Bibliotheken zu werben, Interessenvertretung zu betreiben und/oder Mittel zu akquirieren. Dabei kann UfL durch die Einbettung in die ALA auf eine Vielzahl von Ressourcen zurückgreifen, die dieser Verband bereits für seine bibliothekarischen Mitglieder entwickelt hat.

UfL hat heute ca. 3 500 Mitglieder. Da diese sowohl Einzelpersonen als auch Körperschaften umfassen, vertritt die Lobbygruppe nach eigener Aussage Hunderttausende von „Bibliotheksfans".

Ein breitgefächertes Angebot von Aktivitäten, Ressourcen und Materialien

Ihre obengenannte Aufgabe sucht die ALA-Division durch eine Vielzahl maßgeschneiderter und sachgerechter Projekte zu erfüllen, die teils die Aktivitäten der Mutterorganisation – insbesondere beim Dialog mit der Politik – nahtlos ergänzen.

Dies gilt beispielsweise für das Projekt „Virtual Library Legislative Day", eine Online-Erweiterung des von der ALA organisierten jährlichen „National Library Legislative Day". Bei dieser Veranstaltung, die in jedem Frühjahr in Washington stattfindet, versuchen die Aktivisten von ALA und UfL, die Politik für aktuelle bibliothekarische Fragen zu sensibilisieren und eventuelle Gesetzgebungsvorhaben zugunsten der Bibliotheken zu beeinflussen. Mittels der von UfL koordinierten virtuellen Komponente können „Friends of Libraries" aus dem ganzen Land an dieser wichtigen Initiative teilnehmen und ihre regionalen oder lokalen Fragen in ein nationales Forum einbringen. Dazu sollen sie unter anderem in Kontakt mit ihren jeweiligen Abgeordneten treten, wofür UfL in Form von Briefings zu wichtigen Bibliotheksthemen, Einführungsvideos und einem Facebook-Aktivistennetzwerk Hilfestellung bietet.[6]

Für seine spezifische Zielgruppe der Trustees, d. h. der Kuratorien bibliothekarischer Körperschaften, bietet UfL mit der „Trustee Academy" eine Art Telekolleg an. Dieses besteht aus videobasierten Online-Kursen, in denen Fachleute in verschiedene Aspekte der Kuratorenrolle einführen (Gremienarbeit, Haushaltskontrolle, rechtliche

5 http://www.ala.org/united/sites/ala.org.united/files/content/about/history.pdf
6 http://www.ala.org/united/advocacy/virtuallegday

Pflichten, Interessenvertretung usw.). Der Öffentlichkeits- und Lobbyarbeit für Bibliotheken ist darin eine eigene Kurseinheit gewidmet.

Mit der Zitatdatenbank „Library Quotes“ stellt UfL Freundeskreisen und Fördervereinen ein ebenso einfaches wie effektives Werkzeug für die Lobbyarbeit zur Verfügung, das zahlreiche aussagekräftige Sentenzen bekannter zeitgenössischer und historischer Persönlichkeiten zum Themenfeld Bibliotheken, Lesen und Literatur versammelt. Gut eingesetzt, können diese Statements so manchem Plädoyer gegen eine Bibliotheksschließung oder für einen neuen Bibliotheksbau zusätzliches ethisches und intellektuelles Gewicht verleihen. Ein besonders starkes Beispiel ist die Erkenntnis des Industriebarons und Philanthropen Andrew Carnegie: “There is not such a cradle of democracy on earth as the Free Public Library, this republic of letters, where neither rank, office, nor wealth receives the slightest consideration.”[7]

Eine handfestere Form der Unterstützung bieten die zahlreichen Auszeichnungen und Stipendien von UfL. Diese ermöglichen einzelnen Ausgezeichneten z. B. die kostenlose Teilnahme an relevanten Veranstaltungen wie der jährlichen ALA Conference („United for Libraries / SAGE Academic Friend Award“), gewähren eine finanzielle Prämie für besonders erfolgreiche Freundeskreise („Baker & Taylor Award“), organisieren und finanzieren die Beratung einzelner Freundeskreiskampagnen durch professionelle Dienstleister („Neil-Schuman Foundation Grant“) oder schaffen öffentliche Anerkennung für die besondere Förderung einzelner Bibliotheken („Major Benefactor Citation“). Letztere beinhaltet eine Ehrentafel für die jeweilige Bibliothek und eine Plakette für die ausgezeichnete Persönlichkeit, mit der die geförderte Institution ihre Dankbarkeit prominent sichtbar machen (und zu eventueller Nachahmung inspirieren) kann.

Weitere Projekte von UfL widmen sich der Leseförderung in verschiedenen Zielgruppen. Dazu gehört „Books for Babies“, eine Kampagne, die mit dem deutschen „LeseStart“-Programm bzw. dessen britischem Vorbild „BookStart“ vergleichbar ist. Fördervereine können bei UfL Geschenksets für junge Eltern und ihren Nachwuchs erwerben, die einen ersten Bibliotheksausweis, ein Bilderbuch, Broschüren mit Lesetipps, Informationen zur frühkindlichen Leseförderung und ein Lätzchen mit Logo enthalten. Die Sets können zudem mit Materialien zur eigenen Gemeinde bzw. Bibliothek ergänzt werden.[8]

Bei „Literary Landmarks“ handelt es sich hingegen um ein Projekt, das Literatur generell sichtbarer machen will, indem es Orte mit literarischem Bezug kenn- und auszeichnet. Literarische Sehenswürdigkeiten, Wahrzeichen oder Denkmäler im Sinne dieses Projekts können Orte sein, die mit bestimmten Autorinnen und Autoren verbunden sind (Geburtshäuser o. ä.), Bibliotheken oder Museen mit entsprechenden Sammlungen bzw. Exponaten, Schauplätze literarischer Handlungen oder auch einzelne Objekte, wie z. B. der ausgestopfte Rabe von Charles Dickens. Mittlerweile wurden bereits 120 „Literary Landmarks“ ausgezeichnet. Freundeskreise können diesbezügliche Vorschläge an UfL senden und erhalten bei Annahme gegen Zahlung einer Gebühr das Recht zur Nutzung des Warenzeichens „Literary Landmark“, eine Plakette mit Logo und selbstgewähltem Widmungstext sowie Unterstützung bei der Öffentlichkeitsarbeit für ihr literarisches Denkmal.[9]

7 http://libraryquotes.org
8 http://www.ala.org/united/products_services/booksforbabies
9 http://www.ala.org/united/products_services/literarylandmarks

Konkrete Unterstützung für die Freundeskreisarbeit vor Ort

Für die eigentliche Tätigkeit von Fördervereinen und Freundeskreisen in Kommunen und Gemeinden gibt UfL mittels verschiedener Werkzeuge umfangreiche Hilfe zur Selbsthilfe, deren Ziel nicht zuletzt eine Professionalisierung der Arbeit von Bibliotheksaktivisten ist. An erster Stelle ist hier der „Citizens Save Libraries Power Guide" zu nennen, mit dessen Hilfe in wenigen Schritten die wesentlichen Elemente einer Bibliothekskampagne erstellt werden können. Er deckt rein organisatorische Fragen (Komiteebildung, Aufgabenteilung, Zeitplan), inhaltliche Aspekte (Ziel, Hauptbotschaft, Argumente) sowie strategische Herausforderungen ab und enthält zudem Anregungen für die Öffentlichkeitsarbeit. In den Anlagen werden Argumentationshilfen, eine Literaturliste und Beispiele für die Nutzung sozialer Medien wie Facebook und Twitter angeboten.[10]

Citizens-Save-Libraries
Power Guide for Successful Advocacy
www.ala.org/united/powerguide

Der elementare Power Guide wird durch mehrere Toolkits und Webinare zu einzelnen Aspekten der Freundeskreisarbeit sinnvoll ergänzt. Diese behandeln Themen wie z. B. Fundraising, Arbeit mit Ehrenamtlichen, Kooperation mit Bibliotheksverantwortlichen, Lobbyarbeit für Wissenschaftliche Bibliotheken und Engagement für Schulbibliotheken. Für akuten Informationsbedarf und die Begleitung spezifischer Kampagnen bietet UfL zusätzlich individuelle Beratung an – wahlweise per Skype oder persönlich vor Ort.

Die Mitgliedschaft in UfL bringt Freundeskreisen und Fördervereinen zudem einige, teils auch geldwerte Vorteile, darunter zahlreiche Rabatte z. B. auf die Angebote der „Trustee Academy", auf den Bezugspreis diverser gedruckter Publikationen („Book Lover's Calendar") und auf die Teilnahmegebühren von ALA-Veranstaltungen. Die Zeitschrift „Voice of American Libraries" mit Anregungen und Praxisbeispielen für erfolgreiche Lobbyarbeit ist für Mitglieder genauso wie der UfL-Newsletter und wie verschiedene Webinare und Toolkits gratis.

Ein ganz besonderer Freundeskreis – „Authors for Libraries"

Auf eine außergewöhnliche Initiative von UfL sei abschließend noch explizit hingewiesen. Die Plattform „Authors for Libraries" bringt Bibliotheken und Freundeskreise zum Zwecke der Veranstaltung von Autorenlesungen in Bibliotheken zusammen. Vom Ablauf her funktioniert dies wie folgt: Die „Authors" zahlen einen Mitgliedsbeitrag für „Authors for Libraries" und werden in eine Datenbank aufgenommen. Freundeskreise und Bibliotheken können diese z. B. nach Postleitzahl durchsuchen und herausfinden, wen sie in ihrer Region buchen und für die Organisation einer Lesung kontaktieren können. Die Webseite enthält darüber hinaus praktische Informationen für Literaturschaffende, die in ihren örtlichen Bibliotheken lesen möchten, ebenso wie für Freundeskreise und Bibliotheken, die ein entsprechendes Programm entwickeln wollen.

Daraus entsteht idealerweise eine für alle Seiten vorteilhafte Beziehung:

- Die Autorinnen und Schriftsteller können für ihre Bücher werben und in Kontakt mit ihrem Publikum treten.
- Die Freundeskreise erhalten prominente Unterstützung.
- Die Bibliotheken bekommen eine publikumswirksame Veranstaltung.

10 http://www.ala.org/united/powerguide

Zudem scheint laut UfL diese Zusammenarbeit bei den Literaturschaffenden ein erhöhtes Bewusstsein für die Bedürfnisse der Leserschaft und der Bibliotheken zu erzeugen – was sich wiederum in einer Vielzahl von bibliotheksfreundlichen neuen „Library Quotes" niederschlägt.[11]

Erfolge der UfL-gestützten Freundeskreisarbeit

Die oftmals beeindruckenden Ergebnisse der von UfL und den darin vernetzten Fördervereinen unterstützten Lobbyarbeit für Bibliotheken wird unter anderem im „State of America's Libraries Report" der ALA jährlich dokumentiert. So wird in der bereits angeführten Ausgabe für das Jahr 2014 auf eine Reihe von „Library Votes", kommunalen oder regionalen Haushaltsbeschlüssen mit direkten Folgen für die jeweiligen Bibliotheksetats, verwiesen, die durch gezielte Interessenvertretung zugunsten der bibliothekarischen Anliegen beeinflusst werden konnten.

Ein typisches Beispiel ist die Kampagne „YES for a better library" in der Gemeinde Tolland, einer Kreisstadt in Connecticut. Mit Unterstützung der „Friends of Tolland Public Library" und der „Tolland Public Library Foundation" gelang es dieser Initiative, die Ausgabe von Kommunalobligationen im Wert von 2,6 Mio. US-Dollar zur Finanzierung eines geplanten Bibliotheksausbaus zu erreichen.

Weitere „Library Votes" haben sogar noch weit beeindruckendere Förderquellen erschlossen

Im hohen Norden der USA hat die Bevölkerung von Wasilla/Alaska zur Freude der „Friends of Wasilla Public Library" einer einprozentigen Erhöhung der lokalen Verkaufssteuer zugestimmt, die 15 Mio. US-Dollar für den Bau einer neuen Öffentlichen Bibliothek samt Mehrzweck- und Einzelarbeitsräumen, Business Center, Jugend- und Kinderbibliothek einbringen soll.

In der Gemeinde Round Rock in Texas haben 60 % der Wählerinnen und Wähler die Ausgabe von Kommunalobligationen im Wert von 23,2 Mio. US-Dollar unterstützt, um damit den Bau einer 5 570 m^2 großen Zentralbücherei nebst einer Zweigstelle zu errichten – ein Meilenstein für die in einem gemeinnützigen Verein organisierten „Friends of the Round Rock Public Library".

Die größte Gewinnerin in den Library Votes des Berichtszeitraums ist laut ALA-Aussage allerdings wohl die Richland Library in Columbia, South Carolina. Sie kann nach einem entsprechenden Referendum mit 66 % Ja-Stimmen 59 Mio. US-Dollar in die Renovierung mehrerer existierender Einrichtungen sowie den Bau von zwei neuen Zweigbibliotheken investieren.[12] Dieser erstaunliche Erfolg wurde nicht zuletzt dadurch ermöglicht, dass der lokale Förderverein „Richland Library Friends" Gelder einwarb, mit denen die Bibliothek vor der Initiierung des Referendums durch professionelle externe Dienstleister eine Meinungsumfrage zu dessen Erfolgschancen durchführen und das eigentliche Plebiszit entsprechend vorbereiten konnte.[13]

Bibliotheken in Großbritannien – Dauereinsatz für Freundeskreise, Fördervereine & Co.

Das Vereinigte Königreich ist seit einigen Jahren in puncto Bibliotheken von schroffen Gegensätzen geprägt. Einerseits steht an der Themse die größte Bibliothek der Welt, die British Library mit einem Bestand von – nach eigener Aussage – über 150 Mio.

11 http://authorsforlibraries.org/

12 Siehe http://www.ala.org/news/sites/ala.org.news/files/content/2014-State-of-Americas-Libraries-Report.pdf, S. 20

13 Siehe http://www.free-times.com/archives/richland-library-mulls-bond

Medieneinheiten. Die Wissenschaftlichen Bibliotheken des Landes tragen nach wie vor zu dessen einzigartiger akademischer Exzellenz bei und sorgen mit dafür, dass Studierende und Forschende gleichermaßen in die britischen Universitäten pilgern. Die innovativen Konzepte Öffentlicher Bibliotheken wie beispielsweise die bekannten „Idea Stores", ursprünglich im Londoner Bezirk Tower Hamlets geboren, wurden in zahlreichen Städten Europas und Nordamerikas kopiert.

Andererseits stehen die britische Bibliothekslandschaft im allgemeinen und die Öffentlichen Bibliotheken Englands im Besonderen (wie andernorts[14] bereits festgestellt) seit Regierungsübernahme der liberal-konservativen Koalition 2010 unter massivem Spar- und Restrukturierungsdruck. Bereits in den ersten zwei Jahren der neuen Legislaturperiode wurden über 200 Bibliotheksstandorte geschlossen[15], allein 2012 wurden die Haushalte der öffentlichen Bibliothekssysteme nochmals im Schnitt um 7,5 % zurückgefahren[16] – ungeachtet der Tatsache, dass der „Public Libraries and Museums Act" von 1964 die englischen Gemeinden eigentlich dazu verpflichtet, „umfassende und effiziente öffentliche Bibliotheksdienstleistungen" vorzuhalten.

Als besonders perfide für die sowieso schon oft von Ehrenamtlichen unterstützten Public Libraries in Kleinstädten und auf dem Lande erwies sich darüber hinaus das Regierungsprojekt „Big Society". Dabei handelte es sich, grob verkürzt, um ein unmittelbar nach seinem Amtsantritt von Premierminister David Cameron verkündetes, auf Subsidiarität, Dezentralisierung und Privatisierung setzendes Programm zur Förderung des bürgerschaftlichen Engagements mit dem impliziten Ziel, dadurch staatliche soziale und kulturelle Infrastrukturen und Ausgaben abbauen zu können. Die Arbeit von Freiwilligen sollte besonders auf kommunaler Ebene ausgeweitet und institutionalisiert werden. Bibliotheken wurde zum Fluch, dass sie für bestimmte Aktivitäten wie Bilderbuchkinos oder Bewerbungsworkshops schon erfolgreich Freiwillige einsetzen, denn diese sollten nun in kleineren Gemeinden die Bibliotheksarbeit gleich ganz übernehmen.

Das Chartered Institute for Library and Information Professionals (CILIP), der bibliothekarische Berufsverband Großbritanniens, sah sich veranlasst, die Potenziale und Grenzen des Einsatzes von Ehrenamtlichen in einer Stellungnahme klar aufzuzeigen. Dennoch ist der systematische Austausch von qualifizierten und angemessen entlohnten Fachkräften durch Freiwillige in Bibliotheken und anderen Kultur- und Bildungseinrichtungen vermutlich nicht wegen des legitimen Protests der betroffenen Berufsverbände, sondern eher aufgrund anhaltender Startschwierigkeiten und struktureller Defizite des „Big Society"-Programms selbst ausgeblieben.

Nichtsdestotrotz gab CILIP Ende 2014 an, dass im Vergleich zu 2009 die Zahl der Öffentlichen Bibliotheken um 337 und die Zahl der dort Beschäftigten um nahezu 5 500 zurückgegangen sei. Zudem seien die Öffnungszeiten wie auch – anders als in anderen Ländern – die Anzahl der Bibliotheksbesuche deutlich zurückgegangen, und die finanziellen Perspektiven der Öffentlichen Bibliotheken seien wohlmöglich noch trostloser als vor fünf Jahren. Alles in allem bräuchten Bibliotheken effektive Lobbyarbeit mehr als je zuvor.[17]

---

14 Vgl. Jansen, Guido: It's not all doom & gloom: Internationale Beispiele für den Umgang von Bibliotheken mit dem demografischen Wandel. In: Challenge accepted! Hrsg. von Petra Hauke. Bad Honnef: Bock und Herchen 2014.

15 http://www.theguardian.com/books/2012/dec/10/uk-lost-200-libraries-2012

16 http://www.independent.co.uk/news/uk/politics/revealed-the-full-cost-of-the-cull-of-public-libraries-7988028.html

17 http://www.cilip.org.uk/cilip/news/sieghart-report-public-libraries-convincing-roadmap

Allerdings zeigte sich zu diesem Zeitpunkt bereits ein Silberstreif am Horizont, und zwar in Gestalt einer von den Ministerien für Kultur und Kommunen gemeinsam beauftragten Untersuchung der Lage der englischen Stadt- und Gemeindebibliotheken („Independent Library Report for England“). Der nach dem Vorsitzenden der für diese Untersuchung eigens eingerichteten unabhängigen Kommission auch als „Sieghart Report“[18] bezeichnete Bericht kommt zunächst zu zwei Erkenntnissen:

Erstens habe es in den letzten Jahren viel zu viele Evaluationen des englischen Bibliothekswesens gegeben, die allesamt zu nichts geführt hätten. Zweitens, und dies kann durchaus als Kritik in Richtung der Auftraggeber verstanden werden, sei bei Entscheidungsträgerinnen und Entscheidungsträgern sowohl auf der nationalen als auch auf der regionalen Ebene ein mangelndes Bewusstsein für den bemerkenswerten und lebenswichtigen Beitrag festzustellen, den ein gutes Bibliothekssystem modernen Gemeinden jeder Größe und Zusammensetzung liefern könne.[19]

Auf der Basis der von ihr ermittelten Daten entwickelte die Kommission zudem drei konkrete Empfehlungen

1. Es soll eine landesweite digitale Plattform für Öffentliche Bibliotheken geschaffen werden.
2. Eine von der Kommunalverwaltung geleitete Projektgruppe soll umgehend einberufen werden, um im Dialog mit anderen institutionellen Stakeholdern eine Strategie für die Öffentlichen Bibliotheken Englands zu entwickeln.
3. Die Projektgruppe soll die Kommunen bei der Verbesserung, Wiederbelebung und – wo nötig – Restrukturierung ihrer Bibliothekssysteme unterstützen und dabei auch zu verstärkter Bürgerbeteiligung ermutigen.[20]

Es ist nicht überraschend, dass der Vorstandsvorsitzende von CILIP, Martyn Wade, die Empfehlungen des Berichts ausdrücklich begrüßt:

> “The Sieghart report is short, accessible, practical and to the point. It provides a convincing roadmap towards a revitalised future for public libraries in England. It must be implemented. ... The Sieghart report rightly recognises the power of libraries to transform lives and communities, and how this only increases in the digital age. We need a robust network of library services, developed and driven by professional staff, to fulfil the promise of the Sieghart report. There is an overwhelming need and desire to get on with reinvigorating our libraries.”[21]

Das von Wade konstatierte „überwältigende Bedürfnis, mit der Wiederbelebung unserer Bibliotheken loszulegen“, grassiert zweifelsohne auch in den britischen Freundeskreisen und Fördervereinen, die in den vergangenen mageren Jahren einige Wunder wirken konnten, aber auch zahlreiche Rückschläge verkraften mussten.

Organisationen der Freundeskreisarbeit im Vereinigten Königreich

Anders als in den USA sind die landesweiten Strukturen und Organisationen, die Freundeskreise und Fördervereine vernetzen und ihre Arbeit in vielfältiger Form un-

---

18 Siehe https://www.gov.uk/government/publications/independent-library-report-for-england
19 Ebd., S. 4.
20 Ebd., S. 5.
21 http://www.cilip.org.uk/cilip/news/sieghart-report-public-libraries-convincing-roadmap

terstützen, nicht institutionell mit dem Berufsverband CILIP verknüpft, auch wenn sie in manchen Fragen mit diesem an einem Strang ziehen.

Auf nationaler Ebene sind insbesondere drei Initiativen bedeutsam, die auch im Dialog mit Politik und Medien Einfluss erlangen konnten:

- The Library Campaign[22]
- Voices for the Library[23]
- Public Library News[24]

Sie unterscheiden sich unter anderem durch den Hintergrund ihrer aktiven Freiwilligen, die sich im ersten Falle aus „Friends", im zweiten jedoch hauptsächlich aus der bibliothekarischen Fachgemeinde selbst rekrutieren. Das dritte Beispiel ist hingegen größtenteils ein Ein-Mann-Projekt.

„The Library Campaign" – Unterstützung für Freundeskreise seit 1985

„Die Bibliothekskampagne" ist ein eingetragener gemeinnütziger Verein („registered charity"). Als solcher finanziert sie sich ausschließlich über Spenden und Mitgliedsbeiträge und ist somit relativ unabhängig. Eine Verbindung zu CILIP besteht allerdings über den Geschäftsführenden Ausschuss, in den der Berufsverband eine Vertretung entsendet. Dies tut übrigens auch die für den Öffentlichen Dienst zuständige Gewerkschaft Unison.

The „Library Campaign" hat sich zum Ziel gesetzt, die lebenslange Bildung der Bevölkerung durch Förderung, Unterstützung und Verbesserung von Bibliotheken mittels der Tätigkeit von Freundeskreisen und Nutzergruppen voranzubringen. Dieses Ziel will die Organisation über folgende Aktivitäten erreichen:

1. Unterstützung der Gründung lokaler Freundeskreise durch Informations- und Werbematerialien,
2. Förderung des Erfahrungsaustauschs zwischen Freundeskreisen und Vertretung ihrer Interessen auf nationaler Ebene,
3. Bewerbung von örtlichen Kampagnen über den Newsletter „The Library Campaigner", über regionale Konferenzen und andere Wege,
4. politische Lobbyarbeit bei gleichzeitiger Unabhängigkeit von allen politischen Parteien,
5. Kommunikation der Schlüsselrolle, die öffentlich finanzierte Bibliotheken und Informationsdienstleistungen in Bezug auf das lebenslange Lernen spielen.[25]

Die Organisation der Freundeskreise und Fördervereine Großbritanniens erreicht mit diesen Aktivitäten nicht nur „Bibliotheksfans", sondern auch regionale und sogar nationale Medien, wodurch sie wiederum Druck auf die Politik ausübt. So wurde beispielsweise eine von The Library Campaign erstellte Hochrechnung zum tatsächlichen Volumen der durch Regierungsmaßnahmen verursachten Bibliotheksschließungen am 12.7.2013 vom renommierten „Guardian" aufgegriffen:

---

22 http://www.librarycampaign.com
23 http://www.voicesforthelibrary.org.uk
24 http://www.publiclibrariesnews.com
25 http://www.librarycampaign.com/about-us/

Library campaigners predict 1,000 closures by 2016

"The Library Campaign says closures amounting to a quarter of UK libraries have been hidden by 'patchwork nature' of local government decisions.

Library campaigners accuse the government of 'hiding' the scale of cuts which they predict will force the closure of a further 400 UK libraries by 2016, bringing the total of library closures since 2009 to more than 1,000. According to the Library Campaign, which has aggregated local newspaper reports to come up with national figures, a drop of almost a quarter since 2009 has been camouflaged by the piecemeal nature of the cuts. 'Government is hiding behind the patchwork nature of local government spending cuts, which is covering the true extent of library closures,' said library campaigner Desmond Clarke. 'The problem is much bigger and more widespread than the picture at an individual local level suggests.'"[26]

„Voices for the Library" – Außerkurrikulare Aktivitäten der bibliothekarischen Fachgemeinde

Im Gegensatz zu The Library Campaign wird „Voices for the Library" (VfL) hauptsächlich von Bibliotheksbeschäftigten betrieben, wie sich unter anderem an der Zusammensetzung des Organisationsteams zeigt, dessen ehrenamtliche Mitglieder nahezu ausschließlich im Hauptberuf bibliothekarische Tätigkeiten ausüben. Dementsprechend hat diese Lobbygruppe sich auch einen Untertitel gegeben, der mit „Advocating for libraries and library staff" die Beschäftigten von Büchereien ebnfalls ins Blickfeld rückt.

Die Zielsetzungen der „Stimmen für die Bibliothek" spiegeln diesen zusätzlichen Fokus

1. Verbreitung positiver Geschichten von Öffentlichen Bibliotheken und Bibliotheksbeschäftigten im ganzen Land,
2. Bereitstellung von sachlichen Informationen zur Bibliotheksnutzung in Großbritannien,
3. Bereitstellung von Medienbeauftragten aus einer Vielzahl unterschiedlicher Öffentlicher Bibliotheken (z. B. für Interviews und Pressegespräche),
4. eine Stimme für Gemeinden und Individuen, die ihre Büchereien wertschätzen,
5. Unterstützung von örtlichen Initiativen zur Rettung von Bibliotheken, bei denen deutlich ist, dass die Kommune offensichtlich die Auswirkungen der Beschneidung von Bibliotheksdienstleistungen nicht angemessen berücksichtigt hat.[27]

Für die Umsetzung dieser Bestrebungen hat sich VfL die Unterstützung mehrerer, durchaus nicht nur bibliothekarischer Partner gesichert, darunter wiederum der Berufsverband CILIP und die Gewerkschaft Unison, aber auch die Leseförderungsinitiative „The Reading Agency", die Fernuniversität „The Open University" und das „Women's Institute"[28], das sich besonders für die Bibliotheken in ländlichen Gemeinden engagiert, mit „Love your Libraries" eine eigene vielbeachtete Kampagne gestartet und zudem mit der Studie „On Permanent Loan?" über den Betrieb von Bibliotheken durch Ehrenamtliche eine wichtige Faktenbasis für die bibliothekarische Reaktion auf die Forderungen des „Big Society"-Projekts geliefert hat.[29]

---

26 Siehe http://www.theguardian.com/books/2013/jul/12/library-campaigners-1000-closures-2016
27 Vgl. http://www.voicesforthelibrary.org.uk/about/
28 Siehe http://www.voicesforthelibrary.org.uk/our-supporters/
29 Vgl. http://www.thewi.org.uk/campaigns/current-campaigns-and-initiatives/love-your-libraries

Noch deutlicher als die obengenannten Ziele verrät das „Manifest“ von VfL eine kenntnisreiche Insiderperspektive. Dieses Dokument ist eine Zusammenfassung dessen, was ein öffentliches Bibliothekssystem laut Ansicht der Aktiven bieten sollte. Im Endeffekt kann es als Forderungskatalog an die Politik gelesen werden, der seine Berechtigung durch die im bereits erwähnten „Public Libraries and Museums Act“ gesetzlich vorgeschriebene Verpflichtung der Kommunen zum Betrieb von Bibliotheken erhält:

- Einen breitgefächerten, qualitativ hochwertigen Buchbestand zur kostenfreien Ausleihe,
- eine moderne EDV-Ausstattung, die ohne Gebühren und Auflagen sowie mit Unterstützung durch geschultes Personal nutzbar ist,
- gebührenfreier Online-Zugriff auf E-Books,
- ein breites Angebot kostenfreier qualitativer Online-Dienstleistungen,
- einen Raum, der frei von kommerziellen Einflüssen ist,
- spezifische Angebote für Jugendliche,
- einen durch Fachleute geleiteten Betrieb, der dem Personal größeren Spielraum für die Verbesserung der Dienstleistungen gibt,
- Angebote für Freiwillige, aber nur als Unterstützung des angestellten Personals, nicht als dessen Ersatz,
- Bibliotheksgebäude, die eine moderne, einladende Umgebung bieten,
- ein Bibliothekswesen im Eigentum der Öffentlichkeit, nicht privater Firmen oder kommunaler Betriebe.[30]

Zur Realisierung dieser Forderungen stellt VfL umfangreiche Informationen für Freiwillige bereit, die ihre Bibliotheken unterstützen und gegen eventuelle Kürzungen oder Schließungen vorgehen wollen. Dazu gehören Ratgeber für die Organisation von Kampagnen, Hinweise für die Arbeit mit den Medien, Einführung in die Einreichung von Petitionen, Informationen über aktuell laufende und beendete Initiativen und nicht zuletzt Bildmaterialien wie z. B. das gemeinsam mit The Library Campaign entwickelte „Library A to Z“.

Dieses Alphabet der Bibliotheksdienstleistungen wurde vom Zeichner Josh Filhol grafisch umgesetzt. Seine Serie von bibliotheksbezogenen Illustrationen kann unter Berücksichtigung der Creative-Commons-Regelungen beispielsweise von Vereinen für ihre Öffentlichkeitsarbeit genutzt werden.[31]

Ein besonders aussagekräftiges Werkzeug für die Lobbyarbeit zugunsten von Bibliotheken ist die vom VfL-Team unter Nutzung von „Google Earth“ erstellte fotografische Übersichtskarte Großbritanniens, die drohende, vollzogene oder abgewendete Schließungen verzeichnet und das ganze Ausmaß des ab 2011 in Großbritannien massiv drohenden Bibliothekssterbens sichtbar macht.[32] Durch Klicken auf die durch verschiedenfarbige Punkte markierten Standorte erhält man zusätzliche Informationen zum jeweiligen Fall. Zum jetzigen Zeitpunkt, d. h. einige Jahre nach ihrer Lancierung, vermittelt die Karte entgegen ihrer ursprünglichen Motivation eine stark positive Nachricht, denn durch eine beeindruckende Ansammlung von grünen Punkten = geretteten Bibliotheken wird deutlich, dass die Kampagnentätigkeit von Freundeskreisen und Fördervereinen offenbar mit der Zeit eine beträchtliche Wirkung entfalten konnte.

30 http://www.voicesforthelibrary.org.uk/our-manifesto/
31 http://www.libraryatoz.org/index.php/list-z-words/
32 http://www.voicesforthelibrary.org.uk/closures-map/

„Public Library News" – Initiative eines engagierten Einzelkämpfers

In der Triade wichtiger Einrichtungen für Freundeskreise und Fördervereine von Bibliotheken in Großbritannien darf „Public Library News" (PLN) nicht fehlen, wobei es sich hierbei nicht um einen Verein oder eine Lobbygruppe, sondern um ein Projekt eines einzelnen, allerdings sehr produktiven Bibliothekars handelt.

PublicLibrariesNews
What's Happening to Your Library?

Ian Anstice ist Leiter der Winsford Library in Cheshire und dokumentiert auf seiner Website Bibliotheksschließungen in ganz Großbritannien, teils mit vielen Detailinformationen. Neben Schließungen verzeichnet er auch Privatisierungen sowie Umwandlungen von haupt- und nebenamtlich geführten Bibliotheken in rein ehrenamtlich organisierte Einrichtungen. Seine Dokumentationen sind jedoch nicht ausschließlich negativ, denn neue, ausgebaute oder renovierte Bibliotheken werden ebenfalls auf PLN verzeichnet.

Überdies bietet er Hintergrundmaterialien zu den verschiedenen Organisations- bzw. Finanzierungsoptionen für Bibliotheken und versucht, die Möglichkeit für einen faktenbasierten, sachlichen Vergleich zu schaffen. Er berichtet über Bibliothekskampagnen und hält für diejenigen, die eine solche organisieren wollen, einerseits ein Füllhorn von Argumenten (gesellschaftlich, wirtschaftlich, technologisch, kulturell) sowie eine Vielzahl von praktischen Hinweisen und eine Auswahl von nützlichen Materialien bereit.

Ergänzt wird das Angebot von Public Library News durch spezifische Zusammenstellungen von Informationen für Bibliotheksnutzer und -nutzerinnen einerseits und Bibliotheksfachleute andererseits sowie durch relevante Veranstaltungshinweise und (auch internationale) Nachrichten aus der Bibliothekswelt.[33]

Beispiele für erfolgreiche Freundeskreis-Kampagnen in England

VfL unterstützte unter anderem die wirkungsvolle Kampagne eines örtlichen Freundeskreises in der Region Oxfordshire gegen die Schließung seiner Gemeindebücherei.[34] Die Kommunalverwaltung von Oxfordshire beschloss 2010 die Schließung von 20 der 43 Öffentlichen Bibliotheken in ihrem Zuständigkeitsbereich. In dem kleinen Dorf Sonning hatte sie aber die Rechnung ohne den dortigen, überaus kampferprobten Freundeskreis gemacht. Dieser hatte bereits einen früheren derartigen „Anschlag" auf seine Bibliothek erfolgreich abgewehrt.

Nachdem der neue Beschluss der Kommunalverwaltung ruchbar geworden war, haben sich die „Friends of Sonning Common Library" umgehend rekonstituiert. Sie antworteten auf die Pläne der Obrigkeit mit einem Gegenvorschlag, in welchem sie die gesetzlichen Verpflichtungen aus dem Public Libraries and Museums Act betonten und überzeugend darstellen konnten, dass die Gemeinde diesen Verpflichtungen nicht mehr gerecht werden würde, wenn den größtenteils älteren und weniger mobilen Gemeindemitgliedern keine Bücherei vor Ort, sondern lediglich eine Bücherei in deutlich größerer, nur mit beträchtlichem Aufwand zu überwindender Entfernung zur Verfügung stünde. Die Gemeindeverwaltung ging auf die im Gegenvorschlag geäußerten Bedenken des Freundeskreises ein und entschied sich für die Erhaltung der Bibliothek, wenn auch mit reduziertem Budget. Letzteres konnte durch den Verzicht auf mehrere Teilzeitkräfte zugunsten der Verlängerung der Arbeitszeit einer haupt-

33 http://www.publiclibrariesnews.com/
34 Vgl. http://www.voicesforthelibrary.org.uk/wp-content/uploads/2013/05/SC_library_submission.pdf

amtlichen Bibliothekarin aufgefangen werden, sodass die Gemeinde nach wie vor eine fach- und sachgerecht gemanagte Bücherei ihr eigen nennen kann.[35]

Ein häufig angeführtes Beispiel für die Erfolgschancen von koordinierter Lobbyarbeit für Öffentliche Bibliotheken ist die ebenfalls andernorts zitierte „Wirral-Enquête". Auch in diesem, bereits aus dem Jahr 2009 datierenden Fall hatte eine Gemeindeverwaltung beschlossen, ihr Büchereinetzwerk auszudünnen. Das Motiv hierfür war allerdings nicht nur Kostenersparnis, sondern auch die Hoffnung, dass eine Konzentration auf wenige, aber größere und mit anderen kommunalen Einrichtungen unter einem Dach zusammengelegte Bibliotheken Synergieeffekte und bessere Dienstleistungen ermöglichen würde. Der Freundeskreis auf der Halbinsel Wirral reagierte jedoch mit massivem Protest, der auch die nationale Presse und die höheren Instanzen in London erreichte. Diese gaben letztendlich dem öffentlichen Druck nach und ordneten eine Untersuchung an, die zu dem Schluss kam, dass die geplante Konzentration von Bibliotheksstandorten gleich mehrere gesellschaftliche Gruppen von Informations- und Bildungsmöglichkeiten abschneiden und die Gemeinde dadurch gegen den Public Libraries and Museums Act verstoßen würde. Der Kommunalverwaltung blieb nichts anderes übrig, als die Entscheidung rückgängig zu machen und das Bibliotheksnetzwerk zu erhalten.[36]

Fazit

Die Arbeit von Fördervereinen und Freundeskreisen entwickelt sowohl in Großbritannien als auch in den USA eine beträchtliche Durchschlagskraft, wenn auch vor unterschiedlichen Hintergründen:

- In den Vereinigten Staaten steht die Beeinflussung spezifischer demokratischer Entscheidungsprozesse auf kommunaler Ebene im Vordergrund, bei der der Mehrwert von Bibliotheken für die Bevölkerung – durchaus auch in wirtschaftlicher Hinsicht – in der Argumentation betont wird. Darüber hinaus wird oft, der dortigen Kultur finanziellen bürgerschaftlichen Engagements entsprechend, auch an die philanthropische Verantwortung der Wohlhabenderen appelliert.
- Im Vereinigten Königreich bezieht sich die Verteidigung von Bibliotheken in erster Linie auf die entsprechende gesetzliche Verpflichtung und das daraus resultierende Recht, von der Gemeinde mit angemessenen Bibliotheksdienstleistungen versorgt zu werden. Zusätzlich wird der gesellschaftliche Nutzen von Bibliotheken, ihren Ressourcen und Dienstleistungen herausgestellt, allerdings auch hier unter Einbeziehung wirtschaftlicher Argumente.

Die Situation diesseits und jenseits des Atlantiks unterscheidet sich zudem auch in ihren Strukturen, die über die in Großbritannien üblichen Kooperationen oder personellen Überschneidungen zwischen Freundeskreis-Organisationen und Berufsverband weit hinausgehen. Die Integration einer nationalen Dachorganisation der Freundeskreisarbeit in die ALA schafft andere logistische Möglichkeiten und könnte langfristig zu einer stärkeren Professionalisierung dieser Arbeit führen. Inwieweit sich dies eventuell einschränkend auf die Unabhängigkeit, Kreativität und/oder Spe-

35 http://www.henleystandard.co.uk/news/news.php?id=1397754
36 Vgl. http://www.gov.uk/government/uploads/system/uploads/attachment_data/file/77447/wirral_local_inquiry.pdf

zifizität einzelner Initiativen auswirken könnte, lässt sich im Rahmen dieser kurzen Betrachtung nicht ermitteln.

Wie eingangs bereits erwähnt, ist eines jedoch den Freundeskreisen in den USA und im Vereinigten Königreich gemein: Sie betreiben oft äußerst kompetente und erfolgreiche Medien- und Öffentlichkeitsarbeit, die sich in einer beträchtlichen Präsenz ihrer Anliegen in nationalen wie auch regionalen Medien zeigt. Dabei nutzen sie auch Online-Kanäle und soziale Netzwerke, durch die sie die Bevölkerung direkt in ihre Kampagnen einbinden. Darüber hinaus scheinen sie häufig sehr geschickt mit den Stakeholdern in Politik und Verwaltung umzugehen – nicht zuletzt dadurch, dass sie einflussreiche Organisationen, Unternehmen und Akteure als Partner sowie prominente Persönlichkeiten als Anwälte für ihre Ziele gewinnen. So ist das Gesicht des britischen „National Libraries Day 2015" kein Geringerer als John Lydon, Frontmann der legendären Sex Pistols. Und das nicht ohne Grund: Nachdem er im Alter von acht Jahren an Kinderlähmung erkrankt war, verdankte der Sänger von „Anarchy in the UK" nach eigener Aussage ausschließlich Bibliotheken und ihren Mitarbeiterinnen seine Genesung von dem dadurch verursachten Gedächtnisverlust.[37]

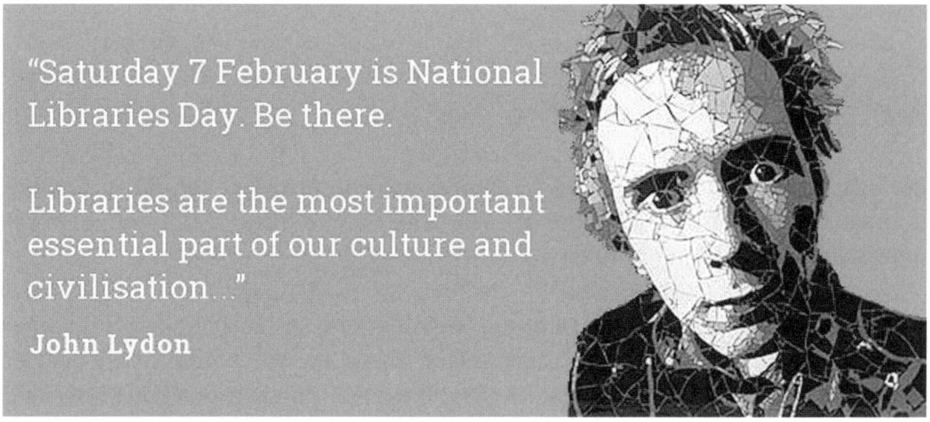

Abb 1: John Lydon © John Lydon Mosaic by Ed Chapman by dullhunk, genutzt unter Creative Commons BY 2.0.

Die zitierten Internetquellen wurden zuletzt am 2.2.2015 aufgerufen.

37 http://www.thebookseller.com/news/john-lydon-supports-essential-libraries
Siehe http://www.nationallibrariesday.org.uk/2015/01/rallying-call-from-john-lydon-ahead-of-national-libraries-day/

Best-Practice-Beispiele

Schwerpunkt: Lobbyarbeit

Florian Pittroff

„Manchmal muss eine Stadt wie Augsburg eben auch zu ihrem Glück gezwungen werden“

Die Freunde der Neuen Stadtbücherei Augsburg als Beobachter und kritische Begleiter

Freunde der
Neuen Stadtbücherei
Augsburg e. V.

Einleitung

Mit einem Bürgerbegehren trotzten engagierte Augsburger der Stadt eine neue Bibliothek ab. Am 12. Januar 2005 startete die „Offensive für eine neue Stadtbücherei in Augsburg“ ein Bürgerbegehren. Die Mitglieder der „Offensive“ empfanden den damaligen Beschluss des Finanzausschusses der Stadt Augsburg, auch 2005 keine Planungsmittel für den Neubau der Bücherei bereitzustellen, als Schlag ins Gesicht für alle Besucher der am meisten frequentierten Bildungseinrichtung Augsburgs. Aus dieser Offensive heraus bildete sich der Verein „Freunde der Neuen Stadtbücherei Augsburg e. V.“ mit dem Ziel, die neue Stadtbücherei in ihrer Lebendigkeit, Weltoffenheit, Leistungsstärke und Attraktivität zu unterstützen. Die Förderung des literarischen Lebens in Augsburg liegt dem Freundeskreis dabei ebenso am Herzen wie der Ausbau der Kinder- und Jugendbücherei und insbesondere das Projekt „Lese-Inseln“[1] an den Augsburger Schulen, ein Modellprojekt für eine neue Form von Schulbüchereien in Grund- und Hauptschulen.

Abb. 1: Neue Stadtbücherei Augsburg – erkämpft mit einem Bürgerbegehren © F. Pittroff.

1 http://www.leseinsel-augsburg.de/

„Willkommen in unserer neuen Stadtbücherei! …

… Im Namen der Stadt Augsburg begrüße ich Sie ganz herzlich hier in diesem ‚Haus der Medien', an diesem ‚Ort der Bücher', der ja, wie es Bücher und Leser so mit sich bringen, letztlich ein Ort der Ruhe, der Kontemplation und der Entschleunigung sein wird – und das mitten im Herzen Augsburgs (…). Über 20 Jahre hat der Kampf um den überfälligen Neubau gedauert. Ein Impuls der Bürger – eine engagierte Bürgerschaft war letztlich ausschlaggebend, dass die neue Stadtbücherei hier und heute ihren geregelten Betrieb aufnimmt", so Augsburgs Oberbürgermeister Dr. Kurt Gribl in seinem Grußwort anlässlich der Eröffnung der neuen Stadtbücherei am 19. Juni 2009. Auf 5 000 m² trafen die Augsburger in dem Neubau auf eine moderne und helle High-Tech-Architektur sowie auf 140 000 Medien. Die Neue Stadtbücherei wurde als ein offenes Haus konzipiert. Kein Buch mit sieben Siegeln, sondern ein Buch, das für alle zugänglich und lesbar ist: „für alle offen". Das beginnt schon beim Gebäude, dessen beide Gebäudeteile die Form eines aufgeschlagenen Buches bilden.

Nicht immer war in Augsburg in Sachen Stadtbücherei alles so friedlich wie an diesem 19. Juni 2009.

Eine „Offensive für eine neue Stadtbücherei"

„Eine Stadtbücherei ist der einzige schwellenfreie Zugang für Kinder und Erwachsene zur Bildung", so Kurt Idrizovic.

Notwendig für den Erfolg eines Bürgerbegehrens sind gültige Unterschriften von fünf Prozent der Wahlberechtigten.

Ein vom Kulturausschuss der Stadt Augsburg bereits am 3. Dezember 2003 in Auftrag gegebenes Prüfungsgutachten hatte festgestellt, dass die ursprünglich geplante bauliche Verbindung zwischen der bestehenden Stadtbücherei und der unmittelbar benachbarten Staats- und Stadtbibliothek keine akzeptable Lösung darstellte. Im alten Hauptgebäude dagegen konnte der Bestand nicht mehr zeitgemäß präsentiert werden, und sinkende Ausleih- und Besucherzahlen sprachen eine deutliche Sprache. Der Boden war überall geflickt, Fenster und Dach undicht, der Leseraum hatte den Charme einer Bahnhofsvorhalle und fehlende Aufzüge machten es fast unmöglich, Rollstuhlfahrer einzubeziehen. Die Fläche von 1 300 m² war im Vergleich mit gleichgroßen Städten geradezu lächerlich klein.

Als der Finanzausschuss trotz zahlreicher Diskussionen und Gespräche in der Verwaltung und im Stadtrat auch für 2005 wieder keine Planungsmittel für einen Bibliotheksneubau bereitstellte, startete am 12. Januar auf Initiative des Buchhändlers Kurt Idrizovic, Inhabers der „Buchhandlung am Obstmarkt", die „Offensive für eine neue Stadtbücherei" ein Bürgerbegehren. Auch das „Literatur-Team", dem alle Augsburger Buchhandlungen angehören, war damals dabei. „Eine Stadtbücherei ist der einzige schwellenfreie Zugang für Kinder und Erwachsene zur Bildung", so Kurt Idrizovic. Er erinnerte an „vorbildliche Häuser" in Ulm, Würzburg oder vor den Toren Augsburgs in Gersthofen.

Das Bürgerbegehren

„Sind Sie dafür, dass die Stadt Augsburg eine neue Stadtbücherei unverzüglich, spätestens jedoch bis Ende 2008, in zentraler Lage und in angemessener Größe errichtet?" lautete die Frage des Bürgerbegehrens. Die Begründung: „Eine Stadtbücherei soll ein Ort des Wissens und der Information, der Leseförderung und der Medienkompetenz sein. Sie ist das Zentrum für kulturelle und interkulturelle Angebote: Ein Ort des lebenslangen Lernens. In Augsburg ist das leider nicht der Fall: Wegen der langjährigen Geringschätzung durch die städtische Bildungspolitik sind die Modernisierung, der behindertengerechte Umbau und die räumliche Erweiterung der Stadtbücherei Augsburg seit Jahrzehnten überfällig. Mittlerweile rangiert sie im bundesweiten Vergleich auf der drittletzten Stelle."

Um ein Bürgerbegehren zu erreichen, waren in Augsburg zunächst rund 8 500 gültige Unterschriften erforderlich – dann müsste die Stadt innerhalb eines Vierteljahres einen Bürgerentscheid durchführen. Wenn dann zehn Prozent der Wähler das Begehren unterschreiben, steht einer neuen Stadtbücherei nichts mehr im Wege.

Innerhalb von nur 5 Monaten sammelte die „Offensive für eine neue Stadtbücherei" knapp 14 000 Unterschriften und zwang damit die Stadtregierung, sich den Forderungen der Bürgerinitiative in vollem Wortlaut anzuschließen. Aufgrund der einschlägigen Erfahrung der letzten Jahre hatte die Bürgerinitiative dem Stadtrat zudem ein Zeitlimit gesetzt: Spätestens bis Ende 2008 sollte die Neue Stadtbücherei in Augsburg errichtet sein. Und so geschah es: Am 19. Juni 2009 wurde die *Neue Stadtbibliothek Augsburg* offiziell eröffnet! Dieser Erfolg war sicher auch einer „offensiven" Medienarbeit geschuldet!

Offensive Medienarbeit

- Offenes Haus für Jung und Alt – Augsburger Allgemeine, 14.12.2005
- Neue Bücherei: Schmöckern auf dem Sonnendeck – Augsburger Allgemeine, 10.12.2005
- Durchbruch für Stadtbücherei – Augsburger Allgemeine, 10.12.2005
- Pro Buch – Süddeutsche Zeitung, 22.9.2005
- Fahrplan für die Verhandlungen steht fest – Augsburger Allgemeine, 21.9.2005
- Bücherei zieht es an Ernst-Reuter-Platz – Augsburger Allgemeine, 16.9.2005
- Bücherei: Die Entscheidung naht – Augsburger Allgemeine, 29.7.2005
- Bühnen-Feuerwerk für neue Stadtbücherei – Augsburger Allgemeine, 22.1.2005
- Bürgerinitiative hat eine Schaltstelle – Augsburger Allgemeine, 21.2.2005
- Bürgerbegehren für neue Stadtbücherei – Neue Szene Augsburg – Onlineausgabe, Januar 2005
- Augsburgs Bürger fordern neue Bibliothek – Süddeutsche Zeitung, 13.1.2005
- „Viel diskutiert, nie gehandelt" – Augsburger Allgemeine, 13.1.2005
- Bürgerbegehren für neue Stadtbücherei – Augsburger Allgemeine, 12.1.2005
- Bücherei – eine Investition in die Zukunft – Augsburger Allgemeine, 12.1.2005
- Zahlen und Fakten – Augsburger Allgemeine, 12.1.2005
- Wie funktioniert ein Bürgerbegehren? – Augsburger Allgemeine, 12.1.2005
- Gegen die „fatale Entscheidung der Stadt" – Stadtzeitung Augsburg, 12.1.2005
- Ein einmaliges Elend – Stadtzeitung Augsburg, 8.12.2004

Aus der „Offensive" werden „Freunde"

Die Neue Stadtbücherei war also eröffnet, und aus der „Offensive für die Neue Stadtbücherei" gingen am 10. November 2010 die „Freunde der Neuen Stadtbücherei Augsburg e. V." hervor. Zweck des Vereins ist lt. Satzung die Förderung des literarischen Lebens und der allgemeinen Bildungsarbeit in Augsburg, vornehmlich bei der Neuen Stadtbücherei Augsburg. Dieser Zweck wird insbesondere erfüllt durch Beiträge zu besonderen Dienstleistungen, zur Veranstaltungs- und zur Öffentlichkeitsarbeit der Neuen Stadtbücherei. Damit leistet der Verein einen Beitrag zur Förderung von Bildung und Kultur in Augsburg.

Der Freundeskreis sieht sich nicht ausschließlich als finanzieller Unterstützer, sondern auch als Interessenvertreter der Bücherei gegenüber der Stadt. Zurzeit besteht er aus ca. 30 Mitgliedern und versteht sich als flankierende Maßnahme, als Beobachter (was muss besser werden?) und kritische Begleitung. So hat der Freundeskreis z. B. ein Qualitätsmanagement und ein neues Entwicklungskonzept für die Stadtbücherei in Auftrag gegeben und zur Hälfte finanziert – die andere Hälfte hat die Stadt übernommen.

Projekt „Lese-Inseln“

„Neben dem Schwerpunkt der Kinder- und Jugendarbeit werde ich mich dafür einsetzen, neue Besucherkreise, zum Beispiel Migranten, zu erschließen“, so der derzeitige Vorsitzende Horst Thieme. Wichtiges Ziel ist außerdem die deutliche Erweiterung der Öffnungszeiten sowohl in den Zweigstellen als auch in der Zentrale, denn in einer attraktiven Innenstadt sollte das Bildungshaus Stadtbücherei auch an den Sonntagen geöffnet sein.

Ein weiteres wichtiges Projekt des Freundeskreises ist das Thema „Lese-Inseln“, ein Modellprojekt für eine neue Form von Schulbüchereien in Grund- und Hauptschulen. Mit der klassischen Schulbücherei alter Prägung haben die Lese-Inseln nichts mehr zu tun: Die Lese-Insel ist ein angenehm gestalteter – und vor allem moderner – Lese- und Lernort, an dem das Lesen, das Lernen sowie die Medien- und die Informationskompetenz aller Schüler gefördert werden sollen.

„Lese-Insel“ – Das Konzept

- Die Lese-Insel soll mit einem attraktiven Raumerlebnis und einem gut präsentierten und aktuellen Medienangebot Freude am Lesen vermitteln.
- Das Lernen soll unterstützt werden, und zwar durch ein unterrichtsnahes Buch- und Medienangebot sowie durch Einzel- und Gruppenarbeitsplätze, die unterrichtliche Aktivitäten und Selbstarbeit von Klassen und Gruppen ermöglichen.
- Die Medienkompetenz soll durch eine computergestützte Verwaltung der Bibliothek, die auch von den Schülern bedient werden kann, im Hinblick auf Internetrecherchen und die Präsentation der Lese-Inseln im Netz gefördert werden.
- Die Informationskompetenz soll geschult werden, und zwar durch das Kennenlernen der Grundlagen bibliothekarischer Ordnungssysteme, das Recherchieren im OPAC (auch der örtlichen Bibliotheken) sowie durch die Hinführung zum Angebot der Neuen Stadtbücherei mit einem gemeinsamen Leseausweis.

Lese-Inseln dienen der Lern- und Leseförderung sowie der Schulung von Medien- und Informationskompetenz. Sie werden zusammen mit dem Lehrpersonal an Schulen organisiert.

In erster Linie aber muss die Schule hinter dem Projekt stehen und sich auch personell durch entsprechende Öffnungszeiten und Präsenz der betreuenden Lehrkräfte bzw. ehrenamtlichen Mitarbeiter einbringen. Darüber hinaus sollten auch die räumlichen Bedingungen passen. Als Richtwert für die Mindestgröße einer Lese-Insel gelten ca. 50 m^2. Auch die Lage innerhalb des Schulgebäudes sollte an einer zentralen Stelle sein. Sie ist dadurch nicht nur für alle Schüler und Lehrkräfte gut zu erreichen, sondern trägt auch dazu bei, sie als ein Kernstück des Schulgebäudes und des Unterrichtsgeschehens wahrzunehmen.

Die Lese-Inseln konnten durch die „Freunde der Neuen Stadtbücherei“ mit Unterstützung des Bildungsreferats der Stadt Augsburg, des „Rotary-Clubs Augsburg Renaissance-Stadt“ und vieler weiterer Partner realisiert werden. Unterstützt und begleitet wird die Lese-Insel an den Schulen vom Netzwerk Lesen (ein Verbund Augsburger Innenstadtschulen) und dem Literatur Team Augsburg, der Vereinigung Augsburger Buchhandlungen.[2]

2 http://www.leseforum.bayern.de/download.asp?DownloadFileID=d744b65b82c82f979d740b80efac8faf

Abb. 2: Die Leseinsel in der Westparkschule.[3]

Der Freundeskreis der Neuen Stadtbücherei Augsburg bemüht sich zusammen mit der jeweiligen Schule um Sponsorenbeiträge, mit denen der Medienbestand und die noch zu ergänzende Ausstattung der Räume finanziert werden können. Eine ehrenamtliche Mitarbeiterin bereitet jeweils vor Ort den Bestand auf und übernimmt dann mit Eltern und/oder Lehrern die Katalogisierung. Neben dem aktuellen Medienangebot (Wert ca. 50 000 Euro) spielt vor allem die Aufenthaltsqualität eine wichtige Rolle. Seit dem 1. Januar 2015 gibt es nun in Augsburg auch eine Vollzeitstelle in Sachen Lese-Insel. Aufgabe dieser „schulbibliothekarischen Arbeitsstelle“ ist es, sowohl die Schulbüchereien der Stadt Augsburg als auch die Lese-Inseln zu betreuen.

Zum Glück „gezwungen“ ...

In einem „beispiellosen Vorgang“, so die Süddeutsche Zeitung damals, trotzten engagierte Augsburger mittels eines Bürgerbegehrens der Stadt eine neue Bibliothek ab. Daraus resultierte der Freundeskreis der Neuen Stadtbücherei e. V., und hier wiederum entwickelte sich die Idee für die Lese-Inseln. Einfach umzusetzen sind solche Konzepte nicht – es braucht auch den Druck und das Engagement der Bürger. Manchmal muss eine Stadt wie Augsburg eben auch zu ihrem Glück gezwungen werden.

Die zitierten Internetquellen wurden zuletzt am 6.2.2015 aufgerufen.

3 http://neuestadtbuecherei.de/lese-inseln/

Cornelia Stabrodt

Vermittler zwischen Nutzern, Bibliothek und Politik

Fundraising, Leseförderung und Lobbyarbeit bei den „Freunden der Fouqué-Bibliothek" in Brandenburg

„Pro Person gilt eine Obergrenze: Es werden maximal zehn Bücher angenommen. Mit dem Erlös soll die Anschaffung weiterer Erzählkoffer für die Kinderbibliothek unterstützt werden. Der Förderverein ‚Freunde der Fouqué-Bibliothek e. V.' freut sich auf zahlreiche Spenden."
Pressemeldung, 5.1.2014[3]

Einleitung

Der Förderverein „Freunde der Fouqué-Bibliothek Brandenburg an der Havel e. V."[1] wurde zum 110. Geburtstag der Öffentlichen Bibliothek der Stadt Brandenburg[2] an der Havel am 7.2.2002 ins Leben gerufen und am 10.7.2003 mit Eintrag in das Vereinsregister und anerkannter Satzung offiziell bestätigt.

Dem Satzungszweck entsprechen die Ziele des Vereins

- Zuwendungen für den Bestandsaufbau neuer Medien durch Gewinnung von Mitgliedern und Sponsoren
- Aktive Unterstützung der Öffentlichkeitsarbeit
- Leseförderung im Bereich der Kinderbibliotheksarbeit
- Lobbyarbeit

Im Jahr 2013 feierte der Verein sein 10-jähriges Bestehen mit einem Hoffest. Dies war eine gute Gelegenheit, über die geleistete Arbeit, über Erfolge und Misserfolge, aber auch über neue Vorhaben öffentlich zu berichten.

Fundraising

Bücherflohmärkte

Die Vereinsmitglieder verkaufen regelmäßig auf einem Flohmarkt im Glasfoyer, im Lesehof oder vor dem Haupteingang der Zentralbibliothek gespendete Bücher und aussortierte Exemplare aus Bibliotheksbeständen – Bücher aller Genres und Fachgebiete, selbstverständlich auch Kinderbücher. Jedes Buch kostet zwei Euro. Der Erlös fließt ohne Abzüge in die Unterstützung der Medienerwerbungen der Bibliothek. Die Vereinsmitglieder organisieren den Verkauf, stehen mit Rat und Tat zur Verfügung, machen Werbung für den Förderverein und für die Öffentliche Bibliothek.

1 http://www.stadt-brandenburg.de/bildung/fouque-bibliothek/foerderverein/
2 http://www.stadt-brandenburg.de/bildung/fouque-bibliothek/
3 Aus: Märkische OnlineZeitung, 5.1.2014, http://www.moz.de/service/ueber-uns/maerkischer-markt/artikelansicht/dg/0/1/1231232/

Festschrift

Die mit dem Anna Seghers-Preis[4] und dem C. S. Lewis-Preis[5] ausgezeichnete Schriftstellerin und Diplom-Bibliothekarin Ingeborg Arlt verfasste anlässlich des Jubiläums die Festschrift „115 Jahre Fouqué-Bibliothek, Öffentliche Bibliothek der Stadt Brandenburg an der Havel".[6] Der Förderverein unterstützte die Herausgabe durch das Einwerben von zusätzlichen Mitteln für den Druck in einer angemessenen Auflage.

Festschrift 115 Jahre öffentliche Bibliothek (2007)

„Dies ist eine Festschrift. Festzuschreiben sind in ihr Ereignisse eines Zeittraums von 115 Jahren, denn so lange besteht sie schon, die öffentliche Bibliothek der Stadt Brandenburg an der Havel, die sich seit dem Jahre 1998 „Fouqué-Bibliothek" nennt. Und festschreiben soll in diesem Fall heißen: Schon von Vorgängern schriftlich Festgehaltenes erneut zu befestigen, Markantes erneut zu markieren, es uns ins Gedächtnis zu rufen, was wir schon wissen und es dort einmal mehr zu verankern. Es soll aber auch heißen, festzuhalten, was uns nach der x-ten Wiederholung von Fakten und Zahlen zu entgleiten droht: Die Erinnerung an Persönlichkeiten, denen wir die Fakten und Zahlen verdanken. Denn so wichtig Statistiken zur Beurteilung einer Entwicklung auch sind – über das Schicksal von Bibliotheken entscheiden stets Menschen."

Schulbibliothek „mit Wohlfühlatmosphäre"

Zur Unterstützung der Wiederbelebung der Schulbibliothek der Wilhelm-Busch-Schule bewilligte die Stadt Brandenburg im Jahr 2014 Mittel in Höhe von 20 000 Euro. Die Freunde der Fouqué-Bibliothek bewarben sich mit Erfolg um weitere Mittel, sodass die Schulbibliothek von der Mittelbrandenburgischen Sparkasse weitere 4 000 Euro erhielt.

Dieses lohnende Projekt zu fördern, entsprach voll und ganz dem Anliegen des Fördervereins, „Leseförderung im Bereich der Kinderbibliotheksarbeit" zu unterstützen – auch wenn es sich dabei um eine Förderung außerhalb der Fouqué-Bibliothek handelte. Allerdings war bereits 2013 die Kontaktaufnahme zur Stadtbibliothek erfolgt, die die Sichtung des 5 000 ME starken Altbestandes übernahm und sich beim Stadtkämmerer auch für die Ausstattung mit einer adäquaten Bibliothekssoftware einsetzte. Da auch die Systematik der Stadtbibliothek übernommen wurde, werden die Schüler, wenn sie künftig in den Ferien die Fouqué-Bibliothek besuchen, sich dort leichter zurechtfinden, „da ihnen sowohl das Recherchesystem als auch die Systematik und die Aufstellung vertraut sind. Auch der Übergang von der Schulbibliothek zur Stadtbibliothek nach der 6. Klasse wird hier besser gelingen. Die Schulbibliothek ist somit keine Konkurrenz zur Stadtbibliothek, sondern sorgt mit ihrem Angebot und der Kooperation sogar dafür, dass viele Schüler später wie selbstverständlich auch das Angebot der Stadtbibliothek nutzen werden."[7]

4 http://www.anna-seghers.de/stiftung.php
5 http://www.cslewis-preis.de/
6 http://www.stadt-brandenburg.de/bildung/fouque-bibliothek/aktuelles/festschrift/
7 http://schulbibliotheken-berlin-brandenburg.de/2014/05/ueber-die-fluestertreppe-zur-schoenen-bibliothek/

Leseförderung und mehr …

Erzählkoffer

Die Koffer eignen sich gut, um spielerisch:
- **den Wortschatz zu üben**
- **das Sprachverständnis zu verbessern**
- **verschiedene Satzmuster zu üben und zu festigen**
- **das Sprachgedächtnis und**
- **die Wahrnehmung zu fördern**

Kinder, denen vorgelesen wird, sind erfolgreicher in der Schule und gestalten ihre Freizeit aktiver als Kinder, denen nicht vorgelesen wird. Das geht aus einer Studie der Stiftung Lesen hervor.[8] Kinder zum Lesen und zum Zuhören zu verführen, kann mit anregenden Konzepten gefördert werden. Die Sprachförderung im Kindergarten- und frühen Grundschulalter kann mit dem innovativen Projekt „Erzählkoffer“ maßgeblich unterstützt werden. Dem Förderverein ist es gelungen, dafür Sponsorengelder einzuwerben, die die Anschaffung zweier Koffer zu den Themen Herbst und Weihnachten ermöglichten.

Die pädagogische Idee der Erzählkoffer ist, das Vorlesen der Geschichte in direkten Bezug zu den Materialien im Koffer zu bringen. Die Kinder sollen zum selbstständigen Spielen und Nacherzählen der Geschichte angeregt werden. Sie benennen die Gegenstände und stellen Beziehungen zwischen ihnen her. Die Spielkreativität der Kinder wird gefördert, indem die Geschichte aus dem Buch nachgespielt oder fortgesetzt wird.

Neben einem Bilderbuch befinden sich in den Koffern Spielfiguren und Materialien, die zur Geschichte gehören. Eine Anleitung mit einfachen Sprachspielen liegt ebenfalls jedem Koffer bei. Sowohl bei der Auswahl der Themen als auch bei der Wahl der Bücher und beim Zusammenstellen der begleitenden Materialien helfen Erzieherinnen, die die Sprachförderung in ihren Einrichtungen als wichtige Aufgabe ansehen. Kinderbibliothekarinnen, die den Buchmarkt kennen und Erfahrungen der Ausleihe und des Umgangs mit Kindern und Eltern einbringen, setzen das Projekt um. Für Erzieherinnen, Pädagogen, Vorlesepaten und Eltern, welche die Koffer in der Bibliothek ausleihen möchten, liegt eine pädagogische Anleitung bei, die die Idee der Erzählkoffer beschreibt und konkrete Handlungsanweisungen gibt.

„Undine“ Wettbewerb für neue Märchen

Seit 2005 ist der Verein Hauptpreis-Sponsor im Undine-Märchenwettbewerb. Der Wettbewerb für neue Märchen wird in jedem Jahr für Kinder, Jugendliche und junge Erwachsene im Alter von 7 bis 25 Jahren ausgerufen. Die besten neuen Märchen werden mit Geldpreisen weiterer städtischer Unternehmen und Vereine ausgezeichnet und dienen gleichzeitig als Vorlage für den zweiten Teil des Wettbewerbs, in dem die ausgezeichneten Märchen illustriert und die besten Ergebnisse ebenfalls prämiert werden. Der Wettbewerb findet auch Widerhall in den Medien.[9]

Öffentlichkeitsarbeit

In Zusammenarbeit mit dem Brandenburger Künstler Jan Beumelburg entstand die Idee, Kindern auf unterhaltsame, bebilderte und lustige Art die Anmeldemodalitäten zu erklären und den Eltern die Formalitäten zu erleichtern. Der Förderverein ließ in Kontakt mit der Bibliothek einen Flyer entwerfen und übernahm die dafür benötigten Honorar- und Druckkosten.

8 http://www.stiftunglesen.de/download.php?type=documentpdf&id=504
9 http://www.moz.de/artikel-ansicht/dg/0/1/1078450/

Abb. 1: Ausschnitt aus dem Flyer der Kinderbibliothek © Fouqué-Bibliothek.

Vorlesetage

In Brandenburg an der Havel werden Vorlesetage in Kindertagesstätten ebenso wie in der Fouqué-Bibliothek mit Unterstützung des Fördervereins organisiert. Frauen und Männer stehen ehrenamtlich zur Verfügung, um an diesem Tag einer Kindergartengruppe oder einer Schulklasse Geschichten, auch Gedichte, Reime, Lieder oder aus Sachbüchern vorzulesen.

Neben dem Lesen ergeben sich auch Gespräche zwischen dem Vorleser und den Kindern darüber, wie die Geschichte gefallen hat, was die Kinder an ähnlichen Episoden erlebt haben, oder wie die Kinder selbst die Geschichte vielleicht anders hätten enden lassen.

Ein Beispiel: „Hund Müller"

Buchlesung für Kinder von 8–12 Jahren

Zu Gast ist Daniela Trochowski, Staatssekretärin im Ministerium der Finanzen des Landes Brandenburg, eingeladen vom Förderverein „Freunde der Fouqué-Bibliothek e. V.". Sie liest aus dem Buch „Hund Müller" von Hilke Rosenboom.

Wann?	Donnerstag, 24. Juli 2014, 15:00 Uhr
Wo?	Fouqué-Bibliothek, Kinderbibliothek, Altstädtischer Markt 8
Für wen?	Für Kinder von 7–12 Jahren und ihre Eltern

JuBi – zwischen Leseknick und Lifestyle[10]

Das bisher größte Projekt, das ohne die tatkräftige Begleitung des Fördervereins weitaus schwieriger umzusetzen gewesen wäre, war der Aufbau der Jugendbibliothek.

10 http://www.jubi-brandenburg.de/

Das von Azubis erarbeitete Konzept fand die uneingeschränkte Unterstützung des Vereins.

Die Fouqué-Bibliothek der Stadt Brandenburg an der Havel baut eine „trendige“ Jugendbibliothek als multimediales Zentrum für junge Leute zwischen 14 und 24 Jahren, die JuBi, auf. Betraut mit dieser Aufgabe ist das JuBi-Team, junge Mitarbeiterinnen und Mitarbeiter der Fouqué-Bibliothek, unter Einbindung der jugendlichen Nutzer in den Bestandsaufbau und in die Veranstaltungsplanung. Die Ansprache auf Augenhöhe und der lockere Umgangston lassen die Hemmschwelle der Jugendlichen und jungen Erwachsenen sinken.

Abb. 2: Sponsoren wollen gepflegt werden – z. B. durch eine „Würdigung“ auf der Homepage.[11]

Der Förderverein komplettierte die Medien- und Technikausstattung der Jugendbibliothek durch offensive Öffentlichkeitsarbeit und erfolgreiche Spendeneinwerbung. Der Dank an Partner und Förderer besteht in der Namensnennung auf den entsprechenden Medien und Ausstattungen, der Nennung auf der Spenden- und Sponsorentafel auf der Webseite, schließlich durch das Angebot an die Partner, Veranstaltungen in diesen Räumlichkeiten durchzuführen.

Lobbyarbeit

Auch politisch mischen sich die „Freunde der Fouqué-Bibliothek“ ein.

So positionierte sich der Förderverein öffentlich als Vertreter der Interessen von Kindern und Eltern, als es durch die Nicht-Besetzung einer durch Erziehungsurlaub freien Stelle zu Konflikten in der Kinderbibliothek kam. Mangels Ressourcen blieb als Lösung allerdings nur eine Reduzierung der Öffnungszeiten.

11 http://www.jubi-brandenburg.de/spenden-undsponsorentafel/

Für die durch das Haushaltssicherungskonzept vorgesehenen Einsparungen durch die Bibliothek konnte durch Einflussnahme auf Parteienebene eine Reduzierung erwirkt werden.

Außerdem legte der Förderverein der Integrationsbeauftragten des Landes Brandenburg einen Antrag zur Förderung der interkulturellen Bibliotheksarbeit vor:

„Die Fouqué-Bibliothek in Brandenburg an der Havel betrachtet das Zusammenleben von Menschen unterschiedlicher kultureller Herkunft und Muttersprache als Bereicherung und Chance. Es eröffnet neue Sichtweisen und Erfahrungshorizonte, die helfen, sich in der globalisierten Welt zurechtzufinden. Die Fähigkeit, sich in der deutschen Sprache mündlich und schriftlich ausdrücken zu können, ist für alle Bürgerinnen und Bürger von elementarer Bedeutung. Die Bibliothek begleitet und fördert das Erlernen der deutschen Sprache bisher nur in bescheidenem Maß. Um Mehrsprachigkeit als eine kulturelle Ressource nutzen zu können, ist allerdings ein größerer Bestand und Professionalität in der Vermittlung erforderlich."

Der Antrag befindet sich z. Zt. in der Bearbeitung.

Fazit

Wie auf seiner Homepage ausdrücklich formuliert, hat sich der Förderverein „zum Ziel gesetzt, Vermittler zwischen Benutzern, Bibliothek und Politik zu sein und den Auftrag der Fouqué-Bibliothek in vielfältiger Weise zu unterstützen. ... Mit einem Bestand von rund 117 000 Medien (Bücher, Zeitschriften, DVD-Videos, CDs, CD-ROMs, Videos, Bilder) und jährlich mehr als 135 000 Besuchern ist die Bibliothek die meistgenutzte Bildungs- und Kultureinrichtung der Stadt Brandenburg an der Havel. Trotzdem oder gerade deshalb ist Unterstützung unverzichtbar."

Mit seinen vielfältigen Aktivitäten zum Fundraising, zur Leseförderung und in der Lobbyarbeit leistet der Verein diese Unterstützung erfolgreich.

Die zitierten Internetquellen wurden zuletzt am 24.1.2015 aufgerufen.

Kreisbibliothek Quedlinburg

Freundeskreis Bibliothek e. V.

Rolf Bielau

Lobbyarbeit für die Bibliothek, Interessenvertretung der Nutzer, Plattform für bürgerschaftliches Engagement

Der „Freundeskreis Bibliothek" der Kreisbibliothek Quedlinburg

Einleitung

Die 1662 als Stadtbibliothek „zur Nutzung und Mehrung für die Öffentlichkeit" gegründete Kreisbibliothek in der zum UNESCO Weltkulturerbe zählenden Stadt Quedlinburg[1] konnte im Mai 2012 ihr 350. Jubiläum feiern.[2] Vom Ende des Zweiten Weltkrieges bis zur Wende 1990 als Kreis- und Stadtbibliothek geführt, konnte die Einrichtung danach aus haushaltspolitischen und finanziellen Gründen nicht von der Stadt Quedlinburg als Stadtbibliothek übernommen werden und wurde demzufolge nur als Kreisbibliothek fortgeführt. Infolge von Bauschäden im Bibliotheksgebäude kam es zu einer Auseinandersetzung zwischen Landkreis und Stadt, die darüber uneinig waren, wer für die Bücherei zuständig und ob diese überhaupt nötig sei. Die Kreisbibliothek – ein Dorn im Auge einiger Kommunalpolitiker – war infolge von Förderungs- und Finanzierungsproblemen durch Land und Landkreis in ihrer Existenz mehrfach gefährdet.

Angesichts dieser schwierigen Lage wurde 1996 der „Freundeskreis Bibliothek e. V." zur Unterstützung der Kreisbibliothek Quedlinburg gegründet. Er sollte eine Lobby für die Erhaltung der Bibliothek und eine Interessenvertretung ihrer Nutzer sein sowie eine Plattform für engagierte Bürger schaffen, die die Bibliotheksbeschäftigten bei der Bewältigung ihrer umfangreichen Aufgaben unterstützen wollten. Durch den Beitrag des Freundeskreises konnte die Kreisbibliothek Quedlinburg neben anderen Kultur- und Bildungseinrichtungen im Landkreis bis zum gegenwärtigen Zeitpunkt erhalten werden.

Der „Freundeskreis Bibliothek e. V."[3]

Der Freundeskreis hat ca. 40 Mitglieder, die sich regelmäßig zu Versammlungen treffen und besonders in Zeiten knapper Ressourcen als Partner für die Kreisbibliothek Quedlinburg aktiv sind. In Zusammenarbeit mit den Mitarbeiterinnen der Bibliothek werden Sponsoren gesucht und gefunden, um den Erhalt des Medienangebots zu unterstützen. Darüber hinaus leistet der Freundeskreis Öffentlichkeitsarbeit, verfasst Publikationen, führt Bücherflohmärkte durch, organisiert und unterstützt finanziell Lesungen, Veranstaltungen und Exkursionen. Durch die Mitarbeit in dem eigens dafür gegründeten Dachverein unterstützte er das gemeinsam von der Kreisvolkshochschule, der Kreismusikschule und der Kreisbibliothek mit EU-Mitteln geförderte Pro-

1 http://www.kreis-hz.de/de/kreisbibliothek-quedlinburg2.html

2 Vgl. auch „Traditionelles und Modernes, Jubiläum, Öffentliche Quedlinburger Bibliothek wurde vor 350 Jahren gegründet", Mitteldeutsche Zeitung, 25.5.2012.

3 http://www.kreis-hz.de/de/die-foerdervereine.html

jekt „Bildungshaus Carl Ritter“. Alle drei Kultur- und Bildungseinrichtungen arbeiten seit 2011 unter einem Dach zusammen.

Das Projekt „Bildungshaus Carl Ritter“

Nach einer mehrjährigen Interimslösung in einem Gebäude des Landkreises mit sehr beschränkten und völlig unzulänglichen räumlichen Voraussetzungen konnte durch die Unterstützung des Landkreises Harz und durch Fördermittel der Europäischen Union im historischen Gebäude der „Carl-Ritter-Schule“ ein angemessener Platz für die Kreisbibliothek gefunden werden. Das zwischen 1860 und 1862 als Schule errichtete Gebäude in der Heiligegeiststraße steht heute auf der Liste der Kulturdenkmale in Quedlinburg und damit unter Denkmalschutz.

In diesem zentral gelegenen Gebäude wurde das Projekt eines „Bildungshauses“ realisiert, in dem – neben der Kreisvolkshochschule und der Kreismusikschule – auch der Kreisbibliothek geeignete Arbeits- und Präsentationsräume zur Verfügung stehen. Der Freundeskreis begleitete gemeinsam mit dem neu gegründeten Dachverein und den Fördervereinen der beiden anderen Bildungseinrichtungen den mehrjährigen Prozess der Planung und baulichen Instandsetzung. Mehrmalige Arbeitstreffen von Vertretern des Freundeskreises und der Kreisbibliothek bereiteten den Umzug, die Eröffnung und den Neuanfang der Bibliothek im Bildungshaus vor.

Am 7.5.2011 fand die Eröffnung des „Bildungshauses Carl Ritter“ mit einer Feierstunde und einem Tag der offenen Tür statt.

„Das Gebäude präsentiert sich ‚im neuen Glanz‘. Die Kreisbibliothek hat im Bildungshaus ihr neues Domizil und ist hier im gesamten Erdgeschoss präsent. Ihr Medienbestand wurde neu strukturiert und mit einem modernen Buchungs- und Sicherungssystem ausgestattet.“ (Homepage)[4]

Die gemeinsame Unterbringung der Kreisbibliothek, der Volkshochschule und der Musikschule im „Bildungshaus Carl Ritter“ ermöglicht:

- die Entstehung gemeinsamer, neuer Bildungsangebote der unterschiedlichen Bildungsanbieter,
- eine höhere Akzeptanz außerschulischer Bildung und eine höhere Auslastung der Bildungsangebote durch gemeinsames Auftreten in der Öffentlichkeit,
- eine gemeinsame Anlaufstelle und einen leichteren Zugang zur Bildung,
- die Zusammenfassung in der Organisation gleichartiger Verwaltungsarbeiten,
- eine verbesserte Nutzung des für außerschulische Bildung zur Verfügung stehenden Gebäudes.[5]

Durch die Kooperation von Volkshochschule, Musikschule und Bibliothek ist die Zahl der Bibliotheksbesucher erheblich gestiegen.

4 http://www.kreis-hz.de/de/bildungshaus-carl-ritter.html
5 http://www.kreis-hz.de/de/das-projekt.html

Abb. 1: Freundeskreis Bibliothek e. V., Website „Bildungshaus Carl Ritter" © Landkreis Harz.[6]

Aktivitäten und Veranstaltungen

Der Freundeskreis beteiligte und beteiligt sich an zahlreichen Veranstaltungen wie den im Folgenden als Beispiele aufgeführten.

Im Jahr 2014 fand in der Aula des „Bildungshauses Carl Ritter" der „Lesemarathon" statt, in dessen Rahmen ab 12 Uhr genau zwölf Stunden Zeit zum Vorlesen und Zuhören mit stündlich wechselnden Büchern und Kurzgeschichten angeboten wurden.

Die Aktivitäten des „Freundeskreises e. V."

- Beteiligung am Projekt „Bildungshaus Carl Ritter"
- Beteiligung an jährlich organisierten Bücherflohmärkten
- Finanzielle Unterstützung des „Quedlinburger Bücherfrühlings"[7]
- Einwerben von Sponsorengeldern
- Öffentlichkeitsarbeit durch Kontakt zu Printmedien und dem lokalen Fernsehsender
- Veranstaltung von Lesungen, Vorträgen, Führungen, Lichtbildervorträgen und Exkursionen
- Besuche anderer Bibliotheken und Fördervereine zwecks Erfahrungsaustausch
- Beteiligung an der Veranstaltungsreihe „Montags bei Ritter"[8]
- Veranstaltung von literarischen Abenden mit Gastschriftstellern

Fundraising

Die Finanzmittel der Kreisbibliothek sind, wie beschrieben, stark begrenzt. Deshalb werden seit der Gründung des Freundeskreises die Erlöse der jährlich organisierten Bücherflohmärkte der Kreisbibliothek zur Beschaffung aktueller Medien verwendet.

6 http://www.kreis-hz.de/de/die-foerdervereine.html
7 http://www.supersonntag-web.de/wisl_s-cms/_supersonntag/7333/Quedlinburg/22528/_Buecher-fruehling_Quedlinburg_beginnt_am_21_Maerz.html
8 http://www.quedlinburg.de/de/veranstaltungen/eventsearch.9.118065087810.html, http://www.quedlinburg.de/media/pdf/kultur/ablauf_bf2013_aktuell.pdf

Durch die Einnahmen aus den Bücherflohmärkten, die die Quedlinburger Buchhandlung „Die Buch Bar“[9] seit 2011 organisiert, werden soziale Projekte gefördert. Da gut erhaltene Bücher zu einem Preis von 1 Euro für alle erschwinglich sind, hat sich die Idee seitdem etabliert und der Flohmarkt findet zweimal im Jahr statt. Ohne Unterstützung durch Sponsoren, viele freiwillige Helfer und private Buchspenden wäre es natürlich nicht möglich. An einem Flohmark-Tag kommen fast 1 000 Besucher.[10]

Der Freundeskreis beteiligte sich an der Organisation des 3. und 7. Flohmarktes und erhielt damit die Erlöse, die für die Kreisbibliothek zur Anschaffung neuer Bücher bestimmt wurden. Der 7. Flohmarkt am 16./17. November 2012, zu dem der Freundeskreis die Bücher im Lager der „Buch Bar“ nach Genres sortierte, brachte damit der Kreisbibliothek 481 Euro ein.[11]

Von den Erlösen aus dem 3. und 7. Bücherflohmarkt der „Buch Bar“ konnte die Kreisbibliothek neue Bücher anschaffen!

Abb. 2: Flyer des 7. Bücherflohmarkts © Die Buch Bar.[12]

Bereits im Jahr 2011 konnte eine Spende in Höhe von 2 910 Euro von der Harzsparkasse verbucht werden, die die Beteiligung der Kreisbibliothek am Verbund-OPAC der Bibliotheken im Landkreis Harz ermöglichte.[13]

Durch jährliche Zuwendungen der Harzsparkasse können einige Zeitschriftenabonnements und Bücherneuzugänge abgesichert werden.[14] Zusätzlich spenden Mitglieder des Freundeskreises jährlich weitere Jahresabonnements.

Das Angebot an Sach- und Spielfilmen kann aufgrund einer Spende der Harzsparkasse – aufgestockt aus dem Finanzbestand des Fördervereins – nun in Multimediawannen präsentiert werden. „Hinter dem hochtrabenden Namen verbergen

9 http://www.diebuchbar.de
10 http://www.diebuchbar.de/buecherflohmarkt/idee.html
11 http://www.diebuchbar.de/buecherflohmarkt/ziel.html
12 http://www.diebuchbar.de/buecherflohmarkt/flyer/flyer8.html
13 https://www.harzsparkasse.de/module/stiftungen/quedlinburg/Foerderungen_2011_Stiftung_KSK_QLB.pdf
14 http://www.kreis-hz.de/de/presseinformationen-2014/neues-aus-der-kreisbibliothek-20007424.html

sich Behälter zum Präsentieren von DVDs und CDs“, erklärte Veronika Kartheuser vom Freundeskreis, der sich als eingetragener Verein vor allem um die Finanzierung der Bibliothek kümmert. „Vor einigen Jahren stand die Existenz der Einrichtung noch auf der Kippe“, erinnerte sie an die Probleme im Zuge der Kreisfusion. Inzwischen habe sich die Bibliothek auch dank der Spenden von vielen Seiten im Bildungshaus etabliert. „Auch neue Zeitschriften gibt es.“[15] Damit wurde eine Voraussetzung zur Erreichung des Gütesiegels „Servicequalität Sachsen-Anhalt“[16] Stufe II erfüllt. Im Oktober 2014 konnte die Leiterin der Kreisbibliothek, Uta Schlemminger, die Plakette des Gütesiegels Stufe II entgegennehmen.[17]

„Das Ende der Kreisbibliothek in Quedlinburg als Einrichtung der Kreisverwaltung wurde am Mittwochabend vom Kreistag des Landkreises Harz einstimmig beschlossen. Die Kreisbibliothek soll zum 1. Januar 2015 in die Kreisvolkshochschule Harz GmbH eingegliedert werden.“ Mitteldeutsche Zeitung, 22.10.2014[18]

Die neue Herausforderung!

2014 sorgte die geplante Umwandlung des Status der selbstständigen Kreisbibliothek als Teil der Kreisvolkshochschule für große Unruhe, zumal viele Aktivitäten ohne Wissen der Mitarbeiterinnen der Kreisbibliothek erfolgten. Der Förderverein sandte einen offenen Brief an den Landrat und Vorsitzenden des Kreistages sowie an den Landesverband Sachsen-Anhalt im Deutschen Bibliotheksverband (dbv) und den Vorsitzenden des Beirates des dbv im Landesverband Sachsen-Anhalt. Es folgten Artikel in der Lokalpresse.

Dennoch beschloss der Kreistag des Landkreises Harz am 20.10.2014 die geplante Umwandlung mit Wirkung ab 1.1.2015.

Kreisbücherei verliert ihre Eigenständigkeit

„Die Einrichtung ist bereits in Quedlinburg mit der Außenstelle der Kreismusikschule und der Kreisvolkshochschule im Bildungshaus „Carl Ritter“ in der Heiligegeiststraße unter einem Dach untergebracht. Ziel sei es, vor Ort weiter ein breitgefächertes, attraktives und qualitativ hochwertiges Bildungsangebot aufrechtzuerhalten, wie Landrat Martin Skiebe (CDU) bereits im Kreisausschuss erklärte. [...] Zuvor stimmten die Abgeordneten auch einstimmig einem Änderungsantrag der SPD-Fraktion zu. Danach wurde der Landrat beauftragt, ein Konzept zu erarbeiten, das die Kreisbibliothek eine kreisliche Funktion tatsächlich erfüllt, indem sie Unterstützung und finanzielle Entlastung für die Städte und Gemeinden des Landkreises mit eigenen Bibliotheken leistet. Ludwig Hoffmann, der für die SPD den Antrag begründete, sprach von einem sinnvollen Integrationsvorhaben. [...] Landrat Skiebe wies Hoffmanns Behauptung zurück, dass die Kreisbücherei bisher nur für die Quedlinburger da war. Es gebe auch Kooperationen mit anderen Bibliotheken. So werden beispielsweise regelmäßig die Buchbestände ausgetauscht. Kleinere haupt- und nebenamtlich geleitete Bibliotheken im Landkreis werden so unterstützt, um ein gleichmäßiges Bildungsangebot für alle Altersklassen und die fachliche Anleitung der Bibliotheken zu garantieren.“[19]

Die neue Situation und die daraus entstehenden Folgen werden in der nächsten Zeit vor allem die Diskussionen und das Handeln des Freundeskreises bestimmen. Schon einmal hatte der Freundeskreis maßgeblich dazu beigetragen, dass es in Quedlinburg

---

15 Gemeinnützige Arbeit in Quedlinburg. Sparkasse unterstützt Vereine. In: Mitteldeutsche Zeitung, Online-Ausgabe vom 6.02.2014. http://www.mz-web.de/quedlinburg/gemeinnuetzige-arbeit-in-quedlinburg-sparkasse-unterstuetzt-vereine,20641064,26107264.html

16 http://wwww.servicequalitaet-sachsen-anhalt.de

17 http://www.lvwa.sachsen-anhalt.de/fileadmin/Bibliothek/Politik_und_Verwaltung/LVWA/LVwA/Dokumente/bildungkultur/501/2014-12-17-LFst-OeB-Newsletter-5-2014.pdf

18 http://www.mz-web.de/quedlinburg/bibliothek-in-quedlinburg-kreisbuecherei-verliert-ihre-eigenstaendigkeit,20641064,28821896.html

19 Ebd.

überhaupt noch eine Öffentliche Bibliothek gibt, von deren Existenz letztlich sowohl andere Büchereien in der Umgebung als auch verschiedene Kultur- und Bildungseinrichtungen aus dem damaligen Landkreis Quedlinburg und nach der Gebietsreform im Landkreis Harz bis heute profitierten.

Die zitierten Internetquellen wurden zuletzt am 18.1.2015 aufgerufen.

Schwerpunkt: Fundraising

Bernhard Haake

Fundraising der besonderen Art

Die „Schmökerstube“ des Freundeskreises der Stadtbibliothek Mülheim an der Ruhr

Freundeskreis der Stadtbibliothek Mülheim an der Ruhr e.V.

Einleitung

Die Stadtbibliothek Mülheim an der Ruhr – mit einer Entwicklungsgeschichte von mehr als 130 Jahren – sah sich im Laufe der 1990er Jahre – wie viele andere kommunale Büchereien – der Gefahr ausgesetzt, in ihrem Qualitätsstandard ausgehöhlt zu werden.[1]

Sparmaßnahmen im öffentlichen Haushalt wirkten sich eklatant auf das Bibliothekswesen aus, zunächst durch drastische Kürzungen der Etats bis hin zu Schließungen von Stadtteil-Bibliotheksstandorten. Diese bundesweite Entwicklung löste damals einen Gründungsboom von Fördervereinen aus.

Engagierte Mülheimer Bürger – unter anderen auch Bibliotheksbeschäftigte – erkannten ebenso die Zeichen der Zeit und gründeten am 30.1.1997 den „Freundeskreis der Stadtbibliothek Mülheim an der Ruhr e. V.“[2] mit der Devise:

„Bürgerinnen und Bürger brauchen ihre Stadtbücherei“
und
„Bürgerinnen und Bürger fördern ihre Bücherei“.

Der Freundeskreis der Stadtbibliothek ist aktuell auf 190 Mitglieder angewachsen. Im Laufe der Jahre hat er sich alle typischen Fördertätigkeiten vergleichbarer Bibliotheksfördervereine erarbeitet und ist in der öffentlichen Wahrnehmung bei Politik, Presse und Bevölkerung etabliert, nicht zuletzt durch ein Bürgerbegehren im Jahr 2000 zur Erhaltung von zwei Stadtteilbibliotheken.

Ein Vorbild aus England ...

Bei allen Aktivitäten spielt natürlich eine herausragende Rolle das so genannte „Fundraising“ – die Geldbeschaffung. In den zurückliegenden mehr als 15 Jahren hat der Freundeskreis über 100 000 Euro einwerben und der Stadtbibliothek für Anschaffungen im Medienbereich zur Verfügung stellen können. Im Jahr 2007 ist dem Freundeskreis eine neuartige Form zur Erschließung von Finanzierungsquellen gelungen.

In wirtschaftlichen Notzeiten sind so genannte „Bücherdörfer“ entstanden, mit wachsendem Erfolg und länderübergreifender Ausbreitung.[3]

1 http://www.muelheim-ruhr.de/cms/stadtbibliothek.html
2 http://www.muelheim-ruhr.de/cms/freundeskreis_der_stadtbuecherei2.html
3 http://www.buecher-wiki.de/index.php/BuecherWiki/Buecherstaedte

Vorbild: Bücherstädte und Bücherdörfer

- 1962 gründete sich in England das erste Bücherdorf in Hay on Wye, in einem Kohlerevier von Süd Wales
- 1984 wanderte diese Idee auf den Kontinent nach Belgien ins Bücherdorf Redu in den Ardennen mit 24 Buchläden und breitete sich
- 1992 nach Holland aus in die Boekenstad Bredevoort (nahe der deutschen Grenze bei Bocholt) mit 21 Antiquariaten
- 1997 wurde das erste Buchdorf in Deutschland gegründet, in Mühlbeck-Friedersdorf in Sachsen-Anhalt mit zwölf Buchläden

In einer Nachbarschaft von Mülheim, in der niederbergischen Stadt Langenberg bei Velbert, machte eines Tages wirtschaftliche Not erfinderisch. Um wachsende Laden-Leerstände zu bekämpfen, wurde versucht, dem vorgenannten Beispiel zu folgen. Es gelang auch, nach und nach sieben gewerbliche wie auch ehrenamtliche Antiquariate anzusiedeln. Heute wirbt das örtliche Marketing mit dem Aushängeschild „Bücherstadt Langenberg“.[4]
Die Berichte über diese Gründungen faszinierten den Vorsitzenden des Freundeskreises, und so wurde eine Geschäftsidee zum gedanklichen Vorbild für Aktivitäten, mit denen auch die Stadtbibliothek gefördert werden konnte.

... zieht Kreise

Die Schmökerstube ist ein Modell-Projekt in der Region, in der außerdem noch Leseförderung für Grundschüler stattfindet.

Die Oberbürgermeisterin von Mülheim war von dieser Vorgehensweise so begeistert, dass sie sich da, wo geschäftliche Leerstände vergeblich auf Gewerbebetriebe warten, entsprechende kulturelle Einrichtungen wünschte, die zur Belebung der Innenstadt beitragen sollten.

Ein gewerbliches Bücher-Antiquariat dafür zu gewinnen, scheiterte an den Kosten für die Ladenmiete. Als Alternative war nun der ehrenamtlich tätige Freundeskreis der Stadtbibliothek gefragt. Im Rahmen eines Stadtfestes mit dem Motto „Ab in die Mitte“ im Herbst 2006 wurde in einem gewerblichen Leerstand für neun Tage ein Versuch gestartet – mit bestem Erfolg. Die Resonanz aus der Bevölkerung war äußerst positiv und beflügelte den Wunsch nach einer ständigen Einrichtung.

Der Freundeskreis schlug deshalb vor, ein Büchercafé auf gewerblicher Basis einzurichten, in dem auch gebrauchte Bücher zum Verkauf angeboten werden können.

Verschiedene Leerstände befanden sich z. B. in einer Geschäftsstraße, in der bereits der Kunsthandel angesiedelt war und ebenso das Mülheimer Kunstmuseum und ein neues Medienhaus – das neue Domizil der Stadtbibliothek – angrenzen.

„Schmökerstube“ – Ehrenamtliches Bücher-Antiquariat

Daraus eines Tages eine Kunst- und Kulturmeile entstehen zu lassen, war ein charmanter Gedanke. Aus der ursprünglichen Idee eines Büchercafés entwickelte sich schließlich ein Gemeinschaftsprojekt zwischen den Partnern „Centrum für bürgerschaftliches Engagement e. V.“[5] und „Freundeskreis der Stadtbibliothek Mülheim

4 http://www.buecherstadt-langenberg.de/
5 http://www.cbe-mh.de/

an der Ruhr e. V.“ mit der Bezeichnung „Schmökerstube – Ehrenamtliches Bücher-Antiquariat“.[6]

Das Centrum für bürgerschaftliches Engagement in Mülheim ist Vermittler von Anbietern und Nachfragern ehrenamtlicher Tätigkeiten. Über die gemeinsame Zielsetzung der Kooperationspartner – mit bürgerschaftlichem Engagement einen Beitrag zur Bildungsarbeit zu leisten – konnte die örtliche „Schauenburg-Stiftung“ für ein Engagement gewonnen werden. So ist es gelungen, für die Ladenmiete der Schmökerstube eine teilweise Kostenträgerschaft zu finden. Dem Vorschlag des Freundeskreises entsprechend konnte die Schmökerstube in einem Leerstand-Ladenlokal mit einer Nutzungsfläche von 60 m^2 eingerichtet werden.

Abb. 1: Werbeflyer für die Mülheimer „Schmökerstube“.

Die Oberbürgermeisterin Dagmar Mühlenfeld eröffnete die Schmökerstube am 25. Mai 2007 unter großer Beteiligung interessierter Mülheimer Bürger.

6 http://www.muelheim-ruhr.de/cms/schmoekerstube.html

Gemeinsames Ziel ist es, mit bürgerschaftlichem Engagement einen Beitrag zur Bildungsarbeit zu leisten.

Die Verkaufserlöse fließen zu 100 % in gemeinnützige Projekte

- Der Freundeskreis unterstützt damit unmittelbar die Stadtbibliothek bei der Anschaffung neuer Medien, die aus ihrem laufenden Etat nicht finanziert werden können.
- Das Centrum für bürgerschaftliches Engagement veranstaltet Aktionen rund ums Thema Buch & Lesen mit dem Schwerpunkt Leseförderung für Kinder einer benachbarten Grundschule mit Freiwilligen des Centrums für bürgerschaftliches Engagement und des Freundeskreises außerhalb der Öffnungszeiten in denselben Räumen.

Wöchentlich stehen in der Schmökerstube insgesamt 27 Freiwillige zur Verfügung, überwiegend Mitglieder des Freundeskreises. Im Jahr 2014 nutzten dieses Angebot über 3 000 Interessenten. Über 200 Bücherspenden (große wie auch kleine) wurden angenommen und verarbeitet.

Bis zur Eröffnung der Schmökerstube verkaufte der Freundeskreis Bücherspenden ausschließlich auf Trödelmärkten und anderen Veranstaltungen verschiedener Art und in unterschiedlichen Stadtteilen und in der Stadtmitte. Mit der Schmökerstube verfügt der Freundeskreis nunmehr über einen festen Standort in einer der Einkaufszonen des Stadtzentrums. Hierdurch ist die Voraussetzung geschaffen, ein viel breiteres Sortiment, auch mit echten antiquarischen Schätzen, in einer angemessenen räumlichen Umgebung anbieten zu können.

Ein farbiges Faltblatt wirbt für das ehrenamtliche Bücher-Antiquariat

„Lesefreudige Erwachsene, Jugendliche und Kinder können gebrauchte, gut erhaltene Bücher aus einem breiten Sortiment zu günstigen Preisen erstehen.
Darüber hinaus haben alle Literaturfreunde Gelegenheit, nach Raritäten Ausschau zu halten, die es im Buchhandel nicht mehr gibt.
Und das alles in einer Schmökerstuben-Atmosphäre, wo man sich Zeit lassen kann, gemütliche Sitzplätze vorfindet und in der Regel auch fündig wird, bisweilen sogar wahre Bücherschätze entdeckt."

Das Team lädt zum ersten Jahrestag am neuen Standort dazu ein, in den Beständen zu schmökern und an einem kleinen Literatur-Quiz teilzunehmen, bei dem nach richtiger Lösung der Fragen ein Bücherpaket mit fünf Taschenbüchern beliebiger Wahl zu gewinnen ist.[7]

Allein die Existenz, aber auch die Ausstattung und die Führung der Schmökerstube werden von vielen Mülheimern und Besuchern aus dem Ruhrgebiet – wie aus dem Gästebuch zu entnehmen ist – außerordentlich geschätzt.

Der Freundeskreis kann im achten Betriebsjahr mit Genugtuung feststellen, dass die Einrichtung „Schmökerstube" sich bestens bewährt hat und als Mosaikstein kultureller Bemühungen in der Stadt Mülheim an der Ruhr eine dauerhafte Existenz verdient.

Darüber hinaus leistet die Schmökerstube mit ihren Erlösen einen wesentlichen Beitrag zu den Fördermitteln, mit denen der Freundeskreis in den letzten Jahren eine Reihe neuer Bibliotheksprojekte finanziert hat, wie z. B. die Einführung der „Onleihe – Digitale Medien rund um die Uhr", ferner „Aktiv im Alter" mit transportablen Medien-Sortimenten für Bewohner in Senioreneinrichtungen zu zwölf inhaltlich verschiedenen Themen sowie zuletzt die Neugestaltung der Jugendabteilung der Zentralbibliothek nach allen Gesichtspunkten moderner Medienpräsentation.

Der Freundeskreis der Stadtbibliothek ist sehr glücklich, eine solche Perle betreiben zu können!

Die zitierten Internetquellen wurden zuletzt am 6.1.2015 aufgerufen.

7 http://www.derwesten.de/staedte/muelheim/schmoekerstube-feiert-geburtstag-mit-buecher-quiz-aimp-id8428391.html#plx1255954894

WAZ

NEWS | LOKALES | POLITIK | SPORT | PANORAMA | WIRTSCHAFT | KULTUR | REISE | AUTO

Stadtauswahl Regionen Bochum Duisburg Dortmund Essen Gelsenkirchen Hagen Iserlohn Obert

Start › Städte › Mülheim › Lokales: Schmökerstube feiert Geburtstag mit Bücher-Quiz

Lokales

Schmökerstube feiert Geburtstag mit Bücher-Quiz

11.09.2013 | 00:22 Uhr

Abb. 2: Feste feiern, wie sie fallen: Presseartikel zum Jahrestag des Umzugs in neue Räume.[8]

8 http://www.derwesten.de/staedte/muelheim/schmoekerstube-feiert-geburtstag-mit-buecher-quiz-aimp-id8428391.html

Roland Mehlmann

Lessons learned in Bad Mergentheim

Erfolgreiche Bücherflohmärkte spülen Geld in die Kasse der Stadtbücherei

Einleitung

Die Urlaubs- und Kurstadt Bad Mergentheim mit ihren ca. 22 500 Einwohnern liegt an der Romanischen Straße im schönen Taubertal. Die Stadtbücherei Bad Mergentheim[1] wird nicht nur von den Bewohnern der Stadt, sondern auch von Lesern aus den umliegenden Kommunen und den Touristen bzw. Kurgästen rege genutzt. Zum Profil der Stadtbücherei gehören zahlreiche Angebote insbesondere zur Leseförderung.

Die Stadtbücherei Bad Mergentheim wird in ihrer Arbeit von den „Büchereifreunden Bad Mergentheim“ unterstützt, einem Zusammenschluss von lesebegeisterten Freiwilligen, die durch ihre tatkräftige Mitwirkung bei Veranstaltungen, durch den mehrmals im Jahr stattfindenden Bücherflohmarkt und durch die Übernahme von Vorlesepatenschaften einen wichtigen Beitrag leisten.

Die Büchereifreunde Bad Mergentheim[2]

Im Jahr 2005 traf sich erstmals eine kleine Gruppe Lesebegeisterter in den Räumen der Stadtbücherei mit dem Ziel der Gründung eines Kreises interessierter Menschen, die die Bücherei in ihrer Arbeit unterstützen wollen und können.

Unter den vielen möglichen Aktionen erschien besonders wichtig, die Tradition der Büchereiflohmärkte wieder aufleben zu lassen. Seit Jahren schon veranstaltete das Team der Stadtbücherei in einem kleinen Nebensaal regelmäßig Flohmärkte, um ausgesonderte und gespendete Bücher zu verkaufen. Doch Sparmaßnahmen auch im Personalbereich hatten schließlich, sehr zum Leidwesen der Bibliotheksbesucher, zum Aussetzen der Flohmärkte geführt, da ihre Durchführung mit großem Arbeitsaufwand verbunden war.

Aller Anfang ist schwer

Zunächst einmal liefen die Flohmärkte wie gewohnt ab. Die Umzugskartons mit aussortierten und gespendeten Büchern wurden in drei Reihen nach Roman, Sachbuch sowie Kinder- und Jugendbuch grob sortiert und auf dem Boden verteilt. Außerdem sollten Spiele und Videos verkauft werden. Nachdem lange Zeit kein Flohmarkt mehr veranstaltet worden war, war ein unglaublicher Ansturm zu verzeichnen. Die Bücher wurden nach einem Schema verkauft, das verschiedene Preisklassen nach Alter, Zustand usw. beinhaltete.

Wie immer, wenn für solche Veranstaltungen noch keine Erfahrungen vorliegen, gab es einige Anlaufschwierigkeiten. So stellten wir schnell fest, dass es für viele Men-

---

1 http://www.bad-mergentheim.de/de/stadtbuecherei/

2 http://buechereifreunde.bad-mergentheim.de/

schen sehr anstrengend war, in Kisten zu wühlen, die auf dem Boden standen. Nach einiger Zeit tat der Rücken weh, und besonders bei älteren Besuchern konnte man feststellen, dass sie gerne noch länger gestöbert hätten, aber dazu nicht mehr in der Lage waren.

Als erste Maßnahme wurde vereinbart, dass bei künftigen Verkäufen die Kisten auf Tische gestellt werden sollten. Zu diesem Zweck nahm die Leitung der Bücherei Kontakt mit der Stadt auf, und fortan wurden die Büchereifreunde beim Aufbau von Männern des Bauhofs unterstützt, die Tische brachten und aufbauten.

Bei den nächsten Flohmärkten war eine deutliche Verbesserung der Situation zu erkennen. Als nächster kleiner Schritt wurden dann die Bücher und andere Medien aus den Umzugskartons geholt und so aufgebaut, dass man sie gut erreichen und besondere Schätze gut präsentieren konnte.

Abb. 1: Großer Ansturm beim Bücherflohmarkt in Bad Mergentheim © J. Hahn.

Der rechte Zeitpunkt

Um eine weitere Verbesserung zu erreichen, wurde festgelegt, dass zukünftig die Büchereiflohmärkte jeweils vor den Oster-, Sommer- und Weihnachtsferien stattfinden sollten. Es sind einerseits die Zeiten, in denen man Geschenke kauft oder sich für den Urlaub mit Lesematerial eindeckt, zum anderen sollten sich die Kunden an einen regelmäßigen Rhythmus gewöhnen. Rückblickend muss man sagen, dass diese Entscheidung richtig war.

Das Konzept hat sich bewährt: Es gibt mittlerweile sehr viele Stammkunden, die bei jedem Flohmarkt dabei sind und sich schon immer auf den nächsten freuen.

Flexible Preise – Handeln erlaubt!

Weiterhin haben wir festgestellt, dass wir von den starren Preislisten abrücken und die Preisgestaltung vereinfachen mussten. Wir einigten uns auf einen Durchschnittspreis von einem Euro pro Medium. Natürlich gab und gibt es immer wieder Bücher, die, meist aus Schenkungen stammend, neu oder relativ neu und zu hochwertig sind, um sie zu billig herzugeben. Im Allgemeinen haben wir so aber eine ungefähre Leitlinie und müssen nicht mehr an der Kasse lange über Preise grübeln, wenn vor uns eine Schlange von Menschen steht, die teilweise 20 bis 30 Bücher kaufen wollen.

Der Umzug

Nach einiger Zeit ergab sich eine neue Chance zur Optimierung. Im selben Gebäude wie die Stadtbücherei befindet sich im Erdgeschoss das Kulturforum. Da dieses nicht das ganze Jahr über belegt ist, wurde die Idee geboren, den Flohmarkt eine Etage tiefer zu veranstalten. Viele Argumente sprachen dafür: barrierefreier Zugang, mehr Platz, bessere Erreichbarkeit und weniger Störungen in der Bücherei während der Flohmärkte. Natürlich gab es nicht nur positive Aspekte: Dutzende von Umzugskartons voller Bücher, Spiele, Regale usw. mussten ein Stockwerk tiefer gebracht werden. Nachdem die Büchereifreunde sich aber sicher waren, auch diese Herausforderung zu meistern, wurde der erste Flohmarkt im Kulturforum gestartet – und wurde zu einem grandiosen Erfolg!

Endlich konnten die Besucher stöbern, ohne sich ständig in die Quere zu kommen. Es gab genügend Platz und Licht und die Verweildauer der begeisterten Kunden erhöhte sich beträchtlich.

Einladung an Schnäppchenjäger

Wie so oft, ergaben sich aus dieser neuen Situation weitere Möglichkeiten. So hatten wir zum ersten Mal Gelegenheit, eine separate Wühlecke einzurichten. Wie erhofft, gab es so manche Besucher, die wie kleine Kinder nach Herzenslust wühlten und auf ein besonderes Schnäppchen hoffen konnten.

Zudem stellten wir an den Eingang und je nach Witterung auch vor dem Eingang einige Kisten mit Büchern auf, die wir nicht verkauften, sondern verschenkten. Überwiegend handelte es sich dabei um Bücher, die wir schon mehrmals zum Verkauf gestellt hatten, die aber nie verkauft wurden. Eine schöne Sache für viele Schnäppchenjäger und eine große Erleichterung für uns, denn alles, was nach dem Flohmarkt übrig geblieben war, musste sonst wieder nach oben in das Lager geschafft werden.

„Nach Büchern suchen bei Kaffee und Kuchen!“

Das i-Tüpfelchen: Sich mit einem Stapel Bücher bei Kaffee und Kuchen an einem schön gedeckten Tisch niederzulassen, zu stöbern und zu überlegen, was man mit nach Hause nehmen möchte!

Als absolutes Highlight wurde dann eine Kaffee- und Kuchenbar eingeführt. Passend zum Motto: „Nach Büchern suchen bei Kaffee und Kuchen!“, das auch so in der Presse publik gemacht worden war, wurde von den Büchereifreunden Kuchen gebacken und zusammen mit Kaffee zum Verkauf gebracht. Um auch hier die Bürokratie nicht ausufern zu lassen, gibt es bis heute keine festen Preise. Jeder gibt, was er mag oder kann und wirft das Geld in eine Spendenkasse. Für viele ist dies das i-Tüpfelchen auf der Jagd nach guten Büchern zu bezahlbaren Preisen: Sich mit einem Stapel Bücher bei Kaffee und Kuchen an einem schön gedeckten Tisch niederzulassen, zu stöbern und zu überlegen, was man schlussendlich mit nach Hause nehmen möchte!

Eingependelt

Mittlerweile haben sich verschiedene Automatismen herauskristallisiert. Es werden jedes Jahr drei Büchereiflohmärkte durchgeführt. Diese finden im Normalfall im Kulturforum statt. Nur falls dieses besetzt ist und sich keine Lücke bietet, wird in den kleinen Nebensaal der Bücherei ausgewichen. Dort gibt es dann allerdings auch keinen Platz für die Kaffee- und Kuchenbar.

Um die Arbeit zu erleichtern, werden die noch nicht ausgepackten Bücherkisten nicht mehr unter die Tische gestellt, sondern in einem separaten Lagerraum abgestellt und bei Bedarf von den Büchereifreunden geholt, um damit Lücken im Angebot aufzufüllen. Wir hatten nämlich die unerfreuliche Erfahrung gemacht, dass die Nachfüllkisten teilweise aufgerissen wurden und die Bücher dann auf dem Boden verstreut lagen.

Als Service haben wir immer etliche Tüten, Taschen oder andere Transportbehälter vorrätig, falls die Kunden mehr Bücher gekauft haben als zunächst beabsichtigt. Durch die freie Preisgestaltung tragen wir denen Rechnung, die für ihr Leben gerne feilschen und ein wenig handeln möchten, und man hat genügend Spielraum, um besondere Preise anzubieten, falls es sich um Schulen oder „Großeinkäufe“ handelt.

Gewinn auf allen Seiten

Schenkungen können auch den Bestand der Bibliothek erweitern!

Für die Bibliothek sind die Flohmärkte ein Gewinn, denn jedes Jahr werden etliche Bücher aussortiert. Im Laufe der Zeit sammelt sich eine Vielzahl von Kisten an, und da der Lagerplatz begrenzt ist, ist jede Kiste, die verkauft wird, ein Gewinn.

Gleichzeitig hat sich in den letzten Jahren aber etwas entwickelt, was man, zumindest in diesem Umfang, nicht erwarten durfte. Immer häufiger wurde von Kunden die Frage gestellt, ob man denn seine alten Bücher auch spenden könne, damit sie dann verkauft würden und Geld in die Kasse der Bücherei brächten. Mittlerweile müssen wir fast schon bremsen, da die Lawine mit Büchern rollt und immer größer wird. Teilweise fahren die Büchereifreunde mit PKWs los und holen Kisten voller Bücher in Bad Mergentheim und Umgebung als Spende ab.

Was besonders erfreulich ist und uns immer wieder überrascht, ist die Zahl der Bücherspenden, bei denen neue oder fast neue Medien, teilweise noch in Folie verschweißt, geschenkt werden und die so aktuell sind, dass sie nicht in den Verkauf kommen, sondern in den Bestand der Bücherei eingegliedert werden. Jedes Jahr werden an die 1 000 Bücher geschenkt, die noch in der Bücherei Verwendung finden. Dabei handelt es sich bei 700 bis 800 Bänden dann um einen Austausch, da die Stadtbücherei wegen des hohen Durchlaufs einen hohen Verschleiß zu verzeichnen hat und verschlissene Bände aus dem Spendenvolumen ersetzen kann. Manchmal dienen die Spenden aber auch der Fortführung einer Reihe, sodass dadurch Geld für andere Medien frei wird.

Dies führt uns auch gleich zum nächsten Punkt: „Money makes the world go round“ oder „pecunia non olet“. Jedes Jahr befinden sich nach den drei Flohmärkten im Schnitt 4 500 Euro in der Kasse der Stadtbücherei, und insgesamt haben die Büchereifreunde seit 2005 ca. 45 000 Euro erwirtschaftet. Mit dieser Summe konnten ca. 3 000 neue Bücher angeschafft werden.

Nebenwirkungen

Ein nicht zu vernachlässigender Effekt der Bücherflohmärkte ist die Kundenbindung. Bei jedem Flohmarkt erscheint eine große Zahl von Stammkunden. Mittlerweile kennt man sich untereinander und macht sich schon Gedanken, wenn am ersten Tag des Flohmarktes ein bekanntes Gesicht fehlt. Es gab und gibt viele nette Begegnungen, besonders, wenn man sich bei Kaffee und Kuchen nett unterhalten kann. Auch für die Büchereifreunde ist es ein schönes Gefühl, wenn man in der Fußgängerzone, beim Bäcker oder an der Tankstelle gefragt wird, wann denn endlich der nächste Flohmarkt stattfinden wird. Es entwickelte sich eine Gemeinschaft zwischen den Kunden und den Mitgliedern des Freundeskreises, man kennt und schätzt sich mittlerweile und kann dann auch bestimmten Stammkunden schon zu Beginn sagen, wo für sie interessante Bücher am besten zu finden sind.

Wenn Leseratten mit anpacken

Seit Herbst letzten Jahres gibt es den ehrenamtlichen Freundeskreis der Stadtbücherei

Von unserem Redaktionsmitglied Timo Lechner

Bad Mergentheim. „Die drei gebe ich Ihnen für sechs Euro, in Ordnung?", fragt Roland Mehlmann die ältere Dame, die beim Bücherflohmarkt in der Bad Mergentheimer Stadtbücherei an diesem Nachmittag die Schlange anführt. Dass Mehlmann sich heute in seiner Freizeit nicht nur als Verkäufer betätigt, sondern die gesamten Kisten und Tische auch aufgebaut hat und später wieder beim Abbauen hilft, ist für den Bad Mergentheimer selbstverständlich. Er ist Mitglied im Freundeskreis der Stadtbücherei.

Treue Leser gefragt

Oberbürgermeister Dr. Lothar Barth hatte Mitte letzten Jahres die Idee, eine Gruppe ins Leben zu rufen, die den Damen in der Stadtbücherei bei den vielen Veranstaltungen zur Hand geht und auch eigene Impulse setzt. „Fragen Sie doch mal die treuesten Leser", riet er Leiterin Hannelore Hochbauer. Gesagt, getan – Briefe gingen an Stammkunden heraus mit der Bitte, sich nach Möglichkeit ehrenamtlich etwas einzubringen. „Die Resonanz war wirklich überwältigend", freut sich Hannelore Hochbauer. Mittlerweile kann sich ihr Team über ein gutes Dutzend Helfer freuen, die bei Flohmärkten oder Lesungen tatkräftig mit anpacken. „Alleine der Auf- und Abbau des Bücherbasars und den Verkauf könnten wir alleine kaum neben dem Tagesgeschäft erledigen", sagt die Leiterin.

Eingespieltes Team

Und ein gutes halbes Jahr nach der „Geburt" des Freundeskreises hat sich auch schon vieles eingespielt. Beim Tag der offenen Tür bringen die einen beispielsweise Kaffee und Kuchen mit, einige Frauen wechseln sich bei den „Leseraupen"-Nachmittagen als Vorleserinnen für Kinder und Jugendliche ab. Mittlerweile wurde sogar für die Kleinsten ein Vorlesenachmittag ins Leben gerufen. Doch auch die höhere Kultur kommt nicht zu kurz. Der ehemalige Deutschlehrer Hartmut Volz hat bereits zwei Nachmittage mit Gesprächen über die alten Klassiker angeboten.

Roland Mehlmann dagegen bringt sich am liebsten ein, indem er mit anpackt. Und das nicht nur beim Bücherflohmarkt, sondern auch in Sachen Werbung. „Wenn man sich mal ein paar Stunden hinstellt und den Büchereibesuchern Hinweiszettel in die Hand drückt, bringt das vielmehr, als wenn man die Zettel nur auslegt", ist der Bad Mergentheimer überzeugt. Eines seiner Ziele ist es, die bereits bestehenden Angebote der Bücherei den Lesern noch näher zu bringen.

Seit vielen Jahren ist Mehlmann passionierter Besucher der Stadtbücherei. „Bevor ich mich in meiner Freizeit zuhause langweile, helfe ich hier lieber mit, wenn Not am Mann ist", sagt Mehlmann. Dass vor allem die Kinder und Jugendlichen mehr lesen, anstatt vor der Glotze zu hocken, liegt ihm dabei am Herzen. „Es geht viel verloren, wenn man nicht liest", ist er überzeugt.

Eigene Impulse

Zusammen mit seinen Kollegen vom Förderkreis trifft sich Roland Mehlmann in unregelmäßigen Abständen, um die nächsten Veranstaltungen zu besprechen und das Drumherum zu organisieren. Noch geht es beim Freundeskreis in erster Linie darum, die Abwicklung bereits vorhandener Termine zu besorgen. „Wir haben aber noch viel vor und werden sicher auch aus den eigenen Reihen Vorschläge einbringen und umsetzen", ist der Bad Mergentheimer überzeugt.

Ein Bücherwurm mit Lust am Ehrenamt: Roland Mehlmann ist Mitglied des Förderkreises der Bad Mergentheimer Stadtbücherei. Bild: Timo Lechner

Abb. 2: Großer Ansturm von Anfang an beim Bücherflohmarkt in Bad Mergentheim.[3]

Aus diesen Flohmärkten sind aber auch noch weitere Aktionen entstanden, die aus sozialen und auch marketingtechnischen Gründen sehr wichtig waren. So wurden einem Alten- und Pflegeheim mehrere Kisten mit Büchern übergeben. Gerade dieses Publikum, das seine Mobilität zu großen Teilen verloren hat, ist sehr dankbar, wenn es Nachschub an Lesematerial gibt – für alle Seiten eine schöne Sache, die auch die Arbeit der Bücherei und der Büchereifreunde noch mehr ins Licht der Öffentlichkeit gerückt hat.

Nachdem wir erfahren hatten, dass in einem Freibad in Althausen, durch den Schwimmbadverein initiiert, ein Regal mit Tauschbüchern steht, haben wir auch dorthin Bücher abgegeben und diese gute Idee unterstützt. Auch hier gab es wieder gute Presse für die eigene Sache.

Schon zu Beginn unserer Arbeit als Büchereifreunde haben wir eine Homepage eingerichtet, um auf unsere Arbeit und die Flohmärkte aufmerksam zu machen. Um dem Ganzen ein einheitliches Bild zu geben, schenkte uns ein renommierter örtlicher Künstler[4] ein Logo, das nun unsere an die Öffentlichkeit gerichteten Aktivitäten unverwechselbar macht. Das neue Logo nutzten wir beim letzten Flohmarkt, um einen

---

3 Fränkische Nachrichten, Ausgabe Bad Mergentheim vom 27.2.2006.

4 Andreas Richert (*1965), Bad Mergentheim, Maler und Bildhauer, http://kunstsupermarkt.de/kuenstler/andreas-richert

Flyer in Form eines Lesezeichens zu kreieren, mit dem wir um neue Unterstützer unserer Idee warben.

Visionen

Die Büchereiflohmärkte werden weiter ein wichtiger Teil der Arbeit der Büchereifreunde bleiben. Dennoch suchen wir ständig nach Verbesserungsmöglichkeiten.

Eine unserer noch nicht umgesetzten Ideen ist der Umzug des Büchereiflohmarkts in leerstehende Gebäude. Sobald in der Innenstadt wieder ein Ladengeschäft frei wird, werden wir alles dran setzen, dort für einige Wochen unsere Bücher verkaufen zu können, bis sich ein neuer Betreiber für das Geschäft findet. Kunden, die während der normalerweise stattfindenden Bücherflohmärkte keine Zeit für einen Besuch haben, könnten so auch mit veränderten Öffnungszeiten gewonnen werden.

Der große Traum der Büchereifreunde Bad Mergentheim wird bestimmt noch eine Weile auf seine Realisierung warten müssen: Wir möchten gern ein Lesecafé in der Bücherei einrichten, in dem man sich bei einem guten Kaffee in ein gutes Buch „verlieren“ kann.

Fazit

Die Büchereiflohmärkte haben sich zu einem Selbstläufer entwickelt. Ein großes Stammpublikum sorgt dafür, dass eine unglaubliche Anzahl an Büchern, CDs, Spielen und anderen Medien verkauft werden kann. Gleichzeitig wächst aber auch die Zahl der Spender, die uns mit teilweise qualitativ und quantitativ außerordentlichen Schenkungen bedenken.

Möglich werden die Flohmärkte in Bad Mergentheim durch die Arbeit der Büchereifreunde, personell wären solche Aktionen allein vom Personal der Stadtbücherei niemals zu gewährleisten. Wir bekommen von dort aber Unterstützung, wo immer wir sie brauchen und soweit es irgend möglich ist.

Wir freuen uns sehr, jedes Jahr dazu beitragen zu können, dass unsere Stadtbücherei ihr erstklassiges Niveau halten kann und dass so viele Besucher glücklich unsere Bücherflohmärkte verlassen, weil sie für kleines Geld großes Lesevergnügen erwerben konnten.

Die zitierten Internetquellen wurden zuletzt am 6.2.2015 aufgerufen.

Carla Feldmann, Ulrike Horn und Veronica Specht

Zum Ersten, zum Zweiten, uuund …

Die Kunstauktion des Fördervereins der Stadtbibliothek Bayreuth

Einleitung

Der „Förderverein der Stadtbibliothek Bayreuth e. V.“[1] wurde im Jahr 2007 von engagierten Bürgern gegründet, die sich für eine Verbesserung der Situation der Stadtbibliothek Bayreuth einsetzen wollten. Damals war die Bibliothek sehr beengt, die Räume waren wenig ansprechend, und die Kinder- und Jugendbibliothek war sogar in einem anderen Gebäude untergebracht. In den Folgejahren haben die Mitglieder des Fördervereins deshalb jede Gelegenheit genutzt, um auf die schwierige Situation der Stadtbibliothek aufmerksam zu machen und die Bevölkerung zu sensibilisieren.

Es ging einen großen Schritt voran, als der Stadtrat am 17.12.2008 beschloss, endlich eine neue Stadtbibliothek einzurichten. Wenig später wurde eine großzügige Gebrauchtimmobilie angekauft und so umgestaltet, dass neben der Bibliothek auch die Volkshochschule der Stadt sowie Teile des Stadtarchivs einziehen konnten.

Diese Entwicklung war nicht nur für die Stadt und ihre Bürger ein wichtiger Impuls, sie motivierte auch den Förderverein, die Bauphase und vor allem den Neubeginn intensiv zu begleiten. Die Mitglieder trafen sich nun häufiger, und bald gab es konkrete Pläne für neue Aktionen, mit denen Spenden und Sponsorengelder eingeworben werden konnten. Im Rahmen dieser Diskussionen tauchte auch erstmals die Idee auf, eine Kunstauktion mit den Arbeiten bekannter regionaler Künstler durchzuführen.

Es begann mit einem Bücherturm

Zunächst wollte der Förderverein allerdings einen Beitrag zur großen Eröffnung der Bibliothek leisten, mit dem auch der Förderverein bekannter gemacht werden sollte. Es sollte ein Zeichen für Engagement und Lesefreude in der Region gesetzt und gleichzeitig sollten neue Förderer gewonnen werden. So entstand die Idee vom stilisierten „Bücherturm“ im Foyer der Bibliothek, bei dem die Spender und Sponsoren auf einzelnen Büchern und Buchrücken „verewigt“ wurden.

Der Bücherturm wurde zur Eröffnung der Bibliothek im Beisein der Presse enthüllt. Natürlich war es zunächst ein hartes Stück Arbeit, die Idee bekannt zu machen und Sponsoren zu überzeugen. Doch der Erfolg gab dem Förderverein recht: Der Bücherturm wächst bis heute. Immer wieder kommen neue Sponsoren hinzu und verleihen dem Foyer der Bibliothek eine heitere Farbigkeit.

1 http://www.pro-bibliothek.org

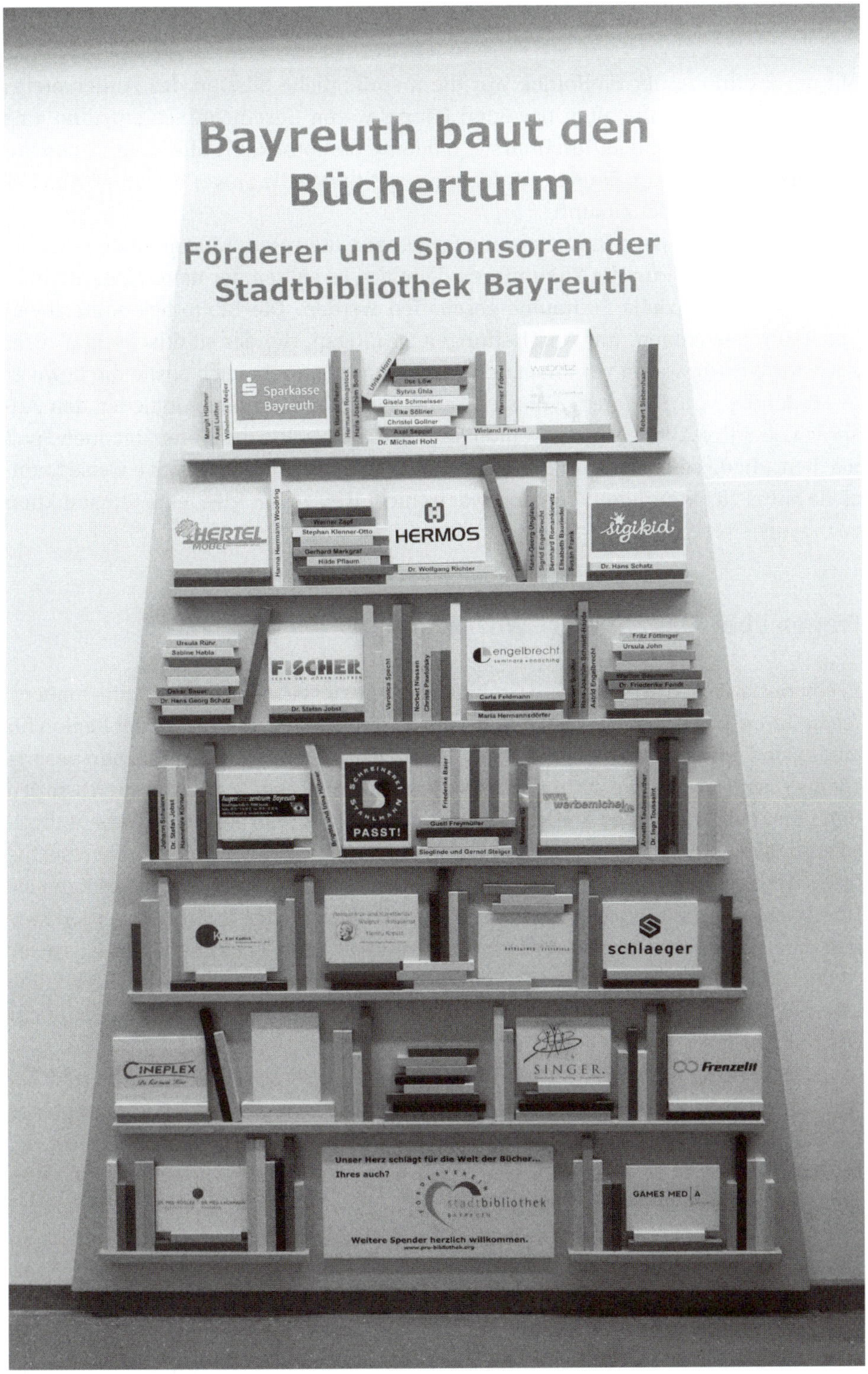

Abb. 1: „Der Bücherturm kann noch wachsen! Die Stadtbibliothek freut sich über Ihre Unterstützung" (Webseite) © Förderverein Stadtbibliothek Bayreuth.

Bayreuth baut den Bücherturm: Gleich im Eingangsbereich der Stadtbibliothek ist die Sponsorentafel zu sehen, deren Gestaltung und Anfertigung der Förderverein der Stadtbibliothek veranlasste. Jeder private Spender ist namentlich auf den „Buchrücken", jede Firma mit ihrem Logo vertreten.

Die Erfahrungen und Erkenntnisse, die bei diesem Projekt gesammelt werden konnten, kamen dem Förderverein im August 2011 zugute, als mit der konkreten Planung für die Kunstauktion begonnen wurde. Im nachfolgenden Erfahrungsbericht soll von dieser Planung und der Durchführung der Aktion berichtet werden.

Kreativ sollte es sein ...

Mit der Eröffnung der Bibliothek war die ursprüngliche Mission des Fördervereins erst einmal erfüllt. Die alten beengten Räume waren Geschichte. Es entstand eine großzügig gestaltete, lichtdurchflutete, moderne Bibliothek, die alle Zielgruppen unter einem Dach vereint. Für den Förderverein stellte sich die Frage: Was nun? Welches sind die Aufgaben der Zukunft?

In einem intensiven Brainstorming, gewissermaßen einer Klausursitzung, wurde das Aufgabenprofil für die Zukunft neu definiert. Es sollten der neuen „Stadtbibliothek RW21" finanzielle Freiräume geschaffen werden. Die Bibliothek sollte damit Spielraum bekommen, um Anschaffungen zu tätigen, die der städtische Etat nicht abdeckt. Wichtig waren vor allem der Kinder- und Jugendbereich sowie die bewusste Förderung von Senioren. Für sich selbst hatten die Vereinsmitglieder den Anspruch, kreative Aktionen zu gestalten, und natürlich sollte das Ehrenamt auch Spaß machen. Mit dieser Zielsetzung war der Auftrag klar: Es galt, auf kreative Weise finanzielle Mittel zu akquirieren. Von dort war es nicht weit zu der Idee, eine Kunstauktion zu organisieren.

Fragen über Fragen: Wer? Wo? Wann? ...

In einem ersten Schritt wurde ein Grobkonzept entwickelt, ferner wurde eine umfangreiche To-do-Liste erarbeitet. Es ging los mit der Frage, welche Künstler der Region für eine solche Auktion zu begeistern seien. Es gab mehr als 50 Künstler, die man ansprechen wollte. Das war die erste große Herausforderung! Die Zuständigkeiten wurden unter den Mitgliedern des Fördervereins verteilt, wobei teils auf persönliche und geschäftliche Kontakte zurückgegriffen werden konnte. In den nächsten Wochen suchte jedes Mitglied mehrere Künstler auf, führte viele Gespräche und leistete erfolgreiche Überzeugungsarbeit. Am Ende hatten 35 Künstler für die Idee begeistert werden können. Allerdings gab es auch Gegenwind, der verunsicherte. Ein Künstler kritisierte die Aktion grundsätzlich: Man schade der Kunst, wenn man sie – selbst für einen guten Zweck – einfach verschenke. So etwas verderbe die Wertschätzung der Kunst in der Öffentlichkeit.

Diese Kritik nahm sich der Förderverein sehr zu Herzen. Es wurde hin und her diskutiert: Ob man den teils hochkarätigen Künstlern gerecht werden könne; ob das Echo in der Bevölkerung groß genug sein würde; ob das Projekt zu umfangreich sei; ob man überhaupt professionell genug präsentieren könne; wer die Auktion denn sachgerecht leiten könne usw.

Am Ende siegte die Überzeugung: Mit der Auktion wird die Kunst den Bürgern nähergebracht! Die bewusste Wahrnehmung der regionalen Künstler und die Anerkennung für deren Leistung würde damit gewürdigt, vorausgesetzt, die Aktion sei professionell gemacht und die Künstler stellten attraktive Arbeiten zur Verfügung. Man war sich einig, das Risiko eingehen zu wollen und alles zu tun, um der Öffentlichkeit die Freude an der Kunst und den Sinn für Qualität zu vermitteln.

Abb. 2: Der Büchernarr. Skulptur von Margit Hühner, gespendet für die Kunstauktion © Förderverein Stadtbibliothek Bayreuth.[2]

So wurde mit der Suche nach einem geeigneten Auktionator begonnen. Nach langen Vorgesprächen mit dem Auktionshaus Bolz in Bayreuth fand sich ein erfahrener Partner, der bereit war, die Objekte und die Bilder im Auftrag des Fördervereins zu versteigern. Die Frage nach den Räumlichkeiten gestaltete sich zunächst schwierig. Die Exponate sollten im Vorfeld der Auktion ausgestellt werden, doch dazu wurden Platz und gutes Licht benötigt. Der Bibliotheksleiter ermöglichte schließlich die Präsentation im lichtdurchfluteten Foyer der Bibliothek.

Bis dahin gab es einige rein organisatorische Hürden zu nehmen, denn es erwies sich als schwierig, die Anforderungen, Wünsche und Vorstellungen der verschiedenen Mitwirkenden auf einen Nenner zu bringen. Der Knoten löste sich schlussendlich, als der konkrete Termin feststand. Die Kunstauktion des Fördervereins sollte am 8.12.2012 stattfinden, sodass zu hoffen war, dass der eine oder andere Besucher der Auktion ein Weihnachtsgeschenk ersteigern würde.

---

2 http://www.pro-bibliothek.org/foerderverein_stadtbibliothek_bayreuth/Auktion/objekte.htm

Schritt für Schritt zur Kunstauktion

Schritt 1: Beschaffung und Lagerung

- Die Werke der 35 Künstler mussten in fast allen Fällen frühzeitig abgeholt und zwischengelagert werden.
- Die Arbeiten hatten sehr unterschiedliche Formate: Vom filigranen Drahtobjekt über XXL Bilder bis zu Miniaturen war alles geboten, und wir mussten sehr vorsichtig und umsichtig damit umgehen.
- Da es sich teils um wertvolle Objekte handelte, war man sich der großen Verantwortung durchaus bewusst und suchte nach einem sicheren Ort zur Aufbewahrung. Die zweite Vorsitzende stellte ohne Zögern ihr Haus bzw. den gut gelüfteten und warmen Keller zur Verfügung, um die Arbeiten bis zur Auktion zu lagern.

Schritt 2: Fotografieren, katalogisieren und beschriften

- Mit dem Lagern war es nicht getan, denn die Werke mussten für die Homepage und den Flyer fotografiert werden. Auch in dieser Frage konnte der Verein auf das Know-how und Engagement seiner Vorstandsmitglieder und Mithelfer zählen. An einem sonnigen Nachmittag wurde ein großangelegtes Fotoshooting organisiert: Zwei Helfer hielten die Objekte, einer führte Regie und einer schoss die Fotos.
- Anschließend folgten viele Stunden am Computer, um die fotografierten Arbeiten zu listen, zu katalogisieren und zu beschriften.

Kunstauktion des Fördervereins der Stadtbibliothek Bayreuth

13. November 2012 von Redaktion | Keine Kommentare

Der Förderverein der Stadtbibliothek veranstaltet vom 20. bis 30. November in der Galerie des RW21 eine Kunstauktion. 23 namhafte und bekannte Künstler aus Bayreuth Stadt und Land stellen 34 Objekte und Bilder hierfür bereit und spenden die Erlöse ohne Abzug der Stadtbibliothek, sodass besondere Projekte umgesetzt werden können. Vorab sind die Bilder nicht nur real im RW21 zu betrachten, sondern auch online auf den Seiten des Fördervereins unter www.pro-bibliothek.org. Hier können potentielle Interessenten "blättern" und sehen, wer alles an der Aktion teilnimmt. Durchgeführt wird die Auktion – ebenfalls unentgeltlich – vom Auktionshaus Boltz.

Abb. 3: Beleg für erfolgreiche Pressearbeit: Die Kunstauktion im Neuen Wiesentboten © faktor i internet service.[3]

Schritt 3: Pressearbeit und Werbung

- Schon seit Jahren war der Kontakt zu lokalen Anzeigenblättern gepflegt worden, und auch die Lokalpresse hatte immer wieder über die Aktionen des Fördervereins informiert. Das Projekt wurde insbesondere von einer Sonntagszeitung begleitet, die in unregelmäßigen Abständen über den Stand der Dinge berichtete.
- In Sachen Werbung wurde vor allem auf die Gestaltung der Homepage gesetzt. Dankenswerterweise hatte eine Web-Designerin die Aufgabe übernommen, die Objekte online ins rechte Licht

---

3 http://www.wiesentbote.de/2012/11/13/kunstauktion-des-foerdervereins-der-stadtbibliothek-bayreuth/

zu rücken. Ehrenamtlich gestaltete sie animierte und interaktive Sonderseiten zur Auktion auf der Homepage. Hier wurden alle Werke präsentiert; jeder Künstler wurde gewürdigt und mit einem Link zu seiner Homepage beworben. Am 13.10.2012 konnte die Seite online freigeschaltet werden.[4]

- Auf diese Weise war es der Schriftführerin möglich, mit wenigen Mausklicks alle Mitglieder auf die geplante Auktion hinzuweisen. Natürlich wurden die Mitglieder auch gebeten, den Link an Freunde und Bekannte weiterzuleiten.
- Als Massen-Werbemittel für die Kunstauktion wurden ein Flyer und ein passendes Plakat entworfen und gedruckt, die es anschließend zu verteilen bzw. aufzuhängen galt. Hier kamen dem Verein die Bayreuther Geschäftsleute sehr entgegen, niemand wurde abgewiesen. Im Gegenteil, die kreative Gestaltung und das außergewöhnliche Format wurden von allen gelobt.

Abb. 4: Werbung ist wichtig: Flyer zur Kunstauktion © Förderverein Stadtbibliothek Bayreuth.

4 Kunstauktion. http://www.pro-bibliothek.org/foerderverein_stadtbibliothek_bayreuth/kunstauktion.htm, http://www.pro-bibliothek.org/foerderverein_stadtbibliothek_bayreuth/Auktion/objekte.htm

Der Countdown läuft

Drei Wochen bis zur Auktion

Drei Wochen vor der Auktion wurden die Objekte in der Bibliothek ausgestellt. Das erwies sich als sehr schwierig, da die Exponate in Form und Format so unterschiedlich waren. Es gab „fliegende Fische“ zum Aufhängen, kleine Skulpturen, für die Sockel angefertigt werden mussten, riesige Wandbilder und winzige Miniaturen. Da war es sehr hilfreich, dass sich zwei Künstler aus dem Bayreuther Kunstverein bereit erklärten, bei der Installation der Objekte zu beraten, und auch tatkräftig mit anfassten. Sie sorgten mit ihrem Sachverstand dafür, dass die Arbeiten schon einige Wochen vor der Auktion in den Räumen der Bibliothek professionell präsentiert wurden. So konnten sich die Bürger beim Bibliotheksbesuch ein Bild von den zur Auktion stehenden Kunstwerken machen und eine persönliche Vorauswahl treffen.

Einen Tag vor der Auktion

Einen Tag vor der Auktion wurden alle Exponate mit vereinten Kräften in den zum Auktionsraum umgestalteten Multifunktionsraum, die sog. Blackbox, geschleppt und dort in alphabetischer Reihenfolge für die Auktion sortiert und aufgestellt, bereit zum Aufruf.

Der Tag der Auktion

Der große Tag brach an. Die Hektik griff um sich: Blumen für die Auktionatorin besorgen, Stühle stellen, Wechselgeld besorgen, Sitzordnung für Protokollant und Kassierer festlegen, „Nummerngirl“ einweisen, Gäste empfangen und Bieternummern verteilen.

Doch dann übertraf die Veranstaltung die kühnsten Erwartungen. Es kamen nahezu 40 Bieter, die ernsthaft an den Arbeiten interessiert waren. Besonders erfreulich war das Mitbieten eines Geschwisterpärchens, das gerade acht und neun Jahre alt war und für die Großeltern ein Weihnachtsgeschenk ersteigerte.

Es ging buchstäblich Schlag auf Schlag, und 21 von 38 Exponaten wurden verkauft! Einige Künstler waren anwesend und übergaben die Werke persönlich. Die Freude über den Erfolg war auf allen Seiten riesig, und die Zufriedenheit war groß. Die Künstler sahen sich durch die hohe Resonanz in ihrem Engagement bestätigt und in ihrer künstlerischen Arbeit gewürdigt. Die Bibliotheksleitung freute sich über rund 3 500 Euro Erlös. Und die Mitglieder des Fördervereins waren erleichtert und auch ein bisschen stolz auf die gelungene Aktion. Das Lob der Auktionatorin, die ihnen ein glänzendes Ergebnis bescheinigte, tat ebenfalls gut.

Nach der Auktion

Tags darauf war das große Aufräumen angesagt. Die nicht versteigerten Kunstwerke wurden eingesammelt und im Laufe der folgenden Wochen zu den Künstlern zurückgebracht. In einem Dankschreiben wurde allen Beteiligten offiziell das Auktionsergebnis mitgeteilt und die Gesamtaktion abgerundet: 21 verkaufte Objekte und 3 500 Euro Reinerlös von Bayreuther Künstlern für die Kinder- und Jugendabteilung der Stadtbibliothek RW21.

Die regionale Presse hatte die Aktion im Vorfeld gut begleitet und angekündigt. Zur Auktion selbst gab es leider keinen Bericht, aber mit der offiziellen Scheckübergabe wurde die Auktion schließlich doch noch in der Presse gewürdigt.

Abb. 5: Stolz: Die Scheckübergabe © Förderverein Stadtbibliothek Bayreuth.

Fazit des Fördervereins

Beim Schreiben dieses Artikels wurde uns noch einmal der hohe zeitliche und organisatorische Aufwand des Projekts bewusst. Was hatten wir nicht alles bedenken, überlegen, planen, vorbereiten, nachfragen, telefonieren, rennen und improvisieren müssen!

Aber wir sind uns alle einig, dass es die Sache wert war! Wir hatten viel Spaß miteinander, haben viele Krisen gemeinsam gemeistert und einander besser kennengelernt. Wir wissen nun, was wir leisten können und dass aufeinander Verlass ist ... Das ist ein gutes und motivierendes Gefühl!

In einer Stadt wie Bayreuth, die nur 70 000 Einwohner hat, können wir diese Aktion leider so schnell nicht wiederholen, da das der Kunstmarkt einfach nicht hergibt. Und doch werden uns die wertvollen Erfahrungen, die wir bei der Kunstauktion gewonnen haben, auf jeden Fall bei neuen Herausforderungen von Nutzen sein. In diesem Sinne: Es gibt nichts Gutes, außer man tut es!

Die zitierten Internetquellen wurden zuletzt am 6.2.2015 aufgerufen.

BUCH SPENDEN KANN LESEN RETTEN

Brigitte Schäfers

„Buch spenden kann Lesen retten“[1]

Eine Initiative der Mediothek Krefeld

Einleitung

Die Ausgangslage: Die Stadtbücherei Krefeld wurde in einem Neubau 2008 als Mediothek Krefeld[2] wieder eröffnet und hatte damals einen Bestand von ca. 300 000 Medien. Um diesen Bestand zu halten, müssten jährlich ca. 10 % der Medien erneuert werden. Die Stadt Krefeld befindet sich allerdings zurzeit im Nothaushalt und hat den Anschaffungsetat der Mediothek drastisch zurückgefahren. Alle Ausgaben müssen nach § 82 der Gemeindeordnung[3] einer strengen Prüfung unterzogen werden. Die Folge: Der Medienbestand sinkt, Neuanschaffungen bleiben aus und damit auch die Leser ...

Die Kampagne: Krefelder Unternehmen sollen gewonnen werden für Spenden; Plakataktionen mit Persönlichkeiten aus der Krefelder Wirtschaft und Kultur machen die Krefelder Bürger aufmerksam und ermuntern zum Buchspenden.

Die Initiatoren: Die Kommunikations- und Werbeagenturen „Lohmann and Friends“[4] aus Krefeld und „Gute Botschaften.sgp“[5] aus Remscheid haben das Konzept für die Kampagne entwickelt und ihren Einsatz und Aufwand unentgeltlich der Mediothek und dem Verein der Freunde und Förderer zur Verfügung gestellt.

Die Ausgangslage

Als 2008 die neue Mediothek in Krefeld nach zweijähriger Bauzeit eröffnet wurde, hatte der „Verein der Freunde und Förderer der Stadtbücherei Krefeld“ eigentlich seinen Zweck erfüllt. Gegründet wurde der Verein 1989 zu dem Zweck, in der Öffentlichkeit und den politischen Gremien der Stadt Krefeld für den Umbau oder Neubau der Stadtbücherei zu werben und ihn mit Nachdruck voranzubringen.

Zu diesem Zeitpunkt war die alte Stadtbücherei längst zu klein geworden, nicht nur für den immer größer werdenden Buch- und Medienbestand, sondern auch für die immer schneller wachsenden Besucherzahlen, von inzwischen aufgetretenen Bauschäden ganz zu schweigen.

Zu den Gründungsmitgliedern gehörten nicht nur Lehrer und Buchhändler, auch waren Politiker aller im Stadtrat vertretenen Parteien von Anfang an Mitglieder des Vereins. Es gab hier tatsächlich einmal einen großen Konsens über alle Parteigrenzen hinweg. Ein Jahr später hatte der Verein 39 Mitglieder, der Jahresbeitrag betrug 25 DM, und die Kasse wies ein Guthaben von 3 000 DM aus.

---

1 http://www.lesen-retten.de/

2 http://www.mediothek-krefeld.de/

3 https://www.krefeld.de/C12574F7004F6A8A/files/Gemeindeordnung_NRW.pdf/$file/Gemeindeordnung_NRW.pdf

4 http://lafonline.de/

5 http://sgp-services.de/

2008 wurde der Verein umbenannt in „Freunde und Förderer der Mediothek Krefeld e. V."[6] und konnte sich für kurze Zeit darauf beschränken, seiner satzungsgemäßen Bestimmung gerecht zu werden: der „Förderung der Mediothek Krefeld und deren Verankerung im Bewusstsein der Bevölkerung", indem man all die kleinen und größeren Anschaffungen finanzierte, die der Etat nicht hergab, die aber die Mediothek für die Nutzer erst so richtig interessant machen.

Doch schon bald nach der Eröffnung des neuen Hauses wurde der Anschaffungsetat gekürzt und seitdem alljährlich weiter zurückgefahren. Jetzt ist die Stadt Krefeld im Nothaushalt, und es ist damit fast unmöglich geworden, auch das wenige Geld, das der Etat noch zur Verfügung stellt, tatsächlich auch auszugeben, denn die juristischen Folgen des § 82 der Gemeindeordnung NRW sind für die Kostenstellenverantwortlichen kaum überschaubar.

§ 82 Vorläufige Haushaltsführung
(1) Ist die Haushaltssatzung bei Beginn des Haushaltsjahres noch nicht bekannt gemacht, so darf die Gemeinde ausschließlich ... Aufwendungen entstehen lassen und Auszahlungen leisten, zu denen sie rechtlich verpflichtet ist oder die für die Weiterführung notwendiger Aufgaben unaufschiebbar sind; ... (Auszug)

Der Verein fördert heute auch das Kerngeschäft der Öffentlichen Bibliotheken, nämlich neue Bücher und Medien zur Ausleihe zur Verfügung zu stellen. Dass wir genau das im Moment so erfolgreich tun können, ist allerdings nicht unser Verdienst – jedenfalls nicht allein, sondern vor allem der großartigen Kampagne „Buch spenden kann Lesen retten" der Agentur „Lohmann and Friends" und „Peter Lengwenings"[7] in Krefeld sowie der Agentur „Gute Botschaften.sgp" in Remscheid zu verdanken.

Ihnen ist es gelungen, nicht nur namhafte Sponsoren zu gewinnen, sondern auch Krefelder Bürger von der Richtigkeit und Wichtigkeit des Projekts zu überzeugen.

Die Kampagne

Aus der Einladung zur Pressekonferenz

„Die Mediothek in Krefeld zählt zu einer der modernsten Einrichtungen ihrer Art in Deutschland. Im Jahr 2008 eröffnet, konnte die Mediothek 2013 rund 270 000 Besucher empfangen. Die derzeit 14 570 eingetragenen Kunden haben Zugriff auf 198 093 aktuellste Print- und Digitalmedien (151 757 Bücher & Printmedien – 37 957 Non-Book-Medien – 8 379 virtuelle Medien). Durch Umfragen ist belegt, dass mit jedem aktiven Ausweis im Schnitt 2,5 Personen verknüpft sind. Hieraus ergeben sich rund 36 000 aktive Nutzer der Mediothek, was wiederum rund 17 % der Krefelder Bevölkerung entspricht. Jährlich müssen 10 % der Medien aufgrund von Verschleiß oder Veraltung ausgetauscht werden. Zusätzlich müssen gerade im Digitalbereich kontinuierlich neue Medien angeschafft werden. Ohne die externe Unterstützung durch Bürger und Unternehmer ist kurzfristig mit Problemen bei der Attraktivität des Angebotes zu rechnen."[8]

Mit diesem Text wurden am 28.3.2014 die Krefelder Lokalmedien – Zeitungen und Lokalradio – zu einer Pressekonferenz über die Kampagne eingeladen.

Am Tag zuvor allerdings gab es in der Stadt schon Besuch von den „Roten Männern". Sie waren in rote Ganzkörperanzüge gekleidet und hielten Mappen mit der Aufschrift „Lesen Retten" in den Händen. Damit tauchten sie an ausgesuchten Orten der Krefelder Innenstadt auf und erregten Aufmerksamkeit schon vor der eigentlichen Pressekonferenz.

6 https://www.krefeld.de/de/mediothek/foerderverein-der-mediothek/
7 http://www.artenreich-pele.de
8 Material der Initiatoren zur Pressekonferenz am 28.3.2014.

Abb. 1: „Rote Männer" im Stadtbild sorgen für Aufmerksamkeit © Mediothek Krefeld.

Zu diesem Zeitpunkt waren einige der Kampagnenfotos bereits produziert und Sponsorenverträge zwar noch nicht unterschrieben, aber schon unterschriftsreif formuliert.

Es gilt, eine Win-Win-Situation zwischen der Mediothek und den Werbepartnern herzustellen.

Auszug aus dem Sponsoringvertrag

Im Rahmen einer Gold-Patenschaft des Projektes „Buch spenden kann Lesen retten" erhält der Werbepartner folgende Werbemöglichkeiten:

- Präsenz auf der Eingangstafel der Mediothek
- Individuelle Motivgestaltung im Rahmen des Kampagnenkonzeptes
- Fotoshooting in der Mediothek (nach Terminvereinbarung)
- Adaption auf Anzeigen und Plakate
- Schaltung in der WZ / Westdeutsche Zeitung (Füllanzeigen werden vom Medienpartner zur Verfügung gestellt, sind jedoch nicht terminier- und individuell platzierbar)
- Präsenz auf der Aktions-Homepage http://www.lesen-retten.de
- Präsenz auf der Aktions-Facebook-Seite inklusive Posts zum Engagement des Unternehmens
- gerahmte, hochwertige Urkunde
- PR-Begleitung/Fototermin bei der Übergabe etc.
- Ideenentwicklung für eine Aktion im Rahmen des Aktions-Engagements. Diese wird individuell auf die Kommunikationsstrategie des jeweiligen Gold-Partners zugeschnitten
- Aufkleber Aktionslogo für Außeneinsatz (maximal 200 Stück)
- Platzierung Partner-Logo auf der Rückseite des Buchspendeausweises

Die Verträge sind zwar standardisiert, die Motivgestaltung der Fotos ist allerdings individuell auf die Vertragspartner zugeschnitten. Das erste Plakat zeigt den Vorstandssprecher der SWK Stadtwerke Krefeld AG Carsten Liedtke: „Carsten spendet Spannung". Es zeigt Liedtke in der Mediothek bei der symbolischen Übergabe von elektrischer Energie mit einer Besucherin der Mediothek.

Zu den Gold-Paten (besonders großzügige Sponsoren, die auch besondere Werbeleistungen erhalten) der ersten Stunde zählt auch der Geschäftsführer des Autohauses Borgmann, Hermann Borgmann.[9] Das Plakat mit seinem Foto zeigt ihn bei der Übergabe von „bewegenden“ Büchern.

Abb. 2: Plakat der SWK Stadtwerke Krefeld AG.

Abb. 3: Plakat des Autohauses Hermann Borgmann.

Des Weiteren konnten als Sponsoren gewonnen werden: der Geschäftsführer eines Baustoffhandels: „Theo spendet Abenteuerliches“, ein Krefelder Kabarettist: „Volker spendet Bissiges“, eine Krefelder Brauerei: „Frank spendet Originale“ und die Sparkasse Krefeld: „Birgit spendet Erbauliches“.

Abb. 4: Plakat des Kabarettisten Volker Diefes.

Abb. 5: Plakat der Sparkasse Krefeld.

9 https://www.borgmann-krefeld.de

Die Kampagne verfolgt ein doppeltes Ziel
Zum einen soll sie Unternehmen ansprechen, sich sowohl monetär als auch als Multiplikator für das Projekt „Buch spenden kann Lesen retten“ zu engagieren. Zum anderen sollen alle Bürger dazu animiert werden, ihre kürzlich gelesenen Bücher der Mediothek zu überlassen, anstatt diese ins heimische Regal zu stellen.

Den Unternehmen wird ein umfangreiches und ihren jeweils eigenen Kommunikationsstrategien angepasstes Portfolio an werblichen Maßnahmen als Gegenleistung angeboten. So können diese ihr Image als lokal engagierte Unternehmen stärken und weiter ausbauen. Individualisierte Events sind nur ein Beispiel von möglichen Aktionen.

Für Unternehmen ist es eine Notwendigkeit, so früh wie möglich Bildung und Ausbildung zu ermöglichen und zu fördern, um den sich abzeichnenden Fachkräftemangel zu mildern. Lesen fördert die emotionale Intelligenz und lösungsorientiertes Denken – insofern haben auch die Unternehmen ein Interesse an der Bildung des Nachwuchses.

Die sprachliche Nähe der Aktion zum lebenswichtigen Projekt „Blut spenden“ ist bewusst gewählt, um die Wichtigkeit der Thematik nicht nur für die Mediothek Krefeld zu unterstreichen. Nicht lesen können oder nichts lesen können, ist gleichbedeutend mit einem Ausschluss aus dem sozialen Leben.

Durch die Gewinnung weiterer Sponsoren und Medienpartner kann auch der Förderverein sukzessive eine höhere Präsenz in der öffentlichen Wahrnehmung erreichen und über die Möglichkeiten von Spenden informieren.[10]

Weitere Sponsoringverträge stehen vor dem Abschluss. Nach heutigem Stand hat die Kampagne mit mehreren tausend Titeln zur Bestandsergänzung beigetragen. Dazu kommen Mehrfachstücke, die als Ersatz für verbrauchte Exemplare gelagert werden sowie eine Fülle von Büchern, die als Flohmarktstücke verwertet werden können.

Da in erster Linie belletristische Titel gespendet werden und brauchbare Sachliteratur so gut wie gar nicht auftauchte, ist die Unterstützung durch die Krefelder Buchhandlungen mit einem Auswahlangebot in den jeweiligen Läden überaus wertvoll.

Die Akzeptanz der Aktion ist spürbar, die Resonanz noch nicht abschließend messbar, aber mit der geplanten Laufzeit der Kampagne (mindestens ein Jahr lang) wird Langlebigkeit angestrebt. Im Mai 2014 wurden Radiospots[11] von der „Welle Niederrhein“ ausgestrahlt, die über die Erstellungskosten hinaus kostenfrei waren. Im Haus ist die Errichtung eines „Wunschbaums“ geplant, an den die Lektoren der Mediothek Buchwünsche hängen können. Begleitet wird die Kampagne außerdem von der Facebook-Seite „Red man reading – Lesen retten“.[12]

Eine Plakatserie für den Stadtraum produziert ein Fotograf im Auftrag der beiden ehrenamtlich engagierten Werbeagenturen „Lohmann and Friends“ sowie „Gute Botschaften.sgp“. An 100 Hängestellen werden Citylight-Poster mit unterschiedlichen Personenmotiven im Stadtbild auftauchen, die über die Anbringungskosten in Höhe von 10 Euro pro Plakat hinaus keine Mietkosten verursachen werden. Darüber hinaus sind im Zusammenhang mit der Kampagne auf dem Konto des Fördervereins private Geldspenden zwischen 200 und 500 Euro eingegangen.

---

10 Kampagnenbeschreibung der Initiatoren.
11 https://www.youtube.com/watch?v=Oyd8AQTZvio
12 https://www.facebook.com/readingredman?fref=ts

Für abgegebene Sachspenden in der Mediothek erhalten die Spender wahlweise einen Gutschein für einen Kasten alkoholfreies Weizenbier, den die Brauerei Königshof spendet, oder einen Stempel im „Buchspendeausweis" – für 10 Stempel stellen die Freunde und Förderer ein Geschenk aus dem Vereinsshop zur Verfügung. Laut Auskunft der Brauerei wurden bislang 50 Kästen des alkoholfreien Weizenbiers abgeholt.

Die Initiatoren

Das alles wäre nicht möglich gewesen, wenn die Initiatoren dieser Kampagne ihre Ideen und ihre Arbeitskraft nicht völlig unentgeltlich zur Verfügung gestellt hätten. Deshalb sollen die beteiligten Agenturen hier vorgestellt werden.

Die Kommunikations- und Werbeagenturen „Lohmann and Friends", Krefeld, und „Gute Botschaften.sgp", Remscheid, entwickelten in enger Kooperation für Unternehmen, Institutionen und Marken kreative und effektive Kommunikationskonzepte. Beide Partner verbindet die Begeisterung für gute Ideen und intelligente, nachhaltige Kommunikation. Sie holen sich viele Anregungen, Denkanstöße und Bilder aus erlebten und erzählten Geschichten, aus dem Alltag und aus den Büchern der Mediothek. Hier sind Erlebnisse und Erfahrungen von kreativen Autoren gespeichert, wunderbare Ideen zu Papier gebracht und phantastische Geschichten in Wort und Bild gefasst.

Dies nutzen zu können und daran mitzuwirken, dass diese einmalige Einrichtung mit ihrem attraktiven Angebot auch für kommende Generationen erhalten bleibt, hat sie dazu bewogen, dort zu helfen, wo es sinnvoll ist. Unterstützt wurden sie dabei von „Peter Lengwenings", Krefeld.

Die zitierten Internetquellen wurden zuletzt am 6.2.2015 aufgerufen.

Christine Hauke

Ein Mini-Shop in der Stadtbücherei Schelklingen oder Hürdenlauf einer Erfolgsgeschichte

Einleitung

Die Stadt Schelklingen ist eine kleine Gemeinde mit knapp 6 700 Einwohnern (Stand 2014), verteilt auf acht Stadtteile. Die Stadtbücherei Schelklingen[1] ist im mehr als 500 Jahre alten historischen ehemaligen Rathaus untergebracht, einem Gebäude in der Stadtmitte gelegen, das mit erheblichen Zuschüssen aus Sonderprogrammen der Öffentlichen Hand renoviert wurde.

Als gemeinnütziger Verein hat der Förderverein die Möglichkeit, Fördergelder zu beantragen und Spendenbescheinigungen auszustellen.

Schon bei der Eröffnung im Dezember 1996 und auch in den Folgejahren war die Finanzsituation nicht optimal, aber noch ausreichend, um die Bücherei mit genügend Mitteln auszustatten. In den nachfolgenden Jahren verschlechterte sich die finanzielle Lage u. a. durch wegfallende Gewerbesteuereinnahmen immer weiter und gipfelte im Frühjahr 2009 sogar in einer Haushaltssperre. Nach dem ersten Schock wurde schnell klar, dass die Bücherei mit den bisherigen Maßnahmen finanziell nicht mehr ausreichend ausgestattet werden konnte.

Bereits im Jahr 2005 wurde der „Förderverein der Stadtbücherei Schelklingen e. V." gegründet.[2] Die Intention war bereits damals die Erwirtschaftung von Mitteln für die Leseförderung, die Veranstaltungs- und Projektarbeit.

Ein kleiner Verein nimmt sich viel vor

Der Förderverein hatte sich konkrete Ziele gesetzt. Man wollte ...

- die Stadtbücherei „Im alten Rathaus" in ihrem kulturellen und bildungspolitischen Auftrag unterstützen und fördern,
- die Stadtbücherei in ihrer Öffentlichkeitsarbeit unterstützen und ihre Belange in Wirtschaft und Öffentlichkeit vertreten,
- sich an Veranstaltungen der Stadtbücherei und Aktionen zur Förderung des Leseinteresses und der Lesemotivation von Kindern und Jugendlichen beteiligen,
- die Qualität und Attraktivität der Stadtbücherei durch ideelle und materielle Unterstützung fördern.

Der kleine Förderverein hat einen aktiven Kern von ca. zehn Mitgliedern. In den Anfangsjahren startete er seine Arbeit mit allgemeinen Spendenaufrufen, schrieb Briefe an örtliche Unternehmen und Selbstständige und beteiligte sich bei dem jährlichen lokalen Flohmarkt mit einem Medienstand.

Krisensitzung

Die Haushaltssperre führte im Sommer 2009 zu einer Krisensitzung. Jetzt wären größere Aktionen notwendig gewesen, doch aufgrund der geringen Größe des Vereins war es offensichtlich, dass aufwändige Aktionen mit erheblichem Einsatz und finan-

1 http://www.schelklingen.de/,Lde/3128711.html
2 http://www.schelklingen.de/,Lde/Home/Unsere+Stadt/Foerderverein.html

ziellem Vorlauf und Risiko nicht leistbar sein würden. Stattdessen kam die Idee auf, in der Stadtbücherei einen Mini-Shop einzurichten.

Prämissen für den Mini-Shop

- Der individuelle Einsatz über einen längeren Zeitraum ist variabel zu gestalten.
- Der personelle Aufwand, der zeitlich punktuell erbracht werden muss, ist gering zu halten.
- Es besteht keine Verpflichtung für Einzelne.
- Das finanzielle Risiko ist gering zu halten, um die vorhandenen Mittel des Vereins nicht zu gefährden.
- Der Verkauf soll nur während der Öffnungszeiten der Bücherei stattfinden.
- Die Werbung wird über den „Schelklinger Stadtboten" laufen.

Gesagt – getan!

Verkauft werden selbstgemachte Gegenstände, kleine Geschenke oder jahreszeitlich geprägte Dekorationsartikel.

Von der Idee bis zur Eröffnung vergingen etwa drei Monate. Angeregt durch das Beispiel einer sozialpsychiatrischen Tageseinrichtung wurde eine Fensternische in der Bücherei mit lichtdurchlässigen Regalbrettern ausgestattet. Später wurde noch eine Folie gegen die Sonneneinstrahlung (als Temperatur- und UV-Schutz) an der Scheibe angebracht.

Die anfänglich zum Verkauf stehenden Artikel wurden vor allem von den Fördervereinsmitgliedern selbst angefertigt und gespendet. Da das komplette Büchereipersonal Mitglied im Förderverein ist und auch von Anfang an bei der Planung und der Realisierung involviert war, ergab sich eine ideale Zusammenarbeit. Doch auch von außen erfuhr das Projekt viel Unterstützung, denn die Zusammenarbeit zwischen der Stadtbücherei, der Verwaltung und dem Gemeinderat ist grundsätzlich geprägt von dem gemeinsamen Bemühen, die Bücherei in ihrer wichtigen Funktion als soziale und kulturelle Einrichtung so gut wie möglich unter den gegebenen Bedingungen zu fördern.

Bei der Jahreshauptversammlung des Fördervereins im Jahr 2009, die in der Bücherei stattfand, wurde das Projekt „Mini-Shop" im Rahmen eines kleinen Empfangs gestartet.

Das erste halbe Jahr – eine Erfolgsgeschichte

Der Mini-Shop lief gut an, der Verkauf war ein Erfolg. Die Reaktionen der Büchereibesucher waren durchweg positiv.

Doch nachdem die Artikel zum Thema Herbst und Weihnachten/Winter 2009/2010 größtenteils verkauft waren, passierte das, was man hatte vermeiden wollen: Der Förderverein stand unter Druck, weitere Themen zu finden und neue Verkaufsartikel zu beschaffen. Die Spendenbereitschaft z. B. für Materialkosten würde auch bei den großzügigsten Mitgliedern irgendwann erschöpft sein. Ein neues Konzept musste her:

- Im Shop müssten Artikel dauerhaft unabhängig von Jahreszeiten und Festlichkeiten und ohne großen Materialeinsatz angeboten werden, um Käufer zu binden.
- „Trendige" Ideen mit höherem Materialeinsatz würden nach Absprache mit dem Förderverein finanziert werden.

Abb. 1: Gewinnbringender Mini-Shop in der Stadtbücherei Schelklingen © Stadtbücherei Schelklingen.

Das Angebot des Mini-Shops

Immer im Mini-Shop erhältlich sind seitdem zum Beispiel:

- Karten zu verschiedensten Anlässen (Glückwunschkarten, Trauerkarten, Gutscheine usw.), in den verschiedensten Techniken und Ausführungen. Die Verpackungshüllen dazu werden vom Förderverein zur Verfügung gestellt.

- Lesezeichen
- Wunder-/Überraschungstüten (Tüten aus farbigem Packpapier, gefüllt mit allerlei „Krimskrams“, der von den Mitgliedern gesammelt und gespendet wird)
- Geschenkverpackungen in Form von individuell gestalteten Papiertüten, dekorierten Faltschachteln, genähten Taschen usw.
- Fruchtaufstriche, Sirups, Liköre usw. (Gläser und Flaschen werden vom Förderverein zur Verfügung gestellt)

Der Einkauf der Wolle erfolgte im der Bücherei gegenüberliegenden Wollgeschäft – eine Win-Win-Situation mit dem örtlichen Handel!

Artikel, die sehr gut verkauft wurden und deren Herstellung auch vom Förderverein finanziell unterstützt wurde, sind zum Beispiel:
- Schals, modische Häkelmützen und Socken in allen Farben, Formen und Größen, u. a. auch auf Kundenbestellung
- „Nespresso“-Schmuck

Artikel, die je nach Idee und Möglichkeiten der Spender angeboten werden:
- Dekorations- und Geschenkartikel zu Ostern, Weihnachten usw.
- Taschen aus Recycling-Materialien wie gebrauchter Kleidung, Verpackungsmaterialien usw.
- Steinfische als Gartendekoration

Gute Presse

Von Beginn an hatte der Förderverein auch gute Resonanz in der Presse gefunden.

Förderverein der Bücherei steht auf gesunden Füßen (Ehinger Tagblatt/Südwestpresse vom 19.11.2010)

„Zufrieden darüber, was in den vergangenen beiden Jahren erreicht worden ist, waren die anwesenden Mitglieder bei der Jahreshauptversammlung des Fördervereins der Stadtbücherei Schelklingen. Dies sei bei der Aufzählung des Vorsitzenden Maximilian Dominschigg deutlich geworden, berichtet der Verein: Finanzierung von Lernhilfen für Schüler, Erneuerung des Bestands an Bewerbungsbüchern, Finanzierung von Medientaschen, Sitzsäcke für den Jugendbereich, Autorenlesungen und musikalische Lesungen und mehr habe der Verein geleistet.

Dank Geld- und Sachspenden, Beiträgen und dem Minishop stehe der Verein finanziell auf gesunden Füßen. Als großzügiger Spender wurde Kurt Rauch von der Stadtapotheke Schelklingen hervorgehoben, der die Stadtbücherei regelmäßig und großzügig bedenke.

Die 2009 ins Leben gerufene Buchpatenschaft ermöglicht es dem Verein, der Bücherei vor allem im Romanbereich Bücher zur Verfügung zu stellen und mit jenen Medien, die nicht in den Bestand kommen, auf Medienflohmärkten Geld zu erwirtschaften. Kommende Projekte werden wieder Aktionen zur Leseförderung wie Autorenlesungen und der Ferien-Leseclub sein.

Der Minishop des Fördervereins, der zur Jahreshauptversammlung 2009 eingeweiht worden war, sei gut angelaufen und trage seinen Teil zur Projektfinanzierung bei. eb“[3]

3 http://www.swp.de/ehingen/lokales/ehingen/Print-Foerderverein-Jahreshauptversammlung-Stadtbuecherei-Buecherei-Schelklingen-Foerderverein-der-Buecherei-steht-auf-gesunden-Fuessen;art4295,724660

„Förderverein stiftet Medien für die Schelklinger Stadtbücherei. Bei der Hauptversammlung fällt die Bilanz positiv aus – wichtige Einnahmequelle ist der Mini-Shop.“ Pressemeldung aus *Das Schwäbische.de* vom 25.12.2013[4]

Projekte

Die Einnahmen u. a. aus dem Mini-Shop ermöglichen dem Förderverein die Realisierung bzw. Unterstützung zahlreicher Projekte.

Bisherige und noch laufende Projekte

- Finanzierung von Medienkisten für Kindergärten und Schulen
- Finanzierung und personelle Unterstützung von Veranstaltungen, u. a. im Sommerferienprogramm der Stadt Schelklingen
- Antolin-Leseförderprojekt
- Finanzierung von Medientaschen (Wald, Wiese, Gewässer, Kindergeburtstag) für Familien, Jugendgruppen
- Personelle Unterstützung bei der Umgestaltung des Kinderbuchraumes
- Finanzierung von Lernhilfen für die Schule für Kinder und Jugendliche

Neben dem Mini-Shop in der Bücherei engagiert sich der Förderverein mit personellem Einsatz für die Schelklinger Bücherei, u. a. mit ...

- „Bücherputzaktionen“
- personeller Unterstützung bei der Neuverkabelung für die EDV
- Spendenaufruf-Aktionen

Die Herausforderung

Achtung beim Verkauf selbst hergestellter Marmeladen: Die Lebensmittel-Informationsverordnung schreibt detailliert vor, wie Lebensmittel zu kennzeichnen sind, und legt zudem Regeln für Werbung, Aufmachung und Fernabsatz fest.

Ein gewisser Druck, immer wieder neue Ideen zu entwickeln, lässt sich nicht vermeiden. Der Förderverein ist darauf angewiesen, dass seine Mitglieder zum Beispiel bei Märkten, Bazaren usw., die sie besuchen, auf neue Ideen und Trends achten und dabei auch die Umsetzbarkeit und die Kosten durchdenken, wenn sie neue Ideen bei den Sitzungen vorschlagen.

Der Förderverein hat bisher einen wichtigen Anteil der Shop-Einnahmen über den Verkauf von hausgemachten Lebensmitteln, wie Fruchtaufstrichen, erwirtschaftet. Durch das Inkrafttreten der Lebensmittel-Informationsverordnung (LMIV)[5], die EU-weit die Kennzeichnung von Lebensmitteln überwacht und ab 13. Dezember 2014 verbindlich ist, gelten jetzt für den Verkauf von Lebensmitteln vier verschiedene Verordnungen, die eingehalten werden müssen. Der genaue Aufwand ist im Moment noch nicht abzuschätzen, die sich daraus ergebenden Folgen ebenso nicht.

Fazit

Der Mini-Shop kann, auch unter Berücksichtigung aller Herausforderungen, die immer wieder auf den Förderverein zukommen, als positives Projekt bezeichnet werden. Seit mehr als fünf Jahren sichert er regelmäßig gute Einnahmen, die von Jahr zu Jahr leicht gesteigert werden konnten.

Der Einsatz der Mitglieder für den Shop kann individuell, je nach Möglichkeit unterschiedlich und doch gleichsam bedeutend sein. Er hat das Ansehen und die Bekanntheit des Fördervereins gesteigert, was sich zwar nicht unbedingt in der Mit-

4 http://www.schwaebische.de/
5 http://www.lmiv-services.de/lmiv-kompakt/

gliederzahl niederschlägt, aber durch die Spenden von Verkaufsartikeln auch von Nichtmitgliedern sichtbar wird – oder auch zum Beispiel durch die tatkräftige Unterstützung von Büchereibesuchern beim Anfertigen vorbestellter Schals, Mützen, Socken und vielem mehr.

Die Akzeptanz des Shops lässt sich auch an den „Stammkunden" messen, die die Bücherei extra für den Einkauf besuchen. Bei der Lokalpolitik und der Stadtverwaltung steht der Shop für den sichtbaren Beweis, dass der Förderverein aktiv Geld erwirtschaftet und nicht nur auf Geldspenden von Privatpersonen und Firmen wartet.

EHINGER TAGBLATT

SÜDWEST PRESSE

Zeitungstitel ändern

LOKALES NACHRICHTEN SPORT THEMEN VERANSTALTUNGEN

Ulm / Neu-Ulm Heidenheim Ehingen Göppingen Geislingen Bad Me
Hechingen Reutlingen Gaildorf Crailsheim Münsingen Schwäb

Schwerpunkte: HANDBALL-WM DSCHUNGELCAMP STORYTELLING EBOLA

SCHELKLINGEN

Förderverein der Bücherei steht auf gesunden Füßen

Zufrieden darüber, was in den vergangenen beiden Jahren erreicht worden ist, waren die anwesenden Mitglieder bei der Jahreshauptversammlung des Fördervereins der Stadtbücherei Schelklingen.

Abb. 2: Eine gute Presse ist „die halbe Miete".[6]

Die zitierten Internetquellen wurden zuletzt am 6.2.2015 aufgerufen.

6 http://www.swp.de/ehingen/lokales/ehingen/Print-Foerderverein-Jahreshauptversammlung-Stadtbuecherei-Buecherei-Schelklingen-Foerderverein-der-Buecherei-steht-auf-gesunden-Fuessen;art4295,724660

Brigitte Häussermann

Ein Geschenk für meine Stadtbibliothek!

Eine Aktion des Freundeskreises in Schwäbisch Gmünd zum Jubiläum „20 Jahre Stadtbibliothek im Amtshaus“

Einleitung

Der 2004 gegründete „Freundeskreis Stadtbibliothek Schwäbisch Gmünd e. V.“[1] mit seinen derzeit 53 Mitgliedern hat sich zum Ziel gesetzt, die Qualität und Attraktivität der Stadtbibliothek[2] durch ideelle und materielle Unterstützung zu erhalten, sich an Literaturveranstaltungen und Aktionen zur Förderung des Leseinteresses und der Lesemotivation von Kindern und Jugendlichen zu beteiligen, für die Stadtbibliothek neue Besucher zu gewinnen und in Öffentlichkeit, Verwaltung und Wirtschaft die Belange der Stadtbibliothek zu vertreten. Seither hat der Verein eine Reihe von Aktivitäten initiiert.

Aktivitäten (Auswahl)

- Organisation von Vorträgen, Lesungen und Vorleseaktionen für Kinder in Zusammenarbeit mit der Stadtbibliothek
- Mitarbeit beim Projekt „Lesenetz“ der Landesstiftung Baden-Württemberg[3] zur Förderung der Lesemotivation von Kindern durch eine intensivierte Kooperation zwischen Schulen und der Stadtbibliothek
- 2009: Kinospot mit dem Ziel, Jugendliche als Besucher für die Stadtbibliothek zu gewinnen – Konzeption, Umsetzung durch den Freundeskreis mit finanzieller Unterstützung der Stadtwerke Schwäbisch Gmünd
- 2011: Gestaltung und Finanzierung von Baumwolltaschen zur Aktionswoche „Treffpunkt Bibliothek“[4]
- 2014: Aktion „Ein Geschenk für meine Stadtbibliothek!“

Als besonders herausragend und erfolgreich soll die Aktion „Ein Geschenk für meine Stadtbibliothek“ im Folgenden dargestellt werden.

Aktion „Ein Geschenk für meine Stadtbibliothek!“[5]

Die äußerst öffentlichkeitswirksame Aktion fand vom 24. März bis 3. Mai 2014 anlässlich des 20-jährigen Jubiläums der „Stadtbibliothek im Amtshaus“ und zum 10-jährigen Bestehen des „Freundeskreises Stadtbibliothek Schwäbisch Gmünd e. V.“ statt. Bürger von Schwäbisch Gmünd sollten dazu angeregt werden, ihre Verbundenheit mit der Stadtbibliothek mit einem Geschenk zum Jubiläum zu zeigen – Nebeneffekt: einerseits die Bindung, andererseits die Gewinnung von (neuen) Besuchern bzw. Vereinsmitgliedern.

1 http://www.freundeskreis-stadtbibliothek.de
2 http://www.schwaebisch-gmuend.de/39-Stadtbibliothek.html
3 http://www.lesen-in-deutschland.de/html/content.php?object=journal&lid=652
4 http://www.treffpunkt-bibliothek.de/
5 http://remszeitung.de/2014/3/24/20-jahre-stadtbibliothek-im-spital-amtshaus/

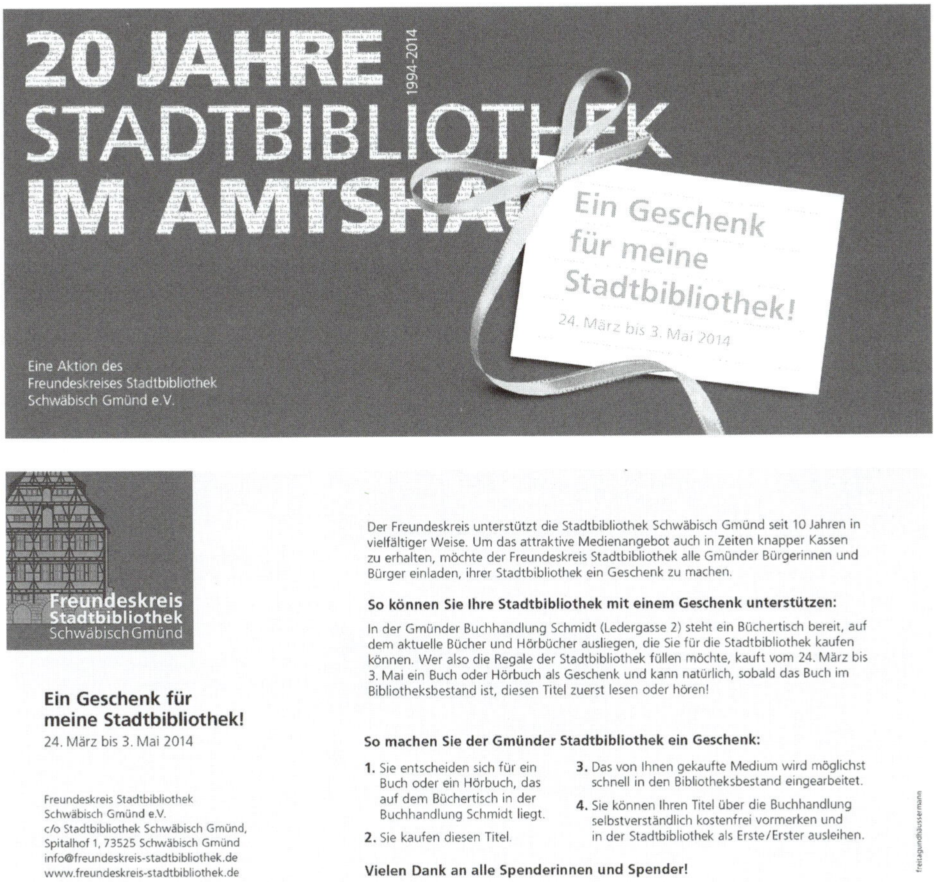

Abb. 1: Vorder- und Rückseite des Werbeflyers „Ein Geschenk für meine Stadtbibliothek" © Stadtbibliothek Schwäbisch Gmünd.

Vorbild „Hochzeitstische"

Nach dem Vorbild der „Hochzeitstische" wurde in der Gmünder Buchhandlung Schmidt[7] ein Präsentationsregal mit Romanen, Kinder-, Sach- und Hörbüchern sowie Bildbänden präsentiert. Die Auswahl von rund 200 Büchern im Preissegment von 9 bis 50 Euro wurde von den Lektoren der Stadtbibliothek getroffen und von der Buchhandlung beschafft und bereitgestellt. Für die Spender wurde ein Formular mit Einladung zum abschließenden Fototermin und Anforderung einer Spendenbescheinigung ausgelegt.

So hatte jeder die Möglichkeit, nach Vorliebe und Budget für die Stadtbibliothek ein Geschenk zu kaufen. Die Bücher wurden zeitnah in den Bibliotheksbestand aufgenommen. Beim Kauf in der Buchhandlung konnte der jeweilige Titel kostenfrei für die Ausleihe vorgemerkt werden, sodass der Schenkende sein Buch oder Hörbuch als Erster lesen oder anhören konnte. Für die Werbung wurde ein ganzes Paket an Maßnahmen geschnürt.

„Es ist ein kleines bisschen wie bei einem Hochzeitstisch … Der ‚Gabentisch', der in der Buchhandlung Schmidt in der Ledergasse 2 steht, ist jedoch nicht für eine Hochzeit gedacht und im Mittelpunkt des Festes wird auch kein Brautpaar stehen, sondern die Gmünder Stadtbibliothek." Rems-Zeitung vom 28.3.2014[6]

6 http://remszeitung.de/2014/3/28/aktion-ein-geschenk-fuer-meine-stadtbibliothek-bis-3-mai/
7 http://www.buch-schmidt-gd.de

Abb. 2: Professionell gestaltet: Webseite für die Aktion „Ein Geschenk für meine Stadtbibliothek" © Stadtbibliothek Schwäbisch Gmünd.[8]

Werbemaßnahmen
- Image-Flyer und Beitrittserklärungen des Freundeskreises in der Buchhandlung
- 1000 Flyer zur Aktion
- Ein Plakat im Format DIN A 3 in der Buchhandlung
- Banner auf der Homepage der Stadt Schwäbisch Gmünd mit Link zur Website des Freundeskreises
- Pressemitteilungen der Stadt Schwäbisch Gmünd
- Veröffentlichungen in der regionalen Presse
- Nach Ende der Aktion: Pressetermin zur Bekanntgabe des Ergebnisses und Foto mit Beteiligten und Spendern

---

8 http://www.schwaebisch-gmuend.de/7193-Freundeskreis-html

Abb. 3: Das Präsentationsregal in der Buchhandlung © Stadtbibliothek Schwäbisch Gmünd.

Gute Presse

Die Aktion wurde sehr positiv aufgenommen. Auch in der Buchhandlung gab es ausschließlich positive Reaktionen. Die Mehrzahl der Spender verzichtete auf Vormerkung, Spendenbescheinigung und Fototermin – ihr Hauptanliegen war, durch Kauf eines Buches oder Hörbuches der Stadtbibliothek ein Geschenk zu machen. Auch in der Presse schlug sich die Aktion positiv nieder.

Pressemeldung der Stadt Schwäbisch Gmünd vom 15.5.2015[9]

Ein Geschenk für meine Stadtbibliothek!

Schwäbisch Gmünd (sv). Der Freundeskreis Stadtbibliothek e. V. unterstützt die Gmünder Stadtbibliothek seit nunmehr 10 Jahren in vielfältiger Weise. Um das attraktive Medienangebot auch in wirtschaftlich schwierigen Zeiten zu erhalten, wurde zum 20-jährigen Jubiläum der Stadtbibliothek die Aktion „Ein Geschenk für meine Stadtbibliothek!" ins Leben gerufen.

Sechs Wochen lang konnten sich Interessenten bei der Gmünder Buchhandlung Schmidt eine vom Bibliotheksteam zusammengestellte Auswahl an Büchern und Hörbüchern anschauen und dort auch gleich ihren persönlichen Lieblingstitel zu Gunsten „ihrer" Bibliothek erstehen.

47 Freunde der Stadtbibliothek beteiligten sich an der Aktion und verschenkten 66 Bücher und vier Hörbücher im Wert von rund 1 000 Euro. Prächtige Bildbände zur Gartenarchitektur waren ebenso dabei wie „Die Chronik des Jazz", spannende Krimis oder angesagte Kinder- und Jugendbücher. Den Hörbuchbereich bereicherte für die Großen Umberto Eco und „Pu der Bär" für die Kleinen.

Alle Geschenke wurden bereits in den Bibliotheksbestand aufgenommen und können nun von allen Leserinnen und Lesern der Stadtbibliothek entliehen werden.

9 http://www.schwaebisch-gmuend.de/3209-Pressemeldungen.html?presseid=23084

Täglich eine gute Zeitung!

Rems-Zeitung

Schwäbisch Gmünd und Ostalbkreis

STARTSEITE | REMS-ZEITUNG | WERBEBERATUNG | ABO, SERVICE | REISEN, BÜCHER | KONTAKT

ANZEIGE

LESERREISEN

Lokalnachrichten

» Schwäbisch Gmünd | Freitag, 28. März 2014

Aktion „Ein Geschenk für meine Stadtbibliothek"

Anlässlich des 20-jährigen Jubiläums der Gmünder Stadtbibliothek im Amtshaus hat sich der Freundeskreis der Bibliothek eine ganz besondere Aktion ausgedacht: „Ein Geschenk für meine Stadtbibliothek"

GALERIE (1 BILD)

SCHWÄBISCH GMÜND (nb). Es ist ein kleines bisschen wie bei einem Hochzeitstisch, auf dem Brauchbares, aber vor allem Dinge, die ganz einfach nur Herz und Seele erfreuen, zu sehen sind – ausgewählt vom künftigen Brautpaar und für die Liebsten zum Kauf bereitstehend. Ein Fehlkauf wird garantiert vermieden. Der „Gabentisch", der in der Buchhandlung Schmidt in der Ledergasse 2 steht, ist jedoch nicht für eine Hochzeit gedacht und im Mittelpunkt des Festes wird auch kein Brautpaar stehen, sondern die Gmünder Stadtbibliothek. Doch eines ist – ebenso wie beim Prinzip des Hochzeitstisches – gegeben: die große Verbundenheit zwischen dem, der schenkt, und dem, der beschenkt wird. Und dass sich der Stadtbibliothek viele verbunden fühlen, das zeigt sich allein an der Anzahl der

Lokalnachrichten
- Schwäbisch Gmünd
- Landesgartenschau
- Ostalbkreis
- Sport
- Kultur
- Nachrichtenarchiv
- Leseproben

Themen
- schau.gmünd
- Heimatfilme
- Transnet
- vereine-in-gd.de
- wir-fuer-gd.de

Seite durchsuchen... Suche

ANZEIGE

Wir kümmern uns um Ihre Anliegen!

wir-fuer-gd.de

Soziale Netzwerke

ANZEIGE

Die Rems-Zeitung 10 Tage kostenlos und unverbindlich

Abb. 4: Pressebericht in der Rems-Zeitung vom 28.3.2014.[10]

10 http://remszeitung.de/2014/3/28/aktion-ein-geschenk-fuer-meine-stadtbibliothek-bis-3-mai/

Ein Geschenk für meine Stadtbibliothek!

Freundeskreis Stadtbibliothek Schwäbisch Gmünd

Sie haben sich an der Aktion „Ein Geschenk für meine Stadtbibliothek!" des Freundeskreises Stadtbibliothek Schwäbisch Gmünd e.V. beteiligt – vielen herzlichen Dank für Ihr Engagement.

Natürlich kann die Schenkung anonym erfolgen, doch falls Sie eine Zuwendungsbestätigung benötigen, eine kostenlose Vormerkung für diesen Titel bei der Stadtbibliothek in Anspruch nehmen wollen oder Lust haben, sich gemeinsam mit den anderen Schenkenden für ein Pressefoto in der Stadtbibliothek zu treffen, benötigen wir Ihre persönlichen Daten. Selbstverständlich werden diese nur für den angegebenen Zweck verwendet und vom Freundeskreis Stadtbibliothek Schwäbisch Gmünd e.V., der Buchhandlung Schmidt bzw. der Stadtbibliothek Schwäbisch Gmünd nicht an Dritte weitergegeben.

Für die Zuwendungsbestätigung (Spendenbescheinigung) ☐ und / oder
Vormerkung in der Stadtbibliothek ☐ bitte ausfüllen:

Name, Vorname:..

Straße, Hausnummer: ....

PLZ, Ort:...

Benutzernummer der Stadtbibliothek (falls zur Hand): ....

Autor: ....

Titel: ....

Preis: ....

Bitte beachten Sie: Die Vormerkung ist aus technischen Gründen nur für Inhaber eines Ausweises der Gmünder Stadtbibliothek möglich!

Dürfen wir Sie am Donnerstag, 15.05.2014 um 17:00 Uhr zu einem Pressefoto im Erdgeschoss der Stadtbibliothek begrüßen? ☐ Ja / ☐ Nein
Wir erinnern Sie gerne an diesen Termin, wenn Sie uns Ihre E-Mail-Adresse nennen:

E-Mail: ....

Datum/Unterschrift: ....

Abb. 5: Formular für Spender mit Dank und Einladung zum Fototermin.

Die zitierten Internetquellen wurden zuletzt am 7.2.2015 aufgerufen.

Sabine Guhl

Pro Libris e. V.[1] in Weiden – Das Ende einer Erfolgsgeschichte?!

Einleitung

Weiden in der Oberpfalz liegt nahe der Grenze zu Tschechien. Die kreisfreie Stadt mit ca. 42 000 Einwohnern ist Oberzentrum der nördlichen Oberpfalz, einer eher strukturschwachen Gegend, und Mitglied der Metropolregion Nürnberg. Nach der Öffnung des Eisernen Vorhangs hat sich die ehemals arme Stadt wirtschaftlich und kulturell sehr gut entwickelt. Firmen wie Seltmann Porzellan, Witt Weiden oder A. T. U sorgten für gute Gewerbesteuereinnahmen, sodass sich in dieser Zeit viele kulturelle Einrichtungen – darunter auch die Öffentliche Bibliothek – prächtig entfalten konnten.

1994 zog die damalige Stadtbücherei Weiden von knapp 800 m^2 mit 50 000 Medien und einer Jahresausleihe von rund 200 000 Medien in den „Waldsassener Kasten" ein. Dieses denkmalgeschützte Gebäude wurde für die Bedürfnisse einer Bibliothek vorbildlich saniert und bietet eine Fläche von rund 2 000 m^2. Mit dem Umzug wurde aus der Stadtbücherei die Regionalbibliothek[2] – eine Namensänderung, die die zentrale Rolle der Stadt und der Bibliothek für die Region hervorheben sollte.

Die Vereinsgründung

In den meisten Fällen ist es von Vorteil, jemanden im Vorstand zu haben, der sich mit Wegen und Methoden der Kommunalpolitik auskennt. Dies muss nicht zwingend ein aktiver Politiker sein.

Trotz dieser sehr positiven Ausgangslage und den aktiven Willensbekundungen für die Regionalbibliothek war den Verantwortlichen in Politik und Verwaltung schon damals schwer zu vermitteln, dass eine prosperierende Bibliothek auch über ein entsprechendes Medienbudget verfügen muss. Ein wunderschön saniertes Gebäude allein ist auf Dauer nicht genug. Nach langen Überlegungen kam die damalige Bibliotheksleiterin Karin Holl auf die Idee, einen Förderverein für die Regionalbibliothek zu gründen – in den frühen 1990er Jahren fast ein Novum für Öffentliche Bibliotheken.

Für den Vorstand suchte sie gezielt nach Repräsentanten aus Politik, Wirtschaft und Schulen. Dabei waren auch Personen aus dem umliegenden Landkreis vertreten, um dem Namen „Regionalbibliothek" Bedeutung zu verleihen. Der Name des Vereins „Pro Libris e. V. – Für die Bücher" sollte bereits Programm sein. Alle durch Mitgliedsbeiträge und Spenden erwirtschafteten Gelder durften ausschließlich für die Anschaffung von Büchern ausgegeben werden. Lange wurde diskutiert, wie man den Förderverein gestalten sollte, damit ausreichend Einnahmen erzielt werden – sollte man auf potente Unterstützer setzen oder den Verein auf eine breite Basis stellen?

Das Modell

Zu dieser Zeit wurde viel darüber geschrieben, nach welchen Prinzipien in den USA Museen unterhalten werden: Einen Teil trägt der Staat, ein anderer wird vom Museum selbst erwirtschaftet (z. B. durch Museumsshops), ein beachtlicher Teil generiert sich

1 http://www.regionalbibliothek-weiden.de/page_6_1.php
2 http://www.regionalbibliothek-weiden.de

aus der Unterstützung durch Fördervereine bzw. Spenden. Dafür erhalten die Fördermitglieder gewisse Privilegien nach dem Prinzip Leistung und Gegenleistung. Es war von Anfang an klar, dass die amerikanischen Verhältnisse nicht eins zu eins ins Deutsche übertragen werden können. Außerdem unterscheiden sich Museen doch stark von Öffentlichen Bibliotheken – nicht nur inhaltlich, auch im Bewusstsein der Öffentlichkeit. Im Gegensatz zu den Museen leben Öffentliche Bibliotheken in Deutschland von einem Kundenstamm, der die Bibliothek regelmäßig aufsucht. Diese Besucher mussten als Mitglieder gewonnen werden.

Parallel zu jenen Überlegungen in Richtung Förderverein fand in den 1990er Jahren in Öffentlichen Bibliotheken eine mehr oder weniger flächendeckende Einführung von Gebühren unterschiedlichster Art statt. In vielen Orten – darunter auch in Weiden – wurden Musik-CDs oder Spielfilme mit Stückgebühren belegt, Kaufwünsche oder Vormerkungen gab es nicht mehr kostenlos, Jahresgebühren für den Bibliotheksausweis wurden eingeführt. Zusätzlich entwickelten sich Öffentliche Bibliotheken in dieser Zeit immer mehr zu kulturellen Zentren mit Veranstaltungen, für die Eintrittsgelder erhoben wurden. Hier lag das Potenzial für Privilegien nach amerikanischem Vorbild! In Absprache und mit Zustimmung der Politik durften die Fördermitglieder von Pro Libris folgende Vorteile für sich in Anspruch nehmen:

- AV-Medien für eine Woche zum Nulltarif
- Bibliotheksausweis zum halben Preis
- Vorbestellungen und Kaufwünsche gratis
- Ermäßigter Eintritt zu den Veranstaltungen der Regionalbibliothek
- Kostenloser Download von E-Books

Die Mitgliedsbeiträge wurden so gestaltet, dass sie mit dem Gebührenmodell der Regionalbibliothek korrespondierten. Es entstand ein recht komplexes Tarifmodell, das aber bei genauerem Hinsehen eigentlich nichts anderes als einen Basis-Tarif und einen All-in-Tarif enthält. Ersterer umfasst die Jahresgebühr und eine Stückgebühr bei AV-Medien. Der All-in-Tarif hingegen verlangt nur die halbe Jahresgebühr und keine Stückgebühr, dafür aber die Mitgliedschaft im Förderverein. Als optisches Unterscheidungsmerkmal für die Ausleihe erhielten Fördermitglieder einen andersfarbigen Mitgliedsausweis. Bis heute sprechen die Besitzer liebevoll von „ihrer blauen Karte". Jede Gebührenanpassung der Regionalbibliothek wurde mit den Gegebenheiten im Förderverein abgestimmt. Umgekehrt wurden Beitragsanpassungen bei Pro Libris stets im Hinblick auf die Regionalbibliothek durchgeführt, da beide stark miteinander verzahnt sind.

Die Entwicklung

Von Beginn an entwickelte sich Pro Libris außerordentlich gut. In Verbindung mit der neu ausgestatteten Bibliothek erfuhr das Modell eine Eigendynamik. Bereits im ersten Jahr nach der Vereinsgründung 1993 konnte das tausendste Mitglied geehrt werden. Es galt als „schick", Mitglied bei Pro Libris zu sein. Die Mitgliederzahl wuchs kontinuierlich an, wenn auch ab 2010 eine leichte Stagnation auf hohem Niveau eintrat.[3] 2013

3 Siehe auch: Oberpfalz.net, 20.11.2009: „Pro Libris schlägt erfolgreiche Seiten auf. Mit 8164 Mitgliedern Weidens größter Verein. Mehr als 7000 Bücher für die Regionalbibliothek finanziert", http://www.oberpfalznetz.de/onetz/2089782-118-pro_libris_schlaegt_erfolgreiche_seiten_auf-P2,1,0.html

zählte Pro Libris rund 8 500 Mitglieder. Das Argument, dass 100 % der Vereinsbeiträge in die Anschaffung neuer Bücher (ab 1999: neuer Medien) fließen, überzeugte. Jedes Fördermitglied hatte plastisch seinen Vorteil vor Augen: Wenn ich etwas mehr gebe, bekomme ich mehr zurück, in Form eines aktualisierten und modernen Bestands.

In den 20 Jahren seit seinem Bestehen konnte Pro Libris für die Regionalbibliothek Medien im Wert von mehr als 1 000 000 Euro erwerben. In den letzten Jahren konnte von 100 000 Euro pro Jahr ausgegangen werden, die zusätzlich in den Medienbestand der Regionalbibliothek flossen. Damit entstand eine Art Perpetuum Mobile: Die Regionalbibliothek verfügt über einen sehr aktuellen Medienbestand, dafür sind mehr Kunden bereit, Mitglied im Förderverein zu werden. Dies hat wiederum zur Folge, dass die Regionalbibliothek mehr aktuelle Medien einkaufen kann usw.

Zweimal seit Bestehen des Vereins wurde die Satzung geändert. Bereits nach wenigen Jahren wurde die Verwendung der Mitgliedsbeiträge erweitert von ursprünglich „Kauf von Büchern“ auf „Kauf von Medien“. Dies war der Entwicklung der Medienlandschaft geschuldet. Die zweite Satzungsänderung erweiterte die Möglichkeiten von Pro Libris. Es wurde beschlossen, dass die Mitgliedsbeiträge unverändert in neue Medien investiert werden müssen, jedoch Gelder, die anderweitig generiert werden, auch für Anschaffungen verwendet werden dürfen, die die Attraktivität der Regionalbibliothek Weiden erhöhen. So bleibt dem Förderverein ein gewisser Spielraum, um zur Realisierung von Projekten beizutragen, die mangels öffentlicher Gelder nicht durchführbar wären.

„Das reibungslose Zusammenspiel von Stadt und Verein bringt den bundesweiten Erfolg der Regionalbibliothek.“
20.11.2009, Oberpfalznetz.de

Die Aktivitäten

Aufgrund der Mitgliedszahlen verfügte Pro Libris stets über einen gut ausgestatteten finanziellen Grundstock. Man lehnte sich aber nicht zurück, sondern setzte sich immer neue Ziele und versuchte, die Regionalbibliothek Weiden nach vorne zu bringen.

Lobbyarbeit

Der gute Ruf der Regionalbibliothek sollte nach außen getragen werden. Man war von Beginn an sehr darauf bedacht, das vorherrschende Bild einer Bibliothek in den Köpfen der Gesellschaft zu verändern. Der Vorstand aus namhaften Repräsentanten wurde gezielt ausgewählt, um unterschiedliche Gesellschaftskreise anzusprechen.

Lesecafé

Seit 20 Jahren existiert in den Räumen der Regionalbibliothek Weiden ein Lesecafé. Der an mehrere Damen verpachtete und in Eigenregie geführte Betrieb bietet nicht nur selbst gebackene Torten nach Rezepten aus den Koch- und Backbüchern der Regionalbibliothek an, es gibt mittags auch eine kleine Auswahl an köstlichen, mit viel Liebe gekochten Speisen. Der Vorteil für den Förderverein: Die umsatzbezogene Pacht geht auf das Konto von Pro Libris. Mit den politischen Vertretern wurde damals vereinbart, dass jeder Cent, der auf diese Art in der Regionalbibliothek erwirtschaftet wird, auch der Bibliothek zugutekommen soll.

Bücherflohmarkt

Die Regionalbibliothek erhält sehr viele Buchspenden, von denen nicht alle in den Bestand passen. Zweimal im Jahr verkauft der Vorstand von Pro Libris im Innenhof der Regionalbibliothek neben all den ausgesonderten Medien diese Bücher zum kleinen Preis und generiert so Mittel für neue Bücher. Auch hier hilft der Grundsatz von Pro Libris: Alles Geld fließt in neue Bücher.

Wein-Lese-Fest

Zusammen mit der Regionalbibliothek feiert Pro Libris jährlich im Herbst das große Wein-Lese-Fest. Alle Mitglieder des Fördervereins werden vorab schriftlich eingeladen. Das Fest für die ganze Familie beginnt an einem Samstagnachmittag mit Programm für Groß und Klein und endet mit Live-Musik und Tanz weit nach Mitternacht. Die Damen des Lesecafés zaubern Kaffee und Kuchen, der Vorstand von Pro Libris ist aktiv eingebunden und verkauft belegte Brote und Wein. Das Fest hat mittlerweile in Weiden einen Kultstatus und wird zwischenzeitlich von den Besuchern als das „Bürgerfest für die intellektuelle Schicht“ bezeichnet.

Abb. 1: Volles Haus beim Wein-Lese-Fest 2013 in der Regionalbibliothek Weiden © S. Guhl.

Ziel bei allen Aktivitäten des Fördervereins ist es, Gesicht für die Regionalbibliothek Weiden zu zeigen und das positive Image zu pflegen.[4]

Der Schock

Die Regionalbibliothek entwickelte sich in den 20 Jahren zu einer der ausleihstärksten Öffentlichen Bibliotheken, vielfach ausgezeichnet und prämiert. Der Bestand wuchs auf 130 000 Medien bei einer Jahresausleihe von 730 000 Medien an – giganti-

„Nun hat der Kommunale Prüfungsverband festgestellt, dass die Regionalbibliothek eine Einrichtung der Stadt ist und diese bestimmten Nutzergruppen keine Vorteile gewähren dürfe. Sonst sei dies ein Verstoß gegen das Gleichstellungsgesetz.“ 14.11.2014 Oberpfalznet.de

4 Siehe auch: Oberpfalz TV, 20.10.2013: „Weiden: Bella Italia in der Regionalbibliothek“, http://www.otv.de/weiden-bella-italia-in-der-regionalbibliothek-79390/ – Oberpfälzer Wochenzeitung, 15.10.2014: „Zum 20. Geburtstag zur ‚Wein-Lese‘. Regionalbibliothek Weiden und Förderverein ‚Pro Libris‘ feiern am Samstag ihr Fest für die ganze Familie, http://www.owz-online.de/owz/4345638-132-zum-20-geburtstag-zur-wein-lese,1,0.html

sche Zahlen in einer Stadt mit gerade einmal 42 000 Einwohnern. Alles schien perfekt – bis 2014 der Bayerische Kommunale Prüfungsverband[5] die Einnahmen der Regionalbibliothek überprüfte und feststellte, dass das jahrelang mit Erfolg betriebene Vereinsmodell nicht mit dem Kommunalen Abgabengesetz konform geht. Der Gebührenverzicht gegenüber Mitgliedern des Fördervereins verstößt gegen die städtische Gebührensatzung, das Äquivalenzprinzip wird nicht beachtet. Der Prüfer lobte zwar die überdurchschnittlich hohen Einnahmen, riet aber dringend zu einer Umgestaltung der Modalitäten bis Ende 2014.

Der Vorstand war zunächst schockiert. Eine zwanzigjährige Erfolgsgeschichte wurde auf einmal in Frage gestellt. Bei näherem Hinterfragen und genauerer Kenntnis der Rechtslage kann und muss man diese Regelung akzeptieren. Das Gesetz geht so weit, dass selbst verbilligte Eintritte für Mitglieder gegen geltendes Recht verstoßen.

Die Zukunft

Was wird aus Pro Libris? Es wurde vieles diskutiert, kurzzeitig stand sogar die Auflösung des Vereins zur Diskussion. Schnell wurde klar, dass die Regionalbibliothek gerade jetzt in der finanzschwachen Zeit der Stadt Weiden mehr denn je einen Förderverein braucht, wenn auch in veränderter Form. Pro Libris wird ab 2015 ein „ganz normaler" Förderverein. Da die Vorteile für die Mitglieder entfallen, wurde der Beitrag auf 20 Euro pro Mitglied reduziert, selbstverständlich immer mit der Option, mehr zu geben.

Der Vorstand hofft jedoch darauf, dass die Stadt Teile des bisher so erfolgreichen Tarifmodells in die neue Gebührensatzung einfließen lässt. Den Mitgliedern sollte kein Schaden entstehen, sie sollten nicht vor den Kopf gestoßen werden. Im Zuge einer aufklärenden Darstellung, so das erklärte Ziel, würden vielleicht viele Mitglieder bereit sein, den Mitgliedsbeitrag „on Top" draufzusatteln. Trotzdem wurde die Mitgliederentwicklung in diesem Verlauf erst einmal ganz hintangestellt. Da sich der Übergang und die neuen Regelungen bis in den Herbst verlagert hatten, wurde den Mitgliedern, die aus Pro Libris austreten wollten, ein Sonderkündigungsrecht eingeräumt. Der Vorstand hatte auch dieses Mal wieder im Fokus, Imageschaden von der Regionalbibliothek abzuwenden. In der alljährlich stattfindenden Mitgliederversammlung wurde den Fördermitgliedern die Situation dargestellt. Alles ging relativ friedlich über die Bühne.

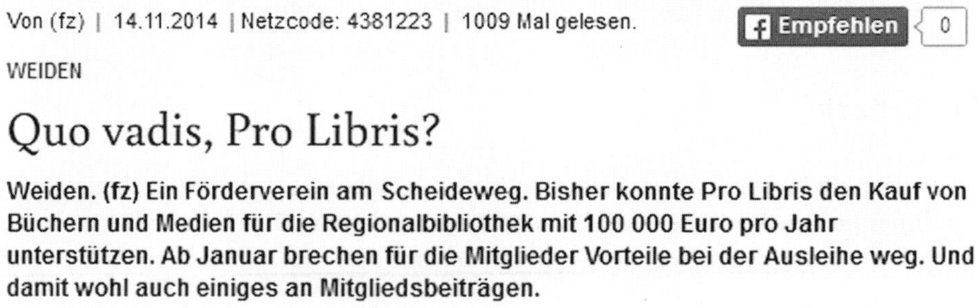
Von (fz) | 14.11.2014 | Netzcode: 4381223 | 1009 Mal gelesen. Empfehlen 0

WEIDEN

Quo vadis, Pro Libris?

Weiden. (fz) Ein Förderverein am Scheideweg. Bisher konnte Pro Libris den Kauf von Büchern und Medien für die Regionalbibliothek mit 100 000 Euro pro Jahr unterstützen. Ab Januar brechen für die Mitglieder Vorteile bei der Ausleihe weg. Und damit wohl auch einiges an Mitgliedsbeiträgen.

Abb. 2: Wie soll es weitergehen? Oberpfalznet.de berichtet.[6]

5 http://www.bkpv.de/

6 http://www.oberpfalznetz.de/onetz/4381223-118-quo-vadis-pro-libris,1,0.html

Zur gleichen Zeit beschloss der Stadtrat, im Rahmen von Konsolidierungsmaßnahmen das Defizit der Regionalbibliothek um 25 % zu senken, sehr wohl im Bewusstsein darüber, damit die Erfolgsgeschichte der Regionalbibliothek zu beenden. Dies sollte u. a. durch Verdopplung der Jahresgebühren und zusätzliche Stückgebühren pro Medium erfolgen. Es entstand eine über Wochen heftig geführte, öffentliche Diskussion in der Presse[7] und in den sozialen Netzwerken, an deren Ende nur Verlierer stehen: die Politik, die Bibliotheksbesucher, die Regionalbibliothek und der Förderverein Pro Libris. Zwar konnte die zusätzliche Stückgebühr verhindert werden, trotzdem machten zahlreiche Mitglieder ihren Unmut über die politischen Entscheidungen deutlich, indem sie aus dem Verein austraten. Dies ging aus unzähligen Kündigungsschreiben hervor. Gleichzeitig waren viele Besucher verunsichert über die drohenden, massiven Gebührenerhöhungen, sodass sie ihre Mitgliedschaft in der Regionalbibliothek – im besten Fall nur vorübergehend – ruhen lassen wollen.

Anfang 2015 wird sich der Vorstand von Pro Libris zu einer Bestandsaufnahme treffen. Es wird viel Überzeugungsarbeit auf allen Ebenen notwendig sein, das Image der Regionalbibliothek wiederherzustellen.

Die zitierten Internetquellen wurden zuletzt am 17.1.2015 aufgerufen.

7 Siehe u. a.: Radio Ramasuri, 16.12.2014: „Weidener Regionalbibliothek wird teurer“, http://www.ramasuri.de/187093/nachrichten/nachrichten-weiden/weidener-regionalbibliothek-wird-teurer/

Schwerpunkt: Veranstaltungen

Nicole Scheibel

Literarische Geburtstage, Schatzkisten, Osterüberraschungen und mehr …

Der Förderverein der Bücherei Tostedt lässt sich einiges einfallen

Einleitung

Der Förderverein der Bücherei Tostedt e. V.[1] besteht seit fast 8 Jahren und hat derzeit 25 aktive und 25 passive Mitglieder. Die aktiven Mitglieder führen seit der Gründung einen Großteil der Veranstaltungen der Samtgemeindebücherei Tostedt (17 000 ME) im Bereich Leseförderung durch. Neben den Standardangeboten wie Lesenacht, Vorlesen u. a. wurden einige Ideen neu entwickelt.

Leserattenclub – Verführung zum Lesen

Die Kinder werden zum Austausch über die gelesene Lektüre animiert.

Kinder im Alter zwischen acht und elf Jahren treffen sich viermal jährlich im Leserattenclub, wo ihnen neue Bücher vorgestellt werden. Die Treffen werden im Veranstaltungsprogramm der Bücherei und in der Presse angekündigt.

KREISZEITUNG Wochenblatt Buchholz

Beiträge | E-Paper | Kleinanzeigen | Zustellung | Redaktion | Über uns

Lokales | Aktuelles | Blaulicht | Politik | Panorama | Service | Sport | Termine | Wirtschaft

Region › Buchholz › Service › Bücherei Tostedt lädt in den "Club der Lese-Ratten"

Bücherei Tostedt lädt in den "Club der Lese-Ratten"

11 NOV **Wann?** 11.11.2014 16:00 Uhr
Wo? Bücherei, Schützenstraße 26, 21255 Tostedt

Tostedt: Bücherei | **bim. Tostedt.** In den „Club der Lese-Ratten" lädt die Bücherei Tostedt für Dienstag, 11. November, von 16 bis 17 Uhr alle Kinder im Alter von acht bis zwölf Jahren ein. E der Veranstaltung werden tolle Bücher vorgestellt, die im Anschluss gleich ausgeliehen werder können. Anmeldung unter Tel. 04182-298300 ist erforderlich.

Abb. 1: Ankündigung in der Presse: Die Bücherei Tostedt lädt in den „Club der Lese-Ratten".[2]

Zu den Treffen finden sich meist zwischen 10 und 16 Club-Mitglieder ein. Den Club-Namen haben die Kinder gemeinsam gewählt. Das Maskottchen des Leserattenclubs ist eine Stoffratte, die jedes Club-Mitglied erhält und meist auch zu den Treffen mitbringt.

---

1 http://www.tostedt.de/freizeit/buecherei/ > Förderverein

2 http://www.kreiszeitung-wochenblatt.de/buchholz/service/buecherei-tostedt-laedt-in-den-club-der-lese-ratten-d50026.html

Abb. 2: Der Leserattenclub in Aktion © Samtgemeindebücherei Tostedt.

Die Veranstaltung wird von zehn Mitgliedern des Fördervereins vorbereitet, indem zweimal im Jahr gemeinsam neu erschienene Bücher ausgewählt und eingekauft werden. Eine große Auswahl an Titeln ist erforderlich, um für jedes Alter Passendes anbieten zu können. Die Fördervereinsmitglieder suchen die Titel nach eigenen Vorlieben aus, die sie lesen und vorstellen möchten – wobei es zwar selten, aber durchaus vorkommt, dass sich beim näheren Prüfen ein Titel als ungeeignet herausstellt. Während des Lesens entwickeln die Mitglieder ein Konzept für die Buchvorstellung im Club – da kann es einen kulinarischen Anknüpfungspunkt geben oder einen akustischen, einen spielerischen oder auch anderen kreativen Bezug.

Die Konzeption ist einfach, wenn es sich um ein Buch mit Wissensfragen handelt. Dann werden die Fragen auf farbigen Karten und die Antworten auf der Rückseite der Karten notiert. Ebenso wird verfahren bei einem Buch mit Zungenbrechern. Bei einem Monsterbuch mit ekligem Aussehen wurde ein Puzzle zu den Monstern vorbereitet. Bei einem Buch mit Superhelden bot es sich an, alle Superlative zu notieren und bei der Erwähnung in den Kreis zu legen.

In einer Geschichte mit einem Mädchen und seinem treuen Hund, die voneinander getrennt werden, findet der Hund den beschwerlichen Weg nach Hause zurück. Dazu wurde anhand einer Landkarte der USA der Weg des Hundes aufgezeigt und es entwickelte sich ein Gespräch über Hunderassen. In einer Familiengeschichte, in der Blaubeeren eine Rolle spielen, wurden „Vitaminbomben" angeboten.

Bei einem Sachbuch über Stürme lief während der Buchvorstellung an passender Stelle im Hintergrund eine Geräusche-CD. Beim Titel „Päpste pupsen nicht" kam zur großen Erheiterung der Clubmitglieder ebenfalls die Geräusche-CD zum Einsatz. Als es um Tiere einer besonderen Zoohandlung ging, bekam der Leserattenclub Besuch von einem Zwergkaninchen.

In einer anderen Geschichte besuchte der Protagonist eine örtliche Bücherei. Da bot es sich an, über die eigene örtliche Bücherei zu sprechen. Die Sitzecken konnten gleich ausprobiert werden, und in der gemütlichen Leseecke wurde jedem Clubmitglied ein warmer Kakao serviert. Bei einer Geschichte mit Prinzessin Pumpernickel wurde das den Kindern häufig unbekannte Schwarzbrot verspeist.

Es soll erreicht werden, dass die Bücher bei den Kindern nachhaltig im Gedächtnis bleiben. So wird zu jedem vorgestellten Titel eine kurze, möglichst verheißungsvolle Inhaltsbeschreibung formuliert, in der das Ende der Geschichte nicht verraten wird. Zu Beginn des Treffens erhält jedes Club-Mitglied einen Zettel mit einem Coverfoto der Bücher und Angaben zu Titel und Verfasser, um nach der Buchpräsentation die Lieblingstitel ankreuzen zu können. Der Zettel erinnert beim nächsten Besuch, welche Titel von Interesse waren und – da von jedem Titel nur ein Exemplar vorhanden ist – nicht gleich am Club-Nachmittag ausgeliehen werden konnten.

Zusätzlich zu den vorgestellten Titeln präsentiert die Bücherei einen Tisch mit thematisch ähnlichen Büchern, damit jedes Clubmitglied etwas Passendes für sich finden kann. Diese „Ausstellung" wird bis zu drei Wochen nach dem Clubtreffen als Anregung und Werbung präsentiert.

Themenrucksack

Ein spezielles Medienangebot sind die Leserucksäcke. Bei der Suche nach einem stabilen geeigneten Rucksack zur Umsetzung einer Idee der Hamburger Öffentlichen Bücherhallen[3] ist die Samtgemeindebücherei auf ein umfangreiches Marktangebot von Rucksäcken für Kinder gestoßen. Beliebte altersgerechte Themen und bekannte Kinderbuchfiguren werden mit zum Teil liebevollen Details für die Gestaltung der Kinderrucksäcke verwendet. So entstand die Idee der Themenrucksäcke. Jeder Rucksack sollte bereits anhand seines Äußeren seinen Inhalt erkennen lassen.

Die Idee wurde dem Förderverein der Bücherei vorgestellt und fand sofort großen Anklang. Denn neben der aktiven Beteiligung bei Veranstaltungen der Bücherei unterstützt der Förderverein besondere Leseförderaktionen auch finanziell, sodass auch neue Ideen ausprobiert werden können. Bei den ersten Rucksäcken half der Förderverein auch bei der Themenwahl. So waren es zunächst je drei Themen für Jungen und drei für Mädchen. Als sich der Erfolg einstellte, wurden die Kosten für die Rucksäcke in den Haushalt der Bücherei eingeplant. Sie liegen derzeit bei rund 250 Euro pro Rucksack einschließlich der Medien und der Einarbeitungskosten.

Die Rucksäcke werden mit einem ansprechenden Mix – Erzählungen, Hörbücher, DVDs, Handpuppen oder Stofftiere – befüllt, sodass ein Erleben mit allen Sinnen möglich wird. So fand beim Pippi-Langstrumpf-Rucksack ein Reise-Buch Aufnahme, das Astrid Lindgrens Schweden in Bild und Text zeigt, sowie ein Plätzchen-Ausstechset mit Rezeptheft. Im Dinosaurier-Rucksack befindet sich ein Anleitungsbuch zum Origami Falten von Dinosauriern.

Bei der Auswahl der Rucksäcke wird darauf geachtet, dass Titel durch ausgefallene Aufmachung (Geräusche-Button, Fell-Cover, u. a.) bei Kindern besonderen Anklang finden. Auch wird bei der Buchauswahl Rücksicht darauf genommen, dass der Rucksack nicht zu schwer wird, damit jedes Kind ihn nach Hause tragen kann. Manchmal sind perfekt geeignete Titel nicht mehr lieferbar, dann werden sie im Internet gebraucht erstanden.

Der Förderverein hilft beim Erwerb vergriffener gebrauchter Bücher, indem er mit seiner EC-Karte in Vorkasse geht – was für die Bücherei nicht möglich ist.

Mittlerweile umfasst das Rucksack-Angebot Themen wie Fußball, Pferde, Piraten, Prinzessin, Ritter u. a. Die Themen werden ergänzt durch Kinderbuchfiguren wie Conni, Drache Kokosnuss, Michel, Pippi Langstrumpf.

3 http://www.buecherhallen.de/go/id/hme/

Abb. 3: Themenrucksack Pippi Langstrumpf © Samtgemeinde Tostedt.

An jedem Rucksack hängt eine laminierte Karte mit einer Übersicht aller im Rucksack befindlichen Titel sowie ein Barcode für den Rucksack. So kann überprüft werden, ob sich alle Medien im Rucksack befinden. Die einzelnen Bücher sind foliiert und haben ebenfalls einen Barcode, der bei der Ausleihe eingelesen wird. Da für CDs und DVDs eine Ausleihgebühr gezahlt werden muss, können die Rucksäcke ggf. auch ohne diese Medien entliehen werden.

Die Rucksäcke werden gesondert an einem bunten Kleiderständer präsentiert. Wiederum mit finanzieller Unterstützung des Fördervereins konnte das Themenrucksack-Angebot auf besondere Weise erweitert werden. Vom Tischler maßgefertigte Schatzkisten aus Holz werden mit je sechs Überraschungstiteln für Leseanfänger befüllt. Dabei befindet sich ein Schatz (Lesezeichen, Süßigkeit), den die Entleiher behalten dürfen. Die Kisten haben zwei Griffmulden und unterscheiden sich lediglich durch unterschiedlich farbige Zahlenschlösser. Wie bei den Osterüberraschungsbüchern (s. unten) erfährt das Kind erst zuhause, welche Titel es entliehen hat.

Literarischer Geburtstag

2010 feierte der Thienemann Verlag den 50. Geburtstag von Jim Knopf mit einem Mitmachpaket. Daraus entstand bei den Fördervereinsmitgliedern eine besondere Veranstaltungsidee: der literarische Geburtstag. Er wird seit fünf Jahren vom Förderverein der Bücherei Tostedt einmal im Jahr geplant, durchgeführt und finanziert. Anlass zu literarischen Geburtstagen sind runde Geburtstage beliebter Kinderbuchfiguren. Der Ablauf orientiert sich an herkömmlichen Geburtstagsfeiern für Kinder. Als Veranstaltungsrahmen haben sich bewährt:

- eine zum Thema passende Dekoration der Bücherei
- eine thematisch dekorierte Kaffeetafel mit passendem Gebäck

- Kreativaktionen
- Bewegungsaktionen
- Vorlesen einer Geschichte über das Geburtstagskind (sofern vorhanden als Bilderbuchkino)

Bei einem ausführlichen Planungsgespräch werden Ideen zusammengetragen und es wird der zeitliche Ablauf festgelegt. Mitglied der Planungsgruppe ist eine Dekorateurin, die bei der Dekoration der Bücherei hilft. So entstanden lebensechte Figuren oder auch überdimensionale Puzzles. Es wird überlegt, welche kulinarischen Köstlichkeiten aus den Geschichten für den Festtag vorbereitet werden können. Spiel- und Bastelideen werden überlegt, wobei wichtig ist, dass „Tobephasen" von ruhigeren Kreativprogrammen abgelöst werden. Bei den Verlagen wird nach kostenfreien Give-aways gefragt.

Bislang gefeierte Geburtstage:
50. Geburtstag von Jim Knopf
40. Geburtstag Sendung mit der Maus
30. Geburtstag von Kommissar Kugelblitz
90. Geburtstag von Otfried Preußler
15. Geburtstag vom Grüffelo

Im Mitmachpaket des Thienemann-Verlages zum Geburtstag von Jim Knopf befanden sich ein Plakat, Rezepte, ein Ausmalbogen in Lebensgröße sowie Bastelbögen. Von der Fachstelle wurde ein Jim-Knopf-Bilderbuchkino besorgt, und als Spiel wurde die „Reise nach Lummerland" vorbereitet. Den Geburtstagstisch zierte eine Holzeisenbahn.

Beim Besuch der Maus wurde die Geburtstagstafel mit den Figuren Maus, Elefant und Ente als Plüschfiguren sowie Buchstabenkeksen dekoriert. Drinnen wurde eine Hein-Blöd-Geschichte vorgelesen, draußen fanden Seilspiele statt. Als Höhepunkt waren vier Experimente für die Kinder vorbereitet worden. Ausmalbögen und die Herstellung eines Daumenkinos rundeten die Feier ab.

Zum Kugelblitzgeburtstag, bei dem die Kinder auf Wunsch auch verkleidet kommen konnten, erhielt jedes Kind einen Detektivausweis, der durch einen Fingerabdruck zum eigenen Ausweis wurde. Die ehrenamtlichen Helfer stellten sich als Kugelblitz-Team vor. Die Dekorateurin gestaltete ein lebensgroßes Kugelblitz-Puzzle, das seither auch bei weiteren Veranstaltungen Verwendung fand. Es wurde eine Geschichte mit fünf Verständnisfragen vorgelesen, dabei wurden die Kinder in die Ermittlungsarbeit eingewiesen. Es folgte ein temperamentvolles Räuber-Detektiv-Spiel. Im Anschluss konnten die Kinder eine Decodierscheibe herstellen, mit der sie ein Lösungswort erraten konnten. Für ganz schnelle Teilnehmer wurde zusätzlich ein Bilderrätsel vorbereitet.

Beim Preußler-Geburtstag wurden eine kindgerechte Kurzbiographie sowie eine weniger bekannte Hörbe-Geschichte vorgelesen. Ein Geister-Mitmachspiel sorgte für Bewegung. Die Kinder konnten die kleine Hexe auf sogenannten Kratzbildern anfertigen. Mit allerhand Utensilien wurden drei große Collagen von Hörbe, der kleinen Hexe und dem kleinen Wassermann gefertigt, die seither den Eingangsbereich der Bücherei verschönern. Zum Abschluss wurde das Bilderbuchkino vom kleinen Wassermann gezeigt.

Abb. 4: Literarischer Geburtstag „Grüffelo“ © Samtgemeindebücherei Tostedt.

Zum Grüffelo-Geburtstag erwartete die Kinder eine begehbare, stimmungsvoll dekorierte Grüffelo-Höhle. Als Gebäck gab es Muffins mit Grüffelo-Gesichtern und grüne Götterspeise. Grüffelo-Masken zum Ausmalen aus festem Karton wurden vom Verlag geschickt. Gespielt wurde das Laufspiel „Der Grüffelo kommt“ und „Familie Maier im Wald“. Abschließend wurde die Geschichte auf Wunsch der kleinen Gäste gleich zweimal als Bilderbuchkino gezeigt. Der Beltz-Verlag hält viele weitere Ideen für Grüffelo-Aktionen auf der Homepage bereit.[4]

Büchertausch der etwas anderen Art ...

Schon im ersten Jahr nach Gründung des Fördervereins kam die Frage auf, wohin mit gut erhaltenen Buchgeschenken der Leser. Seitdem organisiert der Förderverein jedes Jahr im Mai einen Bücherflohmarkt mit Kuchenbüffet.

Damit jedoch auch zwischen den Flohmarktterminen Bücher an Interessierte gelangen, wurde ein Buchtauschregal aufgestellt, und zwar im zentral in der Ortsmitte gelegenen Kaufhaus, das auch ausreichende Parkmöglichkeiten bietet. Das Kaufhaus ist ein kommunikativer Treffpunkt, der von vielen Bürgern regelmäßig aufgesucht wird.

Der Förderverein hatte den Geschäftsführer des Kaufhauses von dieser Idee überzeugen können, sodass er anbot, zwei Regale im Eingangsbereich zwischen den Taschenschränken und den Einkaufswagen zu positionieren. Aus Mitteln des Fördervereins wurden zwei stabile Regale erworben und mit ehrenamtlicher Hilfe aufgebaut.

Befüllt wurden die Regale zunächst mit von den Lesern gestifteten Buchgeschenken. Seither übernehmen das Befüllen die Kaufhauskunden, die sich von Büchern trennen wollen. Andere wiederum nehmen Bücher mit oder tauschen sie nach dem Lesen gegen andere Titel aus. Der Inhalt der Regale ändert sich stündlich.

4 http://www.grueffelo.de/

Abb. 5: Stündlich erneuert: Büchertauschregal im Kaufhaus © Samtgemeindebücherei Tostedt.

Jeden Monat übernimmt ein anderes Fördervereinsmitglied die Sortierung und sorgt für ein ansprechendes Äußeres der Regale. Es kommt durchaus vor, dass die Regale überfüllt sind oder Unansehnliches ins Regal gestellt wird. Enthält es einmal zu wenige Titel, werden die Regale aus dem Fundus des Fördervereins wieder aufgefüllt. Eine Spendenbox seitlich am Regal wird in regelmäßigen Abständen von der Kassenwartin des Vereins geleert. Die Spenden kommen der Veranstaltungsarbeit der Samtgemeindebücherei zugute.

Osterüberraschung

Mit den verpackten Osterüberraschungsbüchern sollen Büchereibesucher auf für sie unbekannte Titel neugierig gemacht und zum Lesen anderer Titel als der gewöhnlich gewählten verleitet werden.

Anfang des Jahres verfassen Mitglieder des Fördervereins zu den Titeln, die sie im vergangenen Jahr besonders angesprochen und fasziniert haben und die sie als lesenswert vorschlagen, einige Zeilen, die auf das Buch neugierig machen sollen, ohne den Inhalt zu verraten. Sechs Wochen vor Ostern werden die entsprechenden Bücher in Geschenkpapier mit frühlingshaften oder österlichen Motiven verpackt. Auf die Verpackung werden eine Barcodekopie sowie die kurze Inhaltsangabe geklebt. Präsentiert werden die Bücher in Weidenkörben. Um starker Nachfrage kurzfristig begegnen zu können, werden entsprechend verpackte Titel im Hintergrund bereitgehalten. Die Besucher wählen ein Buch aus und entdecken erst beim Auspacken zuhause, um welches Buch es sich handelt.

Auf das Angebot, das jedes Jahr vor Ostern erfolgt, weist das Veranstaltungsprogramm der Bücherei hin. Dadurch stoßen die Besucher auf Titel, die sie sonst vermutlich nicht mitgenommen hätten.

Im ersten Jahr wurden die Entleiher via Fragebogen nach der Akzeptanz des ungewöhnlichen Angebots befragt. Die Rückmeldungen waren durchweg positiv, und eine Wiederholung wurde gewünscht. Auf Nachfrage wurde das Angebot auf Jugendliche und Kinder ausgeweitet.

Gruselig: Lesenacht in der Geisterbibliothek

Bereits im Jahr der Gründung des Fördervereins wurde die erste Lesenacht geplant. Denn allen aktiven Mitgliedern des Vereins ist es ein Anliegen, Kinder für Bücher zu begeistern. Aufgrund des großen Erfolges und des großen Spaßes bei allen Beteiligten fanden im folgenden Jahr zwei Lesenächte statt. Dies war jedoch sehr zeitintensiv hinsichtlich der Planung und Durchführung, sodass seither eine Lesenacht pro Jahr angeboten wird.

Dekorationshelfer, Veranstaltungsprogrammbegleiter, die bis Mitternacht bleiben, meist zwei bis drei Übernachtende, und schließlich die Frühstückshelfer tragen zum reibungslosen Ablauf bei. Oftmals übernehmen Einzelne gleich mehrere Aufgaben.

Unter kreativer und tatkräftiger Anleitung einer Dekorateurin verwandelt sich die Bücherei mit vielen liebevollen Details in die thematisch angekündigte Umgebung.

Die Kinder kommen um 19.30 Uhr in die Bücherei und haben bereits Abendbrot gegessen. Getränke und Obst stehen für sie bereit. Von den Eltern wird im Vorfeld eine Einverständniserklärung eingeholt, in der Medikamenteneinnahme, Teilnahme am offenen Feuer, Notfalltelefonnummer, die fotografische Aufnahme und deren Verbreitung zu nichtkommerziellen Zwecken abgefragt werden.

Als Thema für die erste Lesenacht wurden Geister gewählt. Das Programm begann mit dem Basteln von Geistern aus Taschentüchern und Styroporkugeln sowie von Fledermausketten. Das Bilderbuchkino „Geisterbibliothek" wurde vorgeführt und ein Toilettenpapier-Mumien-Spiel veranstaltet. Eine gruselige Nachtwanderung durfte nicht fehlen. Am nächsten Morgen wurden die Kinder mit einem leckeren Frühstück geweckt.

Es folgten Detektiv- und Indianer-Lesenächte. Die Detektiv-Lesenacht fand in enger Zusammenarbeit mit der örtlichen Polizei statt. Es wurde ein Einbruch in der Bücherei fingiert, die Kinder bastelten Polizeimützen und besuchten die Polizei. Dort lernten sie die Arbeit der Spurensicherung kennen und durften das Polizeiauto besichtigen. In der Zwischenzeit wurden in der Bücherei Einbruchspuren gelegt, und die Kinder konnten bei ihrer Rückkehr ihr Wissen über die Spurensicherung anwenden.

Abb. 6: Lesenacht „Piraten" © Samtgemeindebücherei Tostedt.

Aufgrund der guten Erfahrung mit der Zusammenarbeit örtlicher Einrichtungen folgte eine Feuerwehr-Lesenacht. Mit Bollerwagen, gefüllt mit Getränken, zogen die Kinder zu Fuß los. Unterwegs wurden alle Hydranten gezählt. Auf dem Feuerwehrgelände warteten auf die Gruppe beleuchtete Rettungsfahrzeuge und eine Führung durch das Gerätehaus. Die Kinder durften mit der Wasserspritze auf Ziele spritzen, und ein Hindernisparcours wurde aufgebaut. Wegen nicht einschätzbarem Wetter gibt es bei Lesenächten, die überwiegend im Freien geplant sind, auch immer einen Plan B.

Einmal lud ein Jäger die Lesenachtteilnehmer in seinen großflächigen Garten am Ortsrand. Beim Rundgang durch den Garten wurden Rätselfragen zu den Waldtieren gestellt, die sich im Garten befanden. An Feuerstellen konnte Stockbrot geröstet werden. Bei der Rückkehr in die Bücherei wurde „Welches Tier bin ich?" gespielt.

Aufgrund erprobter Abläufe sowie vorhandener Dekorationen wird mittlerweile auch auf frühere Themen zurückgegriffen. Für die Kinder ergibt sich dadurch keine Dopplung der Themen, da viele aus dem Lesenachtalter herausgewachsen und andere nachgewachsen sind. Je nach Thema wird die Lesenacht für Schüler der 3./4. Klasse oder 1.–4. Klasse angeboten. Maximal zwanzig Kinder können an einer Lesenacht teilnehmen.

Für das nächste Jahr ist ein neues aktuelles Thema geplant. Zur Nacht „Miteinander leben – Zusammen leben" sollen das Leben in anderen Ländern vorgestellt und das Thema Flüchtlinge behandelt werden.

Fazit

Der Förderverein der Bücherei Tostedt e. V. unterstützt das Veranstaltungsangebot der Bücherei mit vielfältigen, kreativen Angeboten. Er möchte damit zur Leseförderung besonders bei Kindern und Jugendlichen beitragen. Seine äußerst aktiven Mitglieder erweitern durch tatkräftige, ideenreiche Mithilfe das Angebot der Bücherei Tostedt. Aber auch passive Mitglieder sind wichtig und willkommen, denn sie ermöglichen durch ihren jährlichen Mitgliedsbeitrag Neuanschaffungen und die Ausstattung von Veranstaltungen in der Bücherei. Als kleinen Bonus haben die Mitglieder freien Eintritt bei allen Veranstaltungen der Bücherei Tostedt.

Die zitierten Internetquellen wurden zuletzt am 6.2.2015 aufgerufen.

Herbert Althoff

SpätLesen – Literatur und Kulinarisches in Bad Oeynhausen

Einleitung

Der „FörderVerein der Stadtbücherei Bad Oeynhausen e. V.“[1] wurde 2003 vor dem Hintergrund „klammer“ kommunaler Kassen gegründet. Insbesondere für kulturelle Einrichtungen standen wenige finanzielle Mittel zur Verfügung. Seither kann der Verein mit seinen nunmehr ca. 315 Mitgliedern auf 246 Veranstaltungen verweisen (Stand 12/2014). Von besonderen Events berichten die Printmedien. Doch besonders die Mund-zu-Mund-Werbung zufriedener Mitglieder führte zu einem erheblichen Anstieg der Mitgliederzahlen in dieser kurzen Zeit. Der Jahresbeitrag in Höhe von zwölf Euro beinhaltet ein breit gefächertes Angebot für alle Altersgruppen und sozialen Schichten. Darunter befinden sich beispielsweise Lesungen, Exkursionen, Bildungsreisen, Unternehmensbesichtigungen sowie Museums-, Theater-, Konzert- und Showbesuche. Die Angebote sind teilweise kostenlos oder aber kostengünstig organisiert.

Die Mitgliederbindung wird durch umfangreiche Maßnahmen gesichert. Dazu zählt ein Begrüßungsschreiben an neue Mitglieder mit einer Einladung zu den aktuell angebotenen Veranstaltungen. Zudem werden die Mitglieder bei sich bietenden Gelegenheiten durch den Vereinsvorstand persönlich angesprochen. So werden anlässlich besonderer Geburtstage Glückwünsche verschickt, und erkrankte sowie leidgeprüfte Mitglieder erhalten Beistand in Form von Briefen oder Blumengrüßen. Die Webseite der Stadtbücherei wirbt mit den Angeboten des Fördervereins:

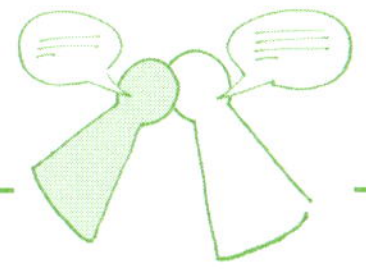

Wichtig: Der persönliche Kontakt zu den Mitgliedern des FörderVereins fördert die vertraute Atmosphäre.

Das bietet der Förderverein

- Literaturveranstaltungen „SpätLese“ jeden ersten Dienstag im Monat
- Exkursionen – Tagesfahrten zu interessanten Zielen in der Umgebung
- Theaterbesuche interessanter Aufführungen
- Bücher-Mobil – ein kostenloser Lieferservice für Menschen, die nicht selbst die Bücherei aufsuchen können
- Veranstaltungen für Kinder – Lesenächte oder Spiel und Spaß auf dem Bibliotheksfest
- Samstags vorgelesen – Mitglieder des Fördervereins lesen Kindern jeden Samstag Geschichten vor
- Aktuelle Hörbücher und DVDs – Der Förderverein unterstützt die Stadtbücherei bei der Beschaffung von Hörbüchern und DVDs
- Das aktuelle Veranstaltungsprogramm ist in der Stadtbücherei erhältlich

Im Folgenden werden drei besonders hervorzuhebende Veranstaltungsreihen vorgestellt.

Zur Zille-Lesung werden „Berliner“ serviert

Zu festen Terminen finden in der Bücherei Lesungen zu unterschiedlichsten Themen statt, gehalten von geschulten und geübten Mitgliedern. Die Themen sollen einen möglichst aktuellen Bezug haben, sei es die Jahreszeit, ein besonderer Autorentag,

1 http://www.badoeynhausen.de/index.php?id=274

der Jahrestag eines geschichtlichen Ereignisses, der runde Geburtstag einer literaturbekannten Person, eine geplante Exkursion oder die Lesung als Auftaktveranstaltung zu einer internen Ausstellung.

An jede SpätLese wird einige Tage vorher in der örtlichen Presse erinnert.

SpätLesen 2008–2014

- „Zille und sein Milljöh" – zum 150. Geburtstag von Heinrich Zille (01/2008)
- „Der Mond" – anlässlich der Mondlandung 1969 (09/2009)
- „Reisen wie es früher war" – zur Urlaubsreisezeit (05/2010)
- „Auswanderergeschichten" – als Nachlese der Exkursion zum Auswandererhaus in Bremerhaven (03/2011)
- „Afrika" – zum 50. Todestag von Tanja Blixen (11/2012)
- „Stefan Heym" – zu seinem 100. Geburtstag (04/2013)
- „Herbstimpressionen" – mit einstimmendem Video (10/2014)
- „Das ästhetische Wiesel" – zum 100. Todestag von Christian Morgenstern (04/2014)
- „Als die Römer frech geworden" – zur Vorbereitung auf eine Exkursion nach Xanten (05/2014)

Gelesen wird aus der gesamten unterhaltsamen Literatur, darunter sowohl Klassiker als auch Neuerscheinungen. Gelegentliche Gast- und Autorenlesungen sowie eine jährliche Empfehlung neu erschienener Bücher sind ebenfalls Bestandteil der „SpätLesen".

Abb. 1: Popcorn für die Besucher der SpätLese zum Faszination Kino © H. Althoff.

Bei freiem Eintritt werden eine Begrüßungs- und eine Pausenbewirtung, bestehend aus Getränken wie Wein oder Wasser sowie einer zum Thema der Lesung passenden kulinarischen Pausenüberraschung, angeboten.

Bei der Gestaltung der Lesungen wird nicht an Kreativität und abwechslungsreichen Ideen gespart!

So wurden bei der Heinrich-Zille-Lesung beispielsweise „Berliner" oder bei der „Römerlesung" (Mai 2014) ummantelte Datteln gereicht. Für das räumliche Ambiente werden die fahrbaren Bücherregale beiseite geräumt. Die Büchertröge werden zu Tischen umgerüstet, gruppiert aufgestellt und mit Gläsern, Kerzen, Blumen und Servietten bestückt. Wenn es das Thema erlaubt, wird der ganze Raum entsprechend dekoriert, wie zum Beispiel für die Veranstaltung „Afrika" (11/2012) oder die jährliche Dezember-SpätLese.

Selbstverständlich begrüßen die Gastgeber ihre 35 bis 55 Gäste persönlich und heißen sie willkommen. Am Ende jeder Veranstaltung wird mit netten Worten um eine kleine Spende gebeten – auf diese Weise kommen pro Veranstaltung durchschnittlich 90 bis 130 Euro für Neuanschaffungen für die Bibliothek zusammen. Bis zum Dezember 2014 konnten so insgesamt 88 SpätLesen veranstaltet werden!

SpätLese on tour

Einmal jährlich wird die SpätLese als sogenannte „SpätLese on tour" in einen Bad Oeynhausener Gastronomiebetrieb mit Flair, entsprechender Räumlichkeit und guter Küche ausgelagert. Im Vorfeld wird ein Dreigangmenü zum Preis von 15 Euro festgelegt. Garantiert werden 45 Teilnehmer, begrenzt wird bei 50 Personen. Die Lesungen vor, zwischen und nach den Gängen sind dem Thema des Abends und des Lokals angepasst. Für diese Veranstaltung müssen sich die Gäste anmelden und das Menü im Voraus zahlen, sodass zum Schluss von jedem nur noch die persönliche Getränkerechnung zu begleichen ist. Dank der garantierten Teilnehmerzahl und weil die Veranstaltung auch eine Werbung für das Lokal ist, gelang es bisher immer, für den vorgegebenen Preis ein exzellentes Essen zu bekommen. Seit Jahren ist diese Veranstaltung regelmäßig ausgebucht!

Der SommerLeseClub

Seit der Vereinsgründung im Jahr 2003 beteiligen sich die Stadtbücherei und der FörderVerein der Stadtbücherei Bad Oeynhausen am Wettbewerb des SommerLeseClubs[2], in dem bundesweit Schüler dazu aufgerufen werden, in den Sommerferien speziell dafür bestimmte Literatur zu lesen. Durch gezielte Fragen übernehmen die Vereinsmitglieder die Kontrolle darüber, ob das Buch nicht nur ausgeliehen, sondern auch tatsächlich gelesen wurde. Der Verein sammelt anlässlich dieser Veranstaltung Sach- und Geldspenden, übernimmt selbst einen Großteil der Kosten für die Literatur und richtet für die erfolgreiche Teilnahme eine Abschlussparty aus, bei der die Zertifikate nach einer allgemeinen Würdigung und Gratulation vom Bürgermeister persönlich ausgehändigt werden. Außerdem werden Getränke und ein Imbiss angeboten.

Die sonstige Gestaltung des Nachmittages variiert. Im Jahr 2013 begeisterte ein Improvisationstheater. Im darauffolgenden Jahr wurden die Teilnehmer durch einen Magier unterhalten. In den Jahren zuvor gab es eine Tombola mit einer begrenzten Anzahl von Gratislosen für die Teilnehmer.

---

2 http://www.sommerleseclub.de/

Die Leseförderung junger Menschen zählt zu den wichtigsten Zielen des FörderVereins.

Der mit diesen Veranstaltungen verbundene Aufwand ist nur mit einer Vielzahl von freiwilligen Helfern aus den Reihen der Vereinsmitglieder möglich. Freilose, günstige Zukaufmöglichkeit, wenige Nieten bei über 400 Gewinnen und bei bis zu 100 Partygästen lassen den Aufwand erahnen.

Der Verein fördert diese Initiative mit verhältnismäßig hohem finanziellem und ideellem Aufwand auch aus der Motivation heraus, die Lesekompetenz und die Allgemeinbildung bei jungen Menschen zu fördern und sie mit dem umfangreichen Angebot einer zeitgemäßen Bibliothek vertraut zu machen.

Die zitierten Internetquellen wurden zuletzt am 6.2.2015 aufgerufen.

Barbara Lison

Feste feiern, wie sie fallen …

„Die Freunde“ feiern das 111. Jubiläum „ihrer“ Stadtbibliothek Bremen

Freunde der Stadtbibliothek Bremen e.V.

Einleitung

Die Bremer Stadtbibliothek[1] gehört zu denjenigen Bibliotheken, die um die vorletzte Jahrhundertwende von einem bürgerlichen Verein gegründet und zunächst auch finanziert wurden. Ein Pastor, ein Sparkassendirektor und ein Unternehmer, der später auch Bremer Bürgermeister wurde, waren im Jahr 1900 die Hauptinitiatoren der „Lesehalle Bremen“. Ziel war es, „Mitgliedern aller Stände und Berufsarten zu bieten, was sie an Lesestoff verlangen“. Die Bibliothek sollte „mehr oder weniger eine Laienbibliothek im besten Sinne des Wortes, im Gegensatz zu einer [lt. Gründungsurkunde] Gelehrtenbibliothek“ sein. Mit diesem Impetus der „Bildung für alle Stände“ sollten „politische Tagesblätter, Wochen- und Monatsschriften, gewerbliche Fachblätter sowie wissenschaftliche und schöngeistige Werke“ angeschafft und für das Publikum in einem eigens dafür errichteten Bibliotheksgebäude präsentiert werden. Das Bremer Bürgertum ließ sich diese Idee der Volksbildung durchaus etwas kosten und ein erster Aufruf brachte genügend Geld sowohl für den Bau der Lesehalle als auch für die Anschaffung eines Buchbestandes zusammen.

Abb. 1: Innenraum der historischen Lesehalle © Stadtbibliothek Bremen.

1 http://www.stabi-hb.de

Die Lesehalle Bremen wurde im Jahr 1902 eröffnet und entwickelte sich unter der Leitung des renommierten Jenaer Bibliothekars Dr. Arthur Heidenhain zu einer der modernsten deutschen Volksbibliotheken ihrer Zeit. Bis in die Jahre des Ersten Weltkriegs konnte sie von ihrem Kapital und den Spenden der Bremer Großbürger und der Sparkasse Bremen zunächst gut, doch dann immer schlechter existieren. Im Jahr 1918 wurde deutlich, dass das in Kriegsanleihen angelegte Grundkapital der Lesehalle verloren war. Die Wirtschaftskrise der 1920er Jahre und die Folgezeit bewirkten einen deutlichen Niedergang der Einrichtung und auch der Bedeutung des Fördervereins. Mit der Verstaatlichung bzw. Gleichschaltung der bisher privat geführten Lesehalle durch die Nationalsozialisten im Jahr 1933 endeten zunächst Rolle und Bedeutung des Fördervereins der Stadtbibliothek Bremen.

Erst in der Nachkriegszeit, unter dem neuen Direktor Werner Mevissen, wurde der Förderverein der „Volksbüchereien der Freien Hansestadt Bremen" wieder ins Leben gerufen. Er sollte die Einrichtung, deren Name 1969 in „Stadtbibliothek Bremen" geändert wurde, vor allem materiell und finanziell unterstützen. Auch der Verein erhielt schließlich einen neuen Namen: „Freunde der Stadtbibliothek Bremen e. V."[2] Der Vorsitz wird seitdem jeweils von einem Repräsentanten der Bremer Sparkasse wahrgenommen. Dies bewirkt seit mehreren Jahrzehnten, dass von dieser Einrichtung regelmäßig Spendengelder an den Verein fließen.

Seitdem haben die „Freunde" – wie der Verein im Alltag genannt wird – die Stadtbibliothek kontinuierlich unterstützt und mit ihren Spenden dafür gesorgt, dass Maßnahmen und Projekte, für die im regulären Haushalt oder Budget keine Mittel vorhanden waren, realisiert werden konnten. Waren es in den 1990er Jahren noch die Installation von Faxgeräten und die Produktion von Titelempfehlungslisten, so definiert der Verein aktuell Schwerpunkte der Förderung, die seit einigen Jahren eine deutlich strategischere Ausrichtung haben. In der vergangenen Dekade trat der Vorstand auch deutlich politischer auf und versuchte, die Interessen der Stadtbibliothek auch in die Öffentlichkeit hineinzutragen. Die Zusammensetzung des ursprünglich fast nur aus ehemaligen Beschäftigten der Stadtbibliothek bestehenden Fördervereins hat sich ebenfalls stark gewandelt. Es sind inzwischen auch gesellschaftliche Akteure aus der Stadt sowie Bibliotheksbesucher als Mitglieder eingetreten. Eine wichtige Rolle spielt auch der „Beirat" des Vereins – eine kleinere Gruppe aus Repräsentanten des Bremer Unternehmertums, die für besonders aufwändige Projekte der Stadtbibliothek angesprochen werden können. Die operativen Aufgaben der Geschäftsführung des Vereins nehmen Beschäftigte der Stadtbibliothek wahr: die Vorbereitung der Sitzungen, die Durchführung der Projekte und auch die Planung und Organisation der inzwischen sehr beliebten jährlichen Studienreise zu interessanten „Bibliothekslandschaften" im In- und Ausland.

Das Jubiläumsprojekt 2013

Die enge Verbindung der Geschichte des Vereins mit der Stadtbibliothek führt dazu, dass – immer wenn die Stadtbibliothek Bremen einen besonderen Geburtstag feiert – auch der Förderverein mitfeiert. So unterstützte der Verein die Stadtbibliothek im Jahr 2002 schon bei ihrem 100. Jubiläum nicht unerheblich.

2 https://freundebremen.wordpress.com

Sowohl Verein als auch Beirat haben dann im Jahr 2013 mit deutlich höherem Engagement und größeren Finanzmitteln dazu beigetragen, dass das 111. Gründungsjahr der Stadtbibliothek mit einem breit angelegten Projekt gefeiert werden konnte. Die „Freunde der Stadtbibliothek Bremen e. V." förderten bei dieser Gelegenheit einen ganzen Reigen von besonderen Aktionen. Der Vorstand und der Beirat teilten und unterstützten die Ansicht der Bibliotheksleitung, dass dieses Jubiläum und die damit verbundenen Maßnahmen in besonderem Maße den Bremer Bürgern die Dienstleistungen der Bibliothek noch näher bringen sollten. Statt einer großen Feier im Bremer Rathaus mit zahlreichen geladenen Gästen wie im Jahr 2002 sollte eine zentrale Feier in der Bibliothek – zusammen mit den Bibliotheksbesuchern – die Popularität der Einrichtung unterstreichen. Statt eines üppigen gedruckten Jubiläumsbandes[3] für den Bücherschrank sollten bewusst bunte Programmpunkte für das Bremer Publikum finanziert sowie weitere öffentlichkeitswirksame Projekte durchgeführt werden. Alle Maßnahmen wurden in enger Kooperation und sowohl mit finanzieller als auch ideeller Unterstützung des Freundesvereins durchgeführt.

Den Auftakt des Jubiläumsjahres 2013 bildete die Kunstinstallation „Dresscode", von einem kunstliebenden Beiratsmitglied mit 10 000 Euro gefördert, die von Februar bis April zwischen der Zentralbibliothek und dem gegenüberliegenden Gebäude über die Straße gespannt war und die Bremer auf etwas Besonderes in unserem Haus vorbereiten sollte.

Abb. 2: Die Installation „Dresscode" des Medienkünstlers Tobias Zaft (Peking/Hamburg) © Stadtbibliothek Bremen.

Der eigentliche Jubiläumsakt wurde im Mai im großen Eingangsbereich der Stadtbibliothek gefeiert, mit vielen Bibliotheksbesuchern sowie mit breiter Kultur- und Politikprominenz. Der Vorstand des Freundesvereins war selbstverständlich auch anwesend und beteiligte sich an der Verteilung der großen Jubiläumstorte an die Besucher. Diese Torte war natürlich auch vom Verein gestiftet worden!

3 Eine gedruckte Publikation über die Geschichte der Stadtbibliothek Bremen erschien bereits 2002. Köster, Christoph: Die ganze Welt der Medien. Ein Jahrhundert Stadtbibliothek Bremen. Bremen: Edition Temmen 2002.

Abb. 3: Die Jubiläumstorte u. a. mit Bürgermeister und Kultursenator Jens Böhrnsen und dem Bremer Autor Jürgen Alberts © Victor Ströver, nordsign.

Das Jubiläumsprogramm selbst umfasste 53 Veranstaltungen für Alt und Jung und fand natürlich an allen Standorten der Bibliothek statt. Zusätzlich gab es einen Wettbewerb für Bremer Grundschulklassen, die unter dem Motto „Wünscht euch was" Vorschläge für „Verschönerungen" an drei Standorten der Stadtbibliothek machen konnten. Es sollte gebastelt, gemalt und gewerkt werden, und die schönsten und originellsten Vorschläge wurden prämiert.

Viele schöne Vorschläge wurden eingereicht. Prämiert wurde zum Beispiel die Idee eines „Raums der Stille" in der zentralen Kinderbibliothek, die dann auch mit Hilfe des von der Sparkasse gestifteten Geldes umgesetzt werden konnte. Die Sparkasse hatte – als traditionelles Gründungsmitglied der Stadtbibliothek mit einer Vertretung im Vorstand des Fördervereins – eine bedeutende Geldsumme als Jubiläumsgeschenk für diesen Wettbewerb zur Verfügung gestellt.

Natürlich gab es auch ein dauerhaft in der Stadtbibliothek verbleibendes Jubiläumsgeschenk des Fördervereins: Das lang ersehnte neue multifunktionale Rednerpult für den Veranstaltungssaal erfreut seitdem sowohl die Beschäftigten als auch die zahlreichen Gäste unseres „Wall-Saals". Natürlich übernahm der Verein auch die Finanzierung für Broschüren, Programme und andere Dinge – eben alles, was eine Jubiläumsfeier braucht bzw. attraktiv macht.

Ein ganz besonderes Projekt zum Jubiläum wurde in einer durch den Förderverein breit unterstützten, konzertierten Aktion durchgeführt: die Herstellung eines Werbespots über die Stadtbibliothek. Im Zeitalter der crossmedialen Herausforderungen sollte ein zwei- bis dreiminütiger Spot entstehen, der nicht nur bei Präsentationen und auf der Webseite der Stadtbibliothek gezeigt werden sollte, sondern auch in das Vorprogramm der Bremer Programm-Kinos integriert wurde. Dieser Spot sollte auch mehrere Jahre über das Jubiläum hinaus seine Gültigkeit behalten. Inhaltlich sollte auf die langjährige Bibliothekstradition in Bremen eingegangen werden. Gleichzeitig wollte man jedoch auch die Modernität und Innovationskraft der Einrichtung sowie ihr Dienstleistungsspektrum in den Mittelpunkt stellen. Das breite Spektrum an Bibliotheksbesuchern, die mit ihren unterschiedlichen Bedürfnissen und Interessen die

Abb. 4: Jubiläumsprogramm
© Stadtbibliothek Bremen.

Abb. 5: „Wünscht euch was“
© Stadtbibliothek Bremen.

Einrichtung auf verschiedenste Weise nutzen können, sollte ebenfalls gezeigt werden. Neben den Standorten der Bibliotheken durfte auch das Bibliotheksmaskottchen, der „Rabe Kessi“[4], nicht fehlen.

Ein solches Projekt ist komplex und vor allem relativ kostspielig; allein für die Produktion des Spots waren von der Medienagentur 11 000 Euro angesetzt worden. Mit Hilfe des Fördervereins und seines Beirats war es aber möglich, dass die Stadtbibliothek – mit Ausnahme von personeller Unterstützung – keinerlei weitere Ressourcen bereitstellen musste. Drei sehr engagierte Vereinsmitglieder trugen die Kosten für die Medienagentur. Ein weiteres Vereinsmitglied arbeitete ehrenamtlich intensiv an der Produktion des Spots mit, was die Erstellung des generellen Konzepts und des Storyboards und das Begleiten der Skizzen und Scribbels für die Produktion mit einschloss.

Doch der Spot erforderte noch weitere Aktivitäten: Es sollte ja kein Stummfilm werden! Eine Vertonung war zwar vorgesehen, aber Geld dafür gab es nicht. Über persönliche Kontakte eines Vereinsmitgliedes wurde ein sehr populärer Sprecher von Radio Bremen animiert, dem Spot seine Stimme zu leihen. Und dies sowohl auf Deutsch als auch auf Englisch, da der Film auch ein internationales Publikum erreichen sollte. Ein ganz spezielles Engagement für die Herstellung des Spots übernahm ein weiteres, männliches Vereinsmitglied: Es spielte als „Hand-Modell“ eine ganz besondere Rolle, deren Besonderheit nur beim Betrachten des Spots[5] nachzuvollziehen ist.

4 http://www.rabe-kessi.de/
5 Der Spot ist nach wie vor über die Website der Stadtbibliothek Bremen zu sehen: http://www.stabi-hb.de/Startseite.html, http://vimeo.com/69455538

Bei der Herstellung des Spots wurden Vereinsmitglieder direkt und ganz persönlich aktiv und brachten sich, ihre Ideen und Netzwerke zugunsten der Stadtbibliothek ein. Das dafür aufgebrachte Zeitbudget war erheblich. Aber natürlich wäre der Spot auch nicht ohne die große finanzielle Unterstützung möglich gewesen.

Fazit

Das Engagement eines Bibliotheken-Fördervereins kann auf unterschiedlichen Ebenen liegen und sehr vielfältig sein. Sehr oft ist die finanzielle Unterstützung einer Bibliothek das Hauptziel – und das ist auf jeden Fall auch gut und wichtig. Der Verein „Freunde der Stadtbibliothek Bremen e. V." hat sich seit knapp zehn Jahren strategisch so ausgerichtet, dass er darüber hinaus die Bibliothek im besten Sinne bei ihrer Arbeit „begleitet" und auch die einzelnen Mitglieder animiert, sich individuell zu engagieren. Dies wird in dem beeindruckenden umfassenden Projekt zum 111. Jubiläum unseres Hauses besonders deutlich.

Die zitierten Internetquellen wurden zuletzt am 29.1.2015 aufgerufen.

Ulla Theisling

„Living Library“

Lesezeichen e.V.
Förderverein Stadtteilbibliothek Sülz

Lebendige Bücher präsentiert von „Lesezeichen e. V.“ in Köln-Sülz[1]

Stellen Sie sich vor ...

... Sie hätten etwas Interessantes und Wichtiges zu erzählen – zum Beispiel Ihre Erfahrungen als ehemalige Alkoholabhängige. Sie würden eingeladen, um darüber zu berichten, indem Sie wie ein „lebendiges Buch“ ausgeliehen werden könnten. Sie würden mit jemandem allein in einer gemütlichen Ecke der Bibliothek sitzen und von Ihren Erlebnissen berichten. Ihr Gegenüber würde interessiert zuhören, hätte aber auch einige Fragen an Sie. Nach einer halben Stunde wäre die „Ausleihfrist“ zu Ende, und neue „Leser“ kämen zu Ihnen. Nun säße Ihnen ein Ehepaar gegenüber. Erneut käme ein intensives Gespräch in Gang, das überraschend anders verläuft.

„Lesen mal anders: Menschen sind auch Bücher!“[2]

Als ich vor vier Jahren das erste Mal durch die „Wuppertaler Initiative für Demokratie und Toleranz e. V.“[3] von der „Living Library“ hörte, war ich sofort begeistert. Mir gefiel die Vorstellung, in einer Kaffeehaus-Atmosphäre ein „lebendiges Buch“ für mich allein zu haben, das mir etwas erzählt und das ich alles fragen kann, was mich interessiert. Mir fiel z. B. ein, dass ich mich gerne einmal mit jemandem unterhalten würde, der am ganzen Körper tätowiert ist, oder mit der Marktverkäuferin auf dem Auerbachplatz, die zum Islam konvertiert ist.

Später fand ich heraus, dass das Konzept der „Living Library“ aus Dänemark stammt. Vor 14 Jahren wurde es zum ersten Mal bei dem Musikfestival in Roskilde erprobt. Seitdem ist es vielfach kopiert worden, auf Straßenfesten, in Jugendzentren und im skandinavischen Raum auch in Bibliotheken.

Die Botschaft

„Living Library“ hat eine zentrale Botschaft: Sie möchte dazu beitragen, Menschen näher zusammenzubringen und zwischenmenschliche Toleranz sowie den Respekt für verschiedene Lebensarten in einer vielfältigen Gesellschaft zu fördern. Denn häufig reden wir ja über Menschen anstatt mit ihnen. In der „Living Library“ werden Kontakte zwischen Menschen ermöglicht, die sonst kaum die Gelegenheit haben, sich im Alltag zu begegnen. Mit dieser Botschaft bin ich mit dem Förderverein „Lesezeichen e. V.“ der Stadtteilbibliothek in Kontakt getreten.

In manchen Bibliotheken finden auch thematische „Living Libraries“ statt, in denen die „Bücher“ z. B. aus verschiedenen Herkunftsländern stammen[4], außergewöhnliche Berufe ausüben[5] oder aber ähnliche Schicksale in Form von Krankheiten[6] teilen.

1 Lesezeichen e. V. Förderverein Stadtteilbibliothek Sülz: http://www.lesezeichen-koeln.de/
2 http://www.suelz-koeln.de/?p=18286
3 http://wuppertaler-initiative.de/
4 http://integrationdurchvielfalt.blog.de/2010/09/27/living-library-erfolg-9472176/
5 http://www.rp-online.de/nrw/staedte/wuelfrath/lebendige-buecher-erzaehlen-aid-1.4634022
6 http://www.aidshilfe-stuttgart.de/index.php?article_id=744

Überzeugungsarbeit

Als Gastgeberin eignet sich die Stadtteilbibliothek in Köln-Sülz[7], da sie einen geschützten und ausreichend großen Raum auf zwei Etagen für die Besucher und für die „lebenden Bücher" im Stadtteil bietet.

Schnell konnten die zwei Vorstandsdamen des Fördervereins und die Leiterin der Stadtteilbibliothek für den Vorschlag gewonnen werden. Ebenso konnte die Bezirksvertretung Köln-Lindenthal überzeugt werden, die Fördermittel für die Öffentlichkeitsarbeit und die Moderation zur Verfügung stellte. Fünf Personen und die Grafikerin bildeten schließlich das Team, das diese Veranstaltung vorbereitete und durchführte.

Gesucht – gefunden!

Man war sich schnell einig, dass die „lebendigen Bücher" ortsnah, also in der näheren Umgebung, zu suchen sein sollten. Freunde wurden befragt, welche „Bücher" sie interessant fänden und ob sie jemanden kennen würden, der bereit wäre, von sich zu erzählen. Die Auswahlkriterien waren sehr subjektiv. Nach etwa zwei Monaten waren fünf „Bücher" gefunden.

Mit jedem dieser „Bücher" saßen wir länger zusammen, um herauszufinden, welche zentrale Lebensgeschichte oder Erfahrung Bestandteil des „Buches" werden könnte. Dann suchten wir einen Buchtitel und formulierten einen aussagekräftigen Klappentext.

Fünf „Bücher" und ihre Geschichten

Anneli Schinkel, Buchtitel: „Bin ich ihr ähnlich?"
Wie ist es, wenn man ganz anders aussieht als seine Eltern, wenn man immer wieder gefragt wird, warum man so gut deutsch spricht? Mit 21 Jahren reiste ich zum ersten Mal in mein Geburtsland und konnte endlich spüren, wie es ist, äußerlich nicht aufzufallen. Im Alter von vier Monaten haben meine Eltern mich als „Findelkind" aus Südkorea adoptiert. Über eine koreanische Familienshow suchte ich meine Mutter und fand eine ganze Familie: Die leiblichen Eltern, zwei Schwestern und einen Bruder. Und ja, ich bin ihr, meiner leiblichen Mutter ähnlich! Das Leben mit meiner deutschen und koreanischen Familie wird immer spannend sein.

Heinrich Cuipers, Buchtitel: „Heimat ist heimatlos"
Seit 35 Jahren arbeite ich als Schauspieler,
seit 35 Jahren unterwegs und
seit 25 Jahren in Köln, und immer wieder
mehr oder weniger heimatlos,
seit Jahren auf dem Weg zur inneren Heimat.

Heimat hätt mer manchmal jans viel
Heimat is einfach ein jutes Gefühl
Heimat is grad wo ich dann bin
Heimat riecht man überall hin.

7 Stadtteilbibliothek Sülz: http://www.stadt-koeln.de/leben-in-koeln/stadtbibliothek/bibliotheken-archive/stadtteilbibliothek-suelz/

Heimat das riecht nach Gras und Heu
nach Äpfel und und nach Wäsche neu
Heimat is der Wind der ums das Haus da fegt.
Heimat ein Geruch der am Abend sich aufs Feld dann legt.

Iêda Maria da Costa Souza, Buchtitel: „Deutsche sind weiß! Eben nicht!“

Es ist schwierig in einer Gesellschaft Fuß zu fassen, die einen nicht mit offenen Armen empfängt. Aber es ist ermutigend, zu erfahren, dass es dennoch gut gelingen kann. Ich lebe damit, dass andere wegen meiner Hautfarbe denken, dass ich keine richtige Deutsche bin. Meine Eltern haben mir beigebracht, vieles nicht ohne Widerspruch hinzunehmen.

Warum habe ich Brasilien verlassen? Ich werde auch heute noch, nach 29 Jahren intensiven Lebens in Deutschland, danach gefragt. Ich habe einige Jahre gebraucht, um eine „plausible“ Antwort geben zu können, obwohl ich in Brasilien ein erfülltes Leben hatte – Job, Freunde, Familie. Es ist wohl mein Auftrag, die deutsche Gesellschaft zu bereichern. Und ich habe es auch schon ein wenig geschafft! Ich habe Deutschland zwei Kinder geschenkt, die nicht weiß sind.

Lisa Steinmann, Buchtitel: „Leben zwischen Leidenschaft, Demut und Vernunft“

Das Leben ist für mich eine Reise mit dem Ziel Zufriedenheit.

Auf meinem persönlichen Weg durch Höhen & Tiefen, bei Sonne & Schatten sind Leidenschaft, Demut & Vernunft für mich grundlegende, Kraft spendende Werte.

Walter Hoischen, Buchtitel: „Tragen und mich tragen lassen“

31 Jahre Handverkäufer von Kneipe zu Kneipe; „Ich trage die Zeitschriften, der Verkauf trägt meinen Lebensunterhalt.“

30 Jahre Schwimmlehrer, 1973–2002, „Wasser trägt, ich lasse mich tragen.“

Seit 2003 Reisender nach Indien; „Spiritualität trägt, ein Fundament zum Leben“.

Seit 2008 Bepflanzung mit „Sülzer Riesen“ (Sonnenblumen) zwischen Auerbachplatz und Sülzburgstr; „der Boden trägt alles, die Freude wird vom Dank getragen.“

Eine ältere Frau fragt mich: „Wissen Sie, was Sie da tun?“ „Ja, ich pflanze Sonnenblumen.“ „Stimmt, aber es passiert mehr. Sie verändern das Viertel!“ Walter Hoischen: „ Es ist diese Arbeit und der Kontakt, die mich tragen und ich trage mit dazu bei. Es ist ein Wechsel von Geben und Nehmen.“

Lesen mal anders: Menschen sind auch Bücher! Wir laden Menschen aus dem Viertel ein, die mit Vorurteilen, Stereotypen konfrontiert sind oder ungewöhnliche Erfahrungen machen, weil sie zum Beispiel eine andere Hautfarbe haben, im Rollstuhl sitzen, einem nicht alltäglichen Beruf nachgehen oder erst als Erwachsene die leiblichen Eltern kennenlernten. Homepage[8]

Wie läuft eine „Living Library“ ab?

Sie betreten die Stadtteilbibliothek und finden auf dem Tisch Informationsmaterialien und Plakate zu den fünf „Büchern“, die Sie ausleihen können. Wenn Sie sich entschieden haben, erhalten Sie einen kleinen Bibliotheksausweis. In diesem wird eingetragen, welches „Buch“ Sie um welche Uhrzeit ausleihen möchten.

Danach setzen Sie sich mit dem „lebenden Buch“ in eine gemütlich hergerichtete Ecke, in der Getränke und Kekse bereitstehen. Sie können sich nun eine halbe Stunde unterhalten. Jederzeit ist auch eine kürzere Unterhaltung möglich oder auch eine Verlängerung der Leihfrist. Dies allerdings nur, wenn das Buch nicht von einer anderen Person vorgemerkt wurde.

8 http://www.suelz-koeln.de/?p=18286

Nutzungsbedingungen

- Das „Buch“ hat das Recht, Fragen nicht zu beantworten. Grundsätzlich sind aber alle Fragen erlaubt, auch persönliche oder kritische.
- Die Leser verpflichten sich, das „Buch“ mental und körperlich unbeschädigt zurückzubringen. Es ist verboten, das „Buch“ zu beschädigen, Seiten herauszureißen oder seine Würde in irgendeiner Form zu verletzen. Leser haften für den Zustand des „Buches“.
- Nach Ablauf der Ausleihfrist von 30 Minuten müssen die „lebenden Bücher“ im ursprünglichen Zustand zurückgebracht werden.

Wer gerade kein „Buch“ liest, kann es sich in der Sofaecke mit anderen Besuchern bequem machen. Auch hier gibt es Getränke und Kekse.

Problem mit der Wartezeit?

Was machen wir, wenn die Besucher länger als 30/40 Minuten auf ein „Buch“ warten müssen? Schließlich war vorgesehen, dass man sich mit einem „Buch“ alleine oder zu zweit hinsetzt, um ein persönliches Gespräch zu ermöglichen. Da nur fünf „Bücher“ zur Verfügung stehen, kann es schnell vorkommen, dass die Wartezeit zu lang ist.

Schließlich haben wir uns für Folgendes entschieden: Wenn mehr als 20 Besucher da sind, öffnen wir das Gespräch mit einem „Buch“ auch für weitere Personen. Allerdings sollten diese dann nur zuhören und keine Fragen stellen können.

Öffentlichkeitsarbeit

Für die Veranstaltung entwarf die Grafikerin der Stadtbibliothek ein ansprechendes Plakat und einen Flyer. Der Flyer enthielt alle Informationen über die „Bücher“ mit Foto, Buchtitel, Kurztext und Informationen über die „Living Library“. E-Mails wurden an Mitglieder des Fördervereins und an einige Freunde geschickt.

Insgesamt hielten wir uns mit der Öffentlichkeitsarbeit sehr zurück, weil wir befürchteten, dass zu viele „Leser“ kommen und nicht ausreichend „Bücher“ zur Verfügung stehen könnten. Doch diese Annahme war falsch!

Ein intensiver Abend!

Vorab: Es war für alle – unsere „Leser“, unsere „Bücher“, unser Team und die anwesenden Lokalredakteure – ein wunderbarer und intensiver Abend!

Zunächst war zu verschmerzen, dass nur zehn Besucher gekommen waren (kein Wunder bei der geringen Werbung!), aber das war schnell vergessen. So konnten alle Anwesenden sich in Ruhe ihre „Bücher“ ausleihen und mit ihm allein oder zu zweit ins Gespräch kommen.

Auch die Sofaecke für die wartenden Besucher war gut frequentiert, und es fanden auch dort interessante, persönliche Gespräche statt, die üblicherweise unter Unbekannten nicht so schnell geführt werden. Man tauschte sich über die „Bücher“ aus, gab aber auch eigene Lebensgeschichten preis. In den Pausen tauchten auch die „Bücher“ auf, und die anwesenden drei Journalisten machten Fotos und Interviews.

Abb. 1: Das Plakat zum Projekt „Living Library“ in der Stadtteilbibliothek Sülz.[9]

„Und weil die Begegnungsdauer mit rund 30 Minuten bewusst lange angelegt war, bleibt der Kontakt nicht flüchtig, sondern kann durchaus in die Tiefe gehen. Alles andere also als ein hektisches Speed-Dating, eher ein Slow-Dating, noch dazu völlig unverbindlich, zwanglos“.
Kölner Stadtanzeiger, 18.12.2014

Feed back

Bei den Vorbereitungen zur „Living Library“ gab es auch Rückmeldungen von Freunden, die mit dieser Veranstaltungsart wenig anfangen konnten und die intime Gesprächssituation als etwas zu aufdringlich empfanden.

---

9 https://stadtbibliothekkoeln.files.wordpress.com/2014/10/plakat_living20library.png

Eine Besucherin hatte zunächst Bedenken, ob es ihr gefallen würde, alleine mit einem „Buch“ zu sprechen. Nachdem sie es einmal ausprobiert hatte, wollte sie jedoch gern noch weitere Gespräche führen.

Einige Rückmeldungen

- „Ich fand es total spannend. Das Distanzierende war schnell weg.“
- „Face-to-face – herrlich altmodisch.“
- „Nichts ist so spannend wie Menschen. Deshalb konsumiert man ja Bücher. Sie ermöglichen einen Blick ins Innenleben eines anderen. Im Alltag geht man auf der Straße einfach einander vorbei.“

Am nächsten Tag gab es ein Treffen mit den „Büchern“ zu einem Auswertungsgespräch. Es wurde von intensiven Begegnungen und interessanten Gesprächspartnern berichtet und Erstaunen darüber zum Ausdruck gebracht, dass die Kontakte und die Gesprächsschwerpunkte sehr unterschiedlich waren. Schließlich waren sich alle darüber einig, dass sie gerne noch einmal solch eine Veranstaltung durchführen würden. Am Ende stimmten alle darin überein, dass jeder Mensch eine Geschichte zu erzählen hat und damit auch als „Buch“ in Frage käme.

Die Presseresonanz war beachtlich: Drei Zeitungen berichteten ausführlich und positiv und mit Fotos darüber.

Im Herbst 2015 wird erneut eine „Living Library“ in den Räumen der Stadtteilbibliothek stattfinden.

Die zitierten Internetquellen wurden zuletzt am 6.2.2015 aufgerufen.

Julia Boltze

Prominente präsentieren Favoriten der Leipziger Jugend-Literatur-Jury

Eine Initiative des Vereins zur Förderung der Leipziger Städtischen Bibliotheken

VEREIN ZUR FÖRDERUNG DER LEIPZIGER STÄDTISCHEN BIBLIOTHEKEN e.V.
Gegründet 1990

Einleitung

Viele Bibliotheken, egal wie groß, haben Fördervereine. Einige sehr erfolgreich, andere weniger erfolgreich. Wie erfolgreich ein Förderverein ist, lässt sich für Außenstehende oft nur an öffentlichen Veranstaltungen messen. Solche Veranstaltungen helfen der Bibliothek unter Umständen nicht nur bei der Finanzierung, sondern inspirieren im Idealfall kleine und große Leser, das Angebot der Bibliothek noch stärker zu nutzen. Der „Verein zur Förderung der Leipziger Städtischen Bibliotheken e. V."[1], hervorgegangen aus einer Bürgerinitiative „Rettet die Leipziger Stadtbibliothek", initiiert und organisiert solche Veranstaltungen.

Eine (gar nicht so) kurze Geschichte

Die Geschichte der Leipziger Stadtbibliothek reicht zurück bis ins 15. Jahrhundert, als der Jurist Dietrich von Bocksdorf dem Leipziger Rat 42 Bücher stiftete. 1522 folgte der Stadtschreiber Peter Freitag diesem Beispiel, indem er dem Rat 253 Bücher hinterließ. Diese 295 Bücher wurden an Juristen, Ärzte, Apotheker und andere Bürger der Stadt ausgeliehen und bildeten den Anfang der späteren Leipziger Stadtbibliothek. Was mit knapp 300 Büchern begann, entwickelte sich in über 5 Jahrhunderten zur Leipziger Stadtbibliothek mit 430 000 Medieneinheiten und 15 Stadtteilbibliotheken.

Doch diese blühende Entwicklung hat im Laufe der Geschichte viele Höhen und Tiefen erlebt. Einer dieser Tiefpunkte war 1984 die ersatzlose Schließung der Stadtbibliothek. Doch aus der Bürgerinitiative „Rettet die Leipziger Stadtbibliothek" hat sich am 6. November 1990 der Verein zur Förderung der Leipziger Städtischen Bibliotheken gegründet, der sich bereits ab 1989 für die Wiedereröffnung der Bibliothek eingesetzt hatte.

Und dieser Einsatz hat sich gelohnt, denn nach siebenjähriger Schließzeit wurde 1991 die Stadtbibliothek am Wilhelm-Leuschner-Platz wieder eröffnet.[2]

Wichtige Quellen: Mitgliedsbeiträge & Spenden

Seit über 20 Jahren setzt sich der Verein nun für die Erhaltung der Bibliothek und eine Vielzahl von Projekten ein.

Jeder kann den Verein unterstützen, indem er entweder Mitglied wird, eine Buchpatenschaft übernimmt oder spendet. Für Privatpersonen beträgt der Mitgliedsbeitrag

1 http://stadtbibliothek.leipzig.de/wir-ueber-uns/foerderverein/
2 http://www.stadtbibliothek.leipzig.de/wir-ueber-uns/geschichte/

25 Euro pro Jahr, wobei die Jahresnutzungsgebühr schon enthalten ist. Für Firmen, Vereine und Körperschaften liegt der Mitgliedsbeitrag bei 30 Euro. Ab ca. 25 Euro können Patenschaften für den Erwerb von Büchern übernommen werden.

Lt. Vereinssatzung werden Spendenmittel genutzt

- für die Entwicklung zu einer modernen großstädtischen Bibliothek
- bei Aktionen für Kinder und Jugendliche
- im Rahmen der Aktion „Buchpatenschaften“. Für den Erwerb von Büchern können Patenschaften ab ca. 25 Euro übernommen werden. Außerdem werden Mittel zur Restaurierung historischer Buchbestände zur Verfügung gestellt (z. B. für das „Andreas Bach-Buch“ oder die „Telemann-Handschriften“)
- für Neuerwerbungen in den Bibliotheken
- für die jährliche Lesung der aktuellen Georg-Büchner-Preisträger
- für begleitende Werbemaßnahmen
- für die Ausstattung von Kinder-, Jugend- und Fachbereichen

Neben dem guten Gefühl, seine Stadtbibliothek zu unterstützen, ergeben sich für Mitglieder des Vereins noch weitere Vorteile. Beispielsweise werden jährlich Exkursionen in ausgewählte Bibliotheken und zu literarischen und kulturellen Stätten organisiert, auf denen Mitglieder die Möglichkeit haben, Kontakte zu knüpfen und sich auszutauschen.[3]

Spielfeld Stadtbibliothek: Ein Aktions- und Familientag

Der Förderverein war u. a. auch an der Organisation des Aktions- und Familientages in der Stadtbibliothek Leipzig im Oktober letzten Jahres beteiligt – ein Tag, an dem Kindern und Erwachsenen die Möglichkeit geboten wurde, ihre Stadtbibliothek auf interaktive Weise besser kennenzulernen.

Der Sächsische Literaturrat gibt auf seiner Facebook-Seite immer wieder Tipps zu aktuellen literarischen Veranstaltungen in Leipzig und weist auch auf bevorstehende Veranstaltungen des Fördervereins hin.[4]

So wurden Führungen angeboten, in denen Kinder hinter die Kulissen der Bibliothek schauen konnten, Vereine aus Leipzig haben Lesungen für kleinere und größere Kinder organisiert und Erwachsene hatten die Möglichkeit, sich Vorträge zu aktuellen Themen anzuhören, beispielsweise darüber, wie Computerspiele unsere Welt verändern.

Der Förderverein der Bibliothek und auch andere Vereine aus Leipzig nutzten den Tag, um sich den Besuchern vorzustellen. Die Deutsche Zentralbücherei für Blinde beispielsweise versuchte, durch die Aktion „Lesen mit anderen Sinnen“ den Horizont der Kinder zu erweitern und auch Erwachsenen Literatur für Blinde und Sehbehinderte näherzubringen.[5]

Favoriten der Jugend-Literatur-Jury – präsentiert von Leipziger Prominenten

Ein besonders erfolgreiches Projekt des Vereins, das auch in der Presse seinen Niederschlag findet und auf einschlägigen Webseiten beworben wird, ist die Veranstaltung „Prominente Leipziger Bürger präsentieren Favoriten der Leipziger Jugend-Literatur-Jury“.

3 http://www.stadtbibliothek.leipzig.de/wir-ueber-uns/foerderverein/
4 https://www.facebook.com/SachsischerLiteraturrat/timeline?ref=page_internal
5 http://www.leipzig.de/freizeit-kultur-und-tourismus/veranstaltungen-und-termine/eventsingle/calendar/2014/10/tx_cal_phpicalendar/Spielfeld_Stadtbibliothek_Ein_Aktions_und_Familientag/

Abb. 1: Die Leipziger Jugend-Literatur-Jury 2014 präsentiert sich auf der Webseite der Leipziger Städtischen Bibliotheken © H. Bagehorn.[6]

Seit 2006 präsentieren 20 Schüler zwischen 14 und 19 Jahren unter der Leitung von Robert Elstner, Diplom-Pädagoge und Leiter der Jugendabteilung der Stadtbibliothek, ihre sechs Jugendbuchfavoriten des Vorjahres auf der Leipziger Buchmesse. Diese kreative Präsentation der Jugend-Literatur-Jury begeistert jedes Jahr eine Vielzahl von Zuschauern, weshalb es wünschenswert erschien, es nicht bei einer einmaligen Präsentation zu belassen, sondern den Titeln zu einem größeren Publikum zu verhelfen.

Die Leipziger Jugend-Literatur-Jury besteht aus Schülern verschiedener Leipziger Schulen und wird von den Leipziger Städtischen Bibliotheken und der JugendKulturWerkstatt JOJO[7] betreut.

6 http://stadtbibliothek.leipzig.de/lesen-und-lernen/leipziger-jugend-literatur-jury/
7 http://www.jukuwe-leipzig.de/

So entwickelte der Vorstand des Fördervereins die Idee, prominente Leipziger Bürger zu bitten, die Jahrgangsfavoriten vor Schulklassen vorzustellen. Auf diese Weise entsteht eine Lesestaffel, bei der die Prominenten aus jeweils einem Titel vor rund 50 Schülern vorlesen. Dieses Konzept stieß bei Schülern und Lehrern auf große Akzeptanz und befindet sich nun schon in der neunten Staffel.[8]

Aufgabe des Fördervereins ist es, „Prominente" zu mobilisieren, was bisher gut funktioniert hat. Bei dieser Mobilisierung wird versucht, alle Gesellschaftsschichten anzusprechen, um eine größtmögliche Vielfalt zu bieten.

Prominente Leser der Staffel 2014
- Dr. Karin Schumacher, Redakteurin bei MDR Figaro
- Susanne Metz, Leiterin der Leipziger Städtischen Bibliotheken
- Monika Osberghaus, Programmleiterin des Klett Jugendbuchverlags
- Ralf Scheler, Präsident der Handwerkskammer Leipzig
- Prof. Dr. Josef Haslinger, Präsident des PEN Deutschland
- Prof. Dr. Andreas Pinkwart, Rektor der Handelshochschule Leipzig

Abb. 2: Hinweis in der Online-Ausgabe des Familienmagazins der Leipziger Volkszeitung.[9]

Im Laufe der neun Jahre haben bereits die meisten Bürgermeister, einschließlich des Oberbürgermeisters, sowie zahlreiche Führungspersönlichkeiten aus Verbänden, Ämtern, Kultur und Museen teilgenommen. Umso verständlicher ist es, dass sich das Interesse nicht nur auf den jeweiligen Buchtitel beschränkt, sondern dass auch Fragen nach Tätigkeit und Werdegang des Vorlesers gestellt werden. Im Idealfall werden die Zuhörer dazu verleitet, den vorgestellten Titel in der Bibliothek auszuleihen.[10]

Die zitierten Internetquellen wurden zuletzt am 29.1.2015 aufgerufen.

---

8 http://www.leipzig.de/news/news/prominente-lesen-aus-favoritenbuechern-der-leipziger-jugend-literatur-jury/

9 http://www.schlingel-leipzig.de/events/923/leipziger-prominente-lesen-fuer-jugendliche-prof-dr-andreas-pinkwart-handelshochschule-leipzig-liest-aus-%E2%80%9Eno-place-nohome%E2%80%9C-von-morton-rhue/

10 http://stadtbibliothek.leipzig.de/lesen-und-lernen/leipziger-jugend-literatur-jury/

Natalie Arras

(Nicht nur) Open-Air-Kino auf dem Rathausplatz

Bücher und so … Freunde der Gemeindebücherei Stelle

Die Gemeinde Stelle ist im Südwesten der Metropolregion Hamburgs gelegen. Ihre Bibliothek[1] ist klein, aber fein: Eine Diplom-Bibliothekarin versorgt die ca. 11 000 Einwohner mit 17 000 Medieneinheiten. Unterstützt wird sie durch ihre Mitarbeiterin, die neben ihrer Arbeitszeit noch ehrenamtlich aktiv ist, eine weitere Ehrenamtliche sowie mehrere Schülerhilfen und nicht zuletzt durch den Förderverein „Bücher und so … Freunde der Gemeindebücherei Stelle e. V."[2]

Der Bücherverein versteht sich selbst als Unterstützung der Bücherei. Er möchte ihre Interessen in der Gemeinde an Stellen vertreten, an denen der Bibliothek selbst oft die Hände gebunden sind. Neben Öffentlichkeitsarbeit und der Pflege der Zusammenarbeit mit Kinder- und Jugendeinrichtungen in der Gemeinde geht es meistens auch um etwas, um das sich eigentlich immer alles dreht: das Geld.

Die Einsparungen im Kultursektor waren im Mai 1998 der Anstoß für die Gründung des Vereins. Die Bücherei war und ist eine der zentralen Kultureinrichtungen im Ort und ihr hoher Qualitätsanspruch sollte nicht unter dem knapper werdenden Haushalt der Gemeinde leiden. Obwohl so klein, ist die Bibliothek breit aufgestellt: Neben analogen wie digitalen Büchern bietet die Bücherei zwei Lautsprecher-Sessel zum Hörbuch- und Musik-CD-Hören sowie zwei Nintendo-3DS-Säulen zum Testen der Konsolenspiele an. Für die Kleinen wurde mit Hilfe des Fördervereins eine Spielecke eingerichtet. Derzeit bemüht sich der Verein um Sponsoren, die die Finanzierung einer Medienecke ermöglichen.

Gerade in einer kleinen Bibliothek ist es wichtig, dass diese und ihr Förderverein Hand in Hand arbeiten. Halten Sie sich vor Augen, dass Sie dieselben Ziele verfolgen. Nur so können Sie sie erreichen.

Ein Renner: Open-Air-Kino auf dem Rathausplatz

Selbst aktiv wird „Bücher und so …" mit unterschiedlichen Veranstaltungen, die immer in Absprache und Zusammenarbeit mit der Bücherei auf die Beine gestellt werden.

Bei den jungen Nachwuchslesern ist besonders das Open-Air-Kino, das jeden Freitag nach den Sommerferien auf dem Vorplatz der Bücherei stattfindet, beliebt. Der Eintritt ist kostenlos, es können jedoch Lose für einen Kinogutschein oder ähnliche Preise erworben werden. Gewinnen kann auch, wer am Filmtitel-Rätsel teilnimmt. Welcher Film gezeigt wird, ist nämlich geheim. Eine große Leinwand und eine entsprechende Soundanlage werden jedes Jahr von einem ortsansässigen Elektrofachhandel zur Verfügung gestellt. Bei Regen muss auf die Räume der Bibliothek ausgewichen werden.

Die Gäste bringen sich kleine Stühle oder Decken mit, der Verein bietet Speisen und Getränke an, und so kann ein wunderschöner Kinoabend unter freiem Himmel erlebt werden. Einziger Dorn im Auge sind in diesem Zusammenhang allerdings die Gebühren der GEMA. Die Auswahl der Filme, die für Freiluftaufführungen zugelassen sind, ist ohnehin schon beschränkt, die Gebühren für Freiluftaufführungen sind exorbitant.[4]

„Open-Air-Kino auf Rathausplatz. Zu einem Open-Air-Kino laden die Gemeindebücherei Stelle und der Verein ‚Bücher und so' am Samstag, 17. August, ab 20 Uhr auf den Rathausplatz ein. Der Film ist für jedes Alter geeignet und startet mit Eintritt der Dunkelheit. Den Titel gibt es nur in der Bücherei zu erfahren, wo man sich gleich für ein Gewinnspiel registrieren lassen kann. Der Eintritt ist frei. Sitzgelegenheiten sollten mitgebracht werden."
Th. Lipinski in: Kreiszeitung Wochenblatt vom 6.8.2013.[3]

1 http://www.buecherei-stelle.de/
2 http://www.buecherei-stelle.de/Buechereiverein.php?nr=1
3 http://www.kreiszeitung-wochenblatt.de/stelle/themen/rathausplatz.html
4 Siehe auch: http://www.abendblatt.de/hamburg/harburg/Harburg_Meldungen/article132288001/Open-Air-Kino-bei-Dunkelheit-auf-dem-Rathausplatz.html

KREISZEITUNG Wochenblatt

Stelle ÄNDERN

Beiträge | E-Paper | Kleinanzeigen | Zustellung | Redaktion | Über uns | Gesc

Lokales | Aktuelles | Blaulicht | Politik | Panorama | Service | Sport | Termine | Wirtschaft | Wi

Region > Stelle > Service > Open-Air-Kino in Gemeindebücherei

Open-Air-Kino in Gemeindebücherei

19 SEP **Wann?** 19.09.2014 20:00 Uhr
Wo? Gemeindebücherei , Unter den Linden 18, 21435 Stelle

Stelle: Gemeindebücherei | **thl. Stelle.** Zum Open-Air-Kino lädt die Gemeindebücherei Stelle am Freitag, 19. September, um 20 Uhr auf den Rathausplatz ein. Der Film, dessen Titel noch geheim ist, ist freigegeben ab sechs Jahren und startet, wenn es dunkel genug ist. Es wird gegrillt. Sitzgelegenheiten sollten mitgebracht werden. Der Eintritt ist frei. Bei Regen wird der Film in der Bücherei gezeigt.

Abb. 1: Für gute Presse wurde gesorgt: „Ein Film, dessen Titel noch geheim ist ...“[5]

Noch ein Renner: Die bücherKABINE

Zu einer weiteren, dauerhaften Leistung des Büchervereins gehört die Bücherkabine.[6] Die Mitglieder konnten 2013 die Leiterin des Fachbereichs Familie, Kultur und Sport dazu bewegen, ein Bücherregal in einer umfunktionierten Umkleidekabine im Freibad Stelle in der Art eines öffentlichen Bücherschrankes einzurichten. Hier können fortan Romane, Zeitschriften und Kinderbücher ausgeliehen werden. Dass dies zumeist ältere oder ausrangierte Exemplare sind, stört nicht: Die Bücherkabine wird sehr gut genutzt und hat so einen festen Platz im Büchereiangebot eingenommen.

Zitat aus der Homepage von „Bücher und so ...“[7]
Sommer 2013
Das neue Freibadkonzept zeigt bereits Wirkung. Ab sofort haben die Gäste des Freibades die Gelegenheit, sich Lesestoff aus der „bücherKABINE“ auszusuchen. Die „bücherKABINE“ ist bestückt mit Romanen, Zeitschriften und einigen Kinderbüchern. Ganz nach dem Motto „Bücher nehmen, lesen, bringen“ darf jeder sich dort bedienen.
Die Mitglieder des Vereins „Bücher und so... Freunde der Gemeindebücherei Stelle e. V.“ hatten schon lange die Idee eines öffentlichen Bücherschrankes. Das neue Freibadkonzept gab jetzt den Anstoß, diese Idee in die Tat umzusetzen. Annette Hardekopf, Leiterin des Fachbereichs Familie, Kultur und Sport reagierte spontan und veranlasste die Beschaffung eines Bücherregals, das in einer Umkleidekabine seinen Platz fand. In Zusammenarbeit mit der Gemeindebücherei Stelle entstand so die „bücherKABINE“. In regelmäßigen Abständen wird Büchereileiterin Nikola Laudien die „bücherKABINE“ besuchen und die Regale auch auffüllen.
Sie möchten das Ende Ihrer angefangenen Lektüre erfahren? Natürlich dürfen Sie das Buch auch mit nach Hause nehmen, um es zu Ende zu lesen.

---

5 http://www.kreiszeitung-wochenblatt.de/stelle/service/open-air-kino-in-gemeindebuecherei-d46559.html

6 Siehe auch: Gemeinde Stelle: bücherKabine für Stelles Freibad. http://www.gemeinde-stelle.de/portal/pressemitteilungen/buecherkabine-fuer-stelles-freibad-911000313-20230.html?rubrik=911000075 und http://www.abendblatt.de/hamburg/harburg/article116544378/Das-Freibad-Stelle-soll-umfassend-renoviert-werden.html

7 http://www.buecherei-stelle.de/Wir.php?nr=6

Abb. 2: Die bücherKABINE im Freibad: Bücher nehmen – lesen – bringen. Werbung für die Gemeindebücherei! © N. Laudien.

... und so ...

Neben dem Open-Air-Kino haben auch die Buchpräsentationen durch Annemarie Stoltenberg Tradition. Jedes Jahr im Frühherbst präsentiert die NDR-Moderatorin Neuerscheinungen und plaudert aus dem Nähkästchen des Buchmarktes selbst. Sie lockt meist um die 70 Menschen in die Gemeindebücherei, die mit Federweißem und Zwiebelkuchen die Lesesaison der Wintermonate einläuten.[8] Diese Veranstaltung ist

8 Siehe auch: http://www.kreiszeitung-wochenblatt.de/stelle/service/stoltenberg-liest-in-der-buecherei-d47974.html

so erfolgreich, dass sie mittlerweile zahlreiche Nachahmer gefunden hat und Frau Stoltenberg jeden Herbst quasi auf Lesereise in der ganzen Region gebucht ist.

Tipp
Es müssen nicht immer alle Mittel durch aufwändige Veranstaltungen selbst erwirtschaftet werden. Sponsoren können sowohl für einmalige Aktionen als auch für langfristige Partnerschaften gewonnen werden. Dies kann sich auch durch Mitgliedschaft eines Vertreters des Sponsors im Verein oder im Vorstand ausdrücken.

Das Rezept

Die Gemeindebücherei Stelle und ihr Bücherverein sind ein Paradebeispiel dafür, dass man auch im kleinen Rahmen und mit begrenzten personellen Ressourcen Großartiges leisten kann. Alles, was es dazu braucht, sind Engagement, Durchsetzungsvermögen und Teamwork. Die Bibliothek und ihre Freunde stehen im ständigen Dialog und treten auch nach außen hin als gleichberechtigte Partner auf. Dies ist die Grundlage für eine harmonische und erfolgreiche Zusammenarbeit.

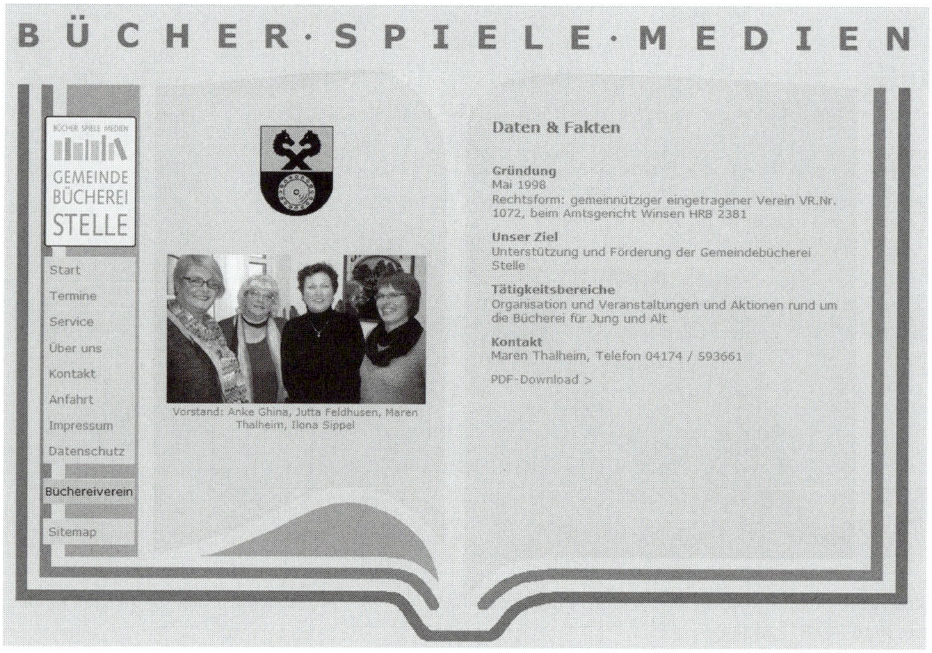

Abb. 3: Wichtig: Gesicht zeigen! Screenshot des Webauftritts der Gemeindebücherei und des Büchervereins.[9]

Die zitierten Internetquellen wurden zuletzt am 17.1.2015 aufgerufen.

9 http://www.buecherei-stelle.de/Buechereiverein.php?nr=3

Schwerpunkt: Leseförderung

Frank Bergmanshoff, Norbert Feyerabend und Maria Poll

Der Lesegarten im „Türmchen“

Ein Projekt des Fördervereins der Kinder- und Jugendbibliothek der Stadt Marl[1]

Einleitung

Etwas abseits des Rathauses der Stadt Marl (rd. 86 000 Einwohner) und idyllisch zwischen hoch gewachsenen Bäumen gelegen, befindet sich die Kinder- und Jugendbücherei „Türmchen“. Sie ist eine Nebenstelle der städtischen Zentralbibliothek und an die Marler Volkshochschule „insel“ angegliedert. Die Bücherei des Türmchens zählt aktuell rund 1 800 aktive Leser. Sie entliehen im Jahr 2014 knapp 118 000 Medien, insgesamt umfasst der Bestand rund 37 000 Medien.

Da die Kinder- und Jugendbücherei in den Jahrzehnten ihres Bestehens immer stärker zu einem Treffpunkt für Familien und Veranstaltungen wurde, reichten die Räumlichkeiten bald nicht mehr aus. Bereits ab dem Jahr 2000 reifte daher die Idee, den Sockel des Türmchen-Gebäudes ganz oder zumindest teilweise zu verglasen und somit neue Nutzfläche zu schaffen. Mit dem Bau des „Lesegartens“ durch den Freundeskreis der Jugendbücherei im Türmchen e. V. wurde diese Idee im Jahr 2008 Wirklichkeit.

Aus der Not eine Tugend gemacht ...

Das Projekt Lesegarten ist ohne die Vorgeschichte der „Jugendbücherei Türmchen“ nicht zu erklären. Das insel-Türmchen, ein „Bücherhaus für Kinder und Jugendliche“, ist eigentlich aus der Not heraus entstanden. Aus Platzmangel wurde 1969 der Kinder- und Jugendbuchbestand aus der „alten“ Zentralbibliothek ausgelagert und in einem kleinen Domizil, dem sogenannten „Versuchsgebäude“, untergebracht.

Auch dieses „Versuchsgebäude“ hat seine eigene und besondere Geschichte. Den internationalen Wettbewerb für den Neubau des Marler Rathauses hatten 1957 zwei niederländische Architekten gewonnen. Sie hatten sich etwas ganz Besonderes ausgedacht: Mit dem Marler Rathaus wollten sie die ersten Hängehochhäuser der Welt bauen. Da aber für diese Idee die praktische Erfahrung fehlte, errichteten sie zunächst einen kleinen Probeturm, das „Versuchsgebäude“, in dem zunächst die Bauleitung untergebracht wurde.

Als der Probebau nach Fertigstellung des Rathauses geräumt wurde, nutzte der damalige Leiter der Volkshochschule Bert Donnepp die einmalige Gelegenheit, für die Kinder, die sich in der Zentralbibliothek zwischen all den Erwachsenen stets recht verloren gefühlt hatten, eine eigene Bücherei einzurichten.

---

1 Freundeskreis der Jugendbücherei im Türmchen e. V., http://tuermchen-marl.de/freundeskreis/, http://www.facebook.com/tuermchenfreunde. Die Karoline wurde dem Freundeskreis für das Logo vom Illustrator R. Butschkow als Maskottchen zur Verfügung gestellt.

„Bevor man vielleicht daran denkt, das Türmchen zu schließen, muss man als Bürger wach werden und versuchen, das zu erhalten, was einem liebenswert ist."
Werner Eisbrenner, mehr als 20 Jahre lang Vorsitzender des Vereins

Von der Notlösung zum Dauerzustand

Aus dieser Notlösung wurde glücklicherweise ein Dauerzustand. Die Kinder- und Jugendbücherei konnte in ihrem „Versuchsgebäude" bleiben, da das Konzept für die neue Stadtmitte von Marl die Verbindung eines Selbst- und Weiterbildungszentrums (mit Erwachsenenbibliothek, insel-Volkshochschule und Lesesaal) unter einem gemeinsamen Dach mit einem Einkaufszentrum, dem „Marler Stern" mit dem größten Luftkissendach Europas, vorsah und 1977 verwirklicht wurde.

Mit dem Verbleib der Kinder- und Jugendbibliothek im Türmchen-Gebäude boten sich Besuchern und Beschäftigten nun viele Möglichkeiten und ein großer Freiraum zur medienpädagogischen Arbeit.

Das Türmchen – ein Markenzeichen

Das Türmchen – der Name ist bis heute ein fester Begriff in Marl, ja, ein Markenzeichen – entwickelte sich im Schatten der beiden Rathaus-Türme vor allem für die Kinder zu einem wichtigen Treffpunkt, der im Laufe der Jahre immer mehr an Beliebtheit gewann. Mit vielen regelmäßigen wöchentlichen Veranstaltungen, neuen Ideen zur Leseförderung und einer guten Öffentlichkeitsarbeit machte das Türmchen auf sich aufmerksam. Stetig steigende Besucher- und Ausleihzahlen festigten den guten Ruf der Kinder- und Jugendbibliothek.

Als 1982 im Rahmen von Sparmaßnahmen erstmals über eine Verlegung in die Zentralbibliothek, also ins Einkaufszentrum „Marler Stern", diskutiert wurde, kam es zu ungewohnt großem Widerstand in der Bevölkerung, mit dem Erfolg, dass die Kinder- und Jugendbibliothek in ihrem „Türmchen" erhalten blieb. Da aber die finanzielle Situation der Stadt Marl immer wieder problematisch war, musste jederzeit mit der Möglichkeit gerechnet werden, dass die Jugendbücherei entweder in die Zentralbibliothek im Einkaufszentrum verlegt oder sogar ganz geschlossen werden könnte.

Ein Freundeskreis wehrt sich

Im Bewusstsein der Marler Bevölkerung war das Türmchen fest verwurzelt, die Leserbindung stärker denn je. So war es nur folgerichtig, zur Unterstützung der Arbeit und zur Erhaltung des Standortes einen Förderverein ins Leben zu rufen.

Dieser gründete sich am 9. September 1993 unter dem Namen „Freundeskreis der Jugendbücherei im Türmchen e. V." Mehr als 200 Mitglieder und mehr als 30 ehrenamtliche Helfer unterstützen bis heute den Verein und sind Woche für Woche an den Veranstaltungen beteiligt.

In den ersten Jahren drehte sich die Vereinsarbeit darum, den Fortbestand der Bücherei im Türmchen zu sichern und Widerstand zu leisten gegen die Verlegungs- und Abrisspläne der Marler Stadtverwaltung.

Statt Schließung ein Neuanfang

Dem Freundeskreis gelang es, die Mehrheit der Ratsmitglieder davon zu überzeugen, dass die Jugendbücherei nirgendwo besser aufgehoben sei als an ihrem Standort – dem Türmchen. So kam es zu einem Ratsbeschluss, die Jugendbücherei im Türmchen zu belassen und dem Freundeskreis die Möglichkeit zu geben, einen verglasten Lesegarten als Veranstaltungsraum unterhalb des Türmchens zu errichten – „unterhalb“ deswegen, weil die eigentliche Kinder- und Jugendbibliothek auf einem Sockel steht und nur über eine Treppe ins Obergeschoss erreichbar ist – ein Problem für Eltern mit Kinderwagen oder Menschen mit Behinderungen. Bauliches Vorbild war das in Sichtweite stehende Skulpturenmuseum „Glaskasten“.[2]

Ein zusätzlicher Raum wurde dringend notwendig, da an fast jedem Wochentag eine Veranstaltung in der Bücherei stattfand. Oft erwies sich der vorhandene Veranstaltungsraum als zu klein, sodass fast immer größere Umräumarbeiten durch die Mitarbeiterinnen erforderlich waren – trotz Rollregalen ein schwieriges und zeitaufwändiges Unterfangen. Daher wurden Veranstaltungen auch gern nach draußen verlegt, um die unter der Jugendbücherei geschützt gelegene Freifläche zu nutzen. Dies ging natürlich nur in der warmen Jahreszeit und bei gutem Wetter. Durch die Verglasung sollte diese Fläche ganzjährig nutzbar gemacht werden.

Ein zweckgebundenes Rücklagenkonto soll’s möglich machen

Da klar war, dass der Freundeskreis für dieses Projekt viel Geld benötigte, wurde die Idee der Mitgliederversammlung bereits im Jahr 2000 vorgestellt. Sie griff den Vorschlag auf und beauftragte den Vorstand, ein zweckgebundenes Rücklagenkonto einzurichten und zu versuchen, die finanziellen Voraussetzungen für die Umsetzung zu schaffen. Mit diesem Auftrag konnte der Vorstand nun aktiv werden.

Es gelang, viele ehemalige Bibliotheksbesucher, deren Kinder und Enkel jetzt selbst Besucher im Türmchen waren, für diese Idee zu begeistern und zur Mitarbeit zu motivieren, zum Beispiel durch die zeichnerische Planung, Beratung und erste konkrete Berechnung der möglichen Kosten. Außerdem konnten viele Einzelpersonen, Firmen und Institutionen in Marl und Umgebung als Sponsoren gewonnen werden.

Nur nicht lockerlassen …

Die erste Planung ging davon aus, unterhalb der Bücherei drei Bereiche zu bebauen: einen größeren Lesegarten, ein kleineres Lesegärtchen und als Verbindung zwischen diesen beiden Räumen eine offene Leseterrasse. Die im Türmchen-Sockel vorhandenen Abstellräume sollten zu einem behindertengerechten WC und zu einer kleinen Teeküche umgebaut werden.

Der Bau eines Aufzugs wurde aus baulichen und finanziellen Gründen fallengelassen. Aber selbst ohne den Aufzug hätte die Verwirklichung der gesamten Pläne nach vorsichtiger erster Kalkulation etwa 250 000 Euro gekostet. Um diesen Betrag einzuwerben und anzusparen, hätte der Freundeskreis noch sehr lange gebraucht, obwohl es gelungen war, in den Jahren 2001 bis 2007 mehr als 100 000 Euro anzusparen. Mit diesem Betrag hätte der erste Lesegarten gebaut werden können.

Leider war das aber zunächst nicht möglich, da die Verwaltung der Stadt Marl nicht bereit war, die rechtlichen Voraussetzungen dafür zu schaffen. Immer wieder wurde der Versuch unternommen, eine Verlagerung der Kinder- und Jugendbibliothek in die Zentralbibliothek zu verwirklichen. Erst nach massivem Druck aus der Politik wurde am 21.12.2007 ein auf zehn Jahre befristeter Kooperationsvertrag unter-

Die rechtliche Grundlage für den Bau wurde mit dem Kooperationsvertrag zwischen dem Freundeskreis und der Stadt Marl geschaffen.

2 http://www.skulpturenmuseum-glaskasten-marl.de/

zeichnet, in dem die Stadtverwaltung den Bau des Lesegartens schließlich genehmigte. Der Freundeskreis verpflichtete sich zur Übernahme der Bau- und Unterhaltungskosten.

Abb. 1: Das Türmchen mit sanierter Fassade und ausgebautem „Lesegarten" 2010 © F. Bergmanshoff.

Schritt für Schritt zum ersten Spatenstich

In der Zwischenzeit hatte der betreuende Architekt die Unterlagen zur Baugenehmigung für den größeren Lesegarten erarbeitet und eingereicht. Die verschiedenen Gewerke wurden ausgeschrieben, Angebote mussten geprüft und Entscheidungen getroffen werden. Ohne Hilfe durch Fachleute und die Beratung durch Mitglieder hätte der Vorstand diese Aufgabe nicht leisten können. Auch der zeitliche Aufwand während der Bauphase war oft sehr hoch. Da aber einige der Vorstandsmitglieder bereits im Ruhestand waren, konnten sie die zeitliche Belastung gut meistern. Nach Erteilung der Baugenehmigung wurden die Aufträge vergeben und am 25. Juli 2008 erfolgte der „erste Spatenstich".

Inzwischen war es gelungen, etliche Marler Firmen und Unternehmen auch für fachliche und handwerkliche Unterstützung zu gewinnen. Besonders aktiv und hilfreich war das Unternehmen Evonik, einer der größten Arbeitgeber in Marl, das den gesamten Aus- und Umbau der vorhandenen Abstellräume im Erdgeschoss mit Auszubildenden aus den Bereichen Sanitär, Elektro und Schreinerei bewerkstelligte. Zusätzlich wurden das WC und die Teeküche mit den notwendigen Einrichtungsgegenständen ausgestattet.

Andere Firmen spendeten einen Teil der Arbeitskosten oder berechneten nur die Materialkosten. Durch diese Hilfe war es möglich, die Baukosten niedrig zu halten. So kostete der gesamte Um- und Neubau insgesamt „nur" 85 000 Euro. Auf dem Rücklagenkonto blieb genügend Geld, um die Unterhaltungskosten der nächsten Jahre finanzieren zu können.

Prominente Schirmherrschaft

Neben der Unterstützung durch handwerkliche Hilfe oder durch Geldspenden suchte der Freundeskreis aber auch nach Unterstützung auf anderer Ebene, durch die das Projekt „abgesichert“ und einer breiteren Öffentlichkeit bekannt werden konnte. Es gelang, den damaligen SPD-Bundesvorsitzenden Franz Müntefering für seine Mitwirkung und die Idee des Lesegartens zu interessieren. Bei einem Besuch in Marl besichtigte er das Türmchen und die „Baustelle Lesegarten“ und diskutierte mit dem Vorstand über das Thema Leseförderung. Zum Abschluss seines Besuches „schenkte” er den Kindern eine tolle Vorlesestunde.

Er wurde gebeten, die Schirmherrschaft für den Lesegarten zu übernehmen.

ePaper Apps Mobil Soziale Netzwerke Newsletter Hilfe

Ein Angebot vom MEDIEN HAUS BAUER

Marler Zeitung

Suchbegriff SUCHEN

Städte Nachrichten Sport Freizeit Ratgeber Bilder Videos Anzeigen Abo

Städte » Marl » Marl » Franz Müntefering liest Adventsgeschichten im Türmchen

Anmelden | Registrieren

50 Gäste hören zu

Franz Müntefering liest Adventsgeschichten im Türmchen

MARL Fünfzig kleinen und großen Zuhörern hat der ehemalige SPD-Vorsitzende und Vizekanzler Franz Müntefering im Lesegarten der Jugendbücherei Türmchen vorgelesen. Passend zur Adventszeit entschied er sich für zwei Geschichten der Kinderbuchautoren Kirsten Boie.

Empfehlen 0 | 8+1 0 | Twittern 0 | 1 Kommentar

AUTOR

Mona Ameziane

ZUM ARTIKEL

Erstellt: 6. Dezember 2014, 16:04 Uhr

Aktualisiert: 6. Dezember 2014, 17:18 Uhr

Orte: Marl

THEMEN

Lesungen in Marl, Türmchen

DAS KÖNNTE SIE AUCH INTERESSIEREN

Recklinghäuser Straße
Baustelle verlangsamt den Verkehr

Bergbau und Breitbandversorgung
Brisante Themen im Ausschuss

Abb. 2: Gute Presse für das „Türmchen“: Schirmherr Franz Müntefering liest Adventsgeschichten © M. Ameziane.[3]

Zum ersten Mal überhaupt nahm Franz Müntefering eine Schirmherrschaft an. Seitdem ist er regelmäßig ein gern gesehener Gast für eine Vorlesestunde im Lesegarten. Die Schirmherrschaft bewirkte für das Projekt auch überregionale Aufmerksamkeit, da viele Medien darüber berichteten.

3 http://www.marler-zeitung.de/staedte/marl/45770-Marl~/50-Gaeste-hoeren-zu-Franz-Muentefering-liest-Adventgeschichten-im-Tuermchen;art996,1448557

Die lokale Presse berichtet

Schon immer war für das Türmchen eine gute und intensive Zusammenarbeit mit der lokalen Presse wichtig. Regelmäßig werden die Redakteure zu Veranstaltungen eingeladen oder es werden ihnen Presseberichte zur Verfügung gestellt, sodass das Türmchen immer wieder in den Medien erwähnt und ausführlich über Veranstaltungen berichtet wird. Von dieser guten Öffentlichkeitsarbeit kann der Freundeskreis profitieren, denn auch über seine Aufgaben, Ziele und Projekte wird regelmäßig berichtet.

So fand auch die große Eröffnungsfeier am 20.3.2009, bei der Hunderte von Gästen, Freunden, Sponsoren und Mitgliedern die offizielle Einweihung des Lesegartens feierten, gebührende Beachtung.

Mehr Platz für alle

Die Fertigstellung des Lesegartens wurde in vielerlei Hinsicht ein Gewinn. Einerseits steht mit ihm ein fast immer ausreichend großer Veranstaltungsraum zur Verfügung. Andererseits kann in der Bibliothek der freigewordene Raum genutzt werden, um das Medienangebot attraktiver anzubieten. Davon profitiert besonders ein neu gestalteter Bereich für Vorschulkinder: Das Medienangebot wird schöner präsentiert, Eltern und Kinder haben mehr Platz und Ruhe.

Ein weiterer „Knackpunkt" im Türmchen war die Barrierefreiheit. Diese Problematik wurde durch den Bau des Lesegartens nicht ganz gelöst, aber deutlich verbessert. Zwar bleibt der Weg ins erste Obergeschoss für Kinderwagen und Rollstühle weiterhin versperrt, denn ein Aufzug konnte leider nicht verwirklicht werden. Doch nun steht im Erdgeschoss ein barrierefrei erreichbarer Raum zur Verfügung, in dem sich auch Eltern mit Kleinkindern oder Besucher mit Behinderungen aufhalten können. Sie können dort auch das behindertengerechte und mit einem Babywickeltisch ausgestattete WC nutzen.

Die Umgebung des Türmchens mitten in einem Grünbereich bietet sich geradezu dafür an, diese Lage zu nutzen und Naturerfahrung in Verbindung mit Leseaktivitäten weiter zu fördern. Die unmittelbare Nachbarschaft des Türmchens zum Skulpturenmuseum „Glaskasten" und zum Grimme-Institut[4] ist für eine gemeinsame (medienpädagogische) Arbeit ideal. Auch dafür sind mit dem Lesegarten nun die nötigen räumlichen Voraussetzungen geschaffen.

Die Fertigstellung des Lesegartens hat nicht nur die räumliche Situation in der Bücherei positiv beeinflusst. Er ist aus der täglichen Arbeit bei Klassenführungen – allein 57 im Jahr 2014 – und Veranstaltungen nicht mehr wegzudenken. Die mehr als 30 ehrenamtlichen Helfer des Türmchens unterstützen dort seit Jahren die Mitarbeiterinnen auf vielfältigste Weise: Lesepatenschaften, Vorlesestunden, Bilderbuchtreff, Dia-Kino, Bastelnachmittage, Kasperletheater und mehr stehen auf dem Programm. Außerdem kann der Raum von Schulen, Kindergärten und anderen Gruppen (nach Absprache) für ihre Arbeit genutzt werden. Und auch die Mitarbeiterinnen genießen es, Besprechungen außerhalb der Büros durchführen zu können.

4 http://www.grimme-institut.de

Wunder gibt es immer wieder ...

Und dann gab es noch ein kleines Wunder. Im Jahr 2010 stellte die Stadtverwaltung die notwendigen Mittel zur Verfügung, um die seit vielen Jahren geplante Renovierung und Sanierung der Fenster und der Fassade des Türmchen-Gebäudes zu verwirklichen. Schritt für Schritt wurden die einzelnen Bauelemente gegen energetisch verbesserte Aluminium-Elemente ausgetauscht. Im Winter wird es seither endlich warm, und mit den neuen Fenstern kommt viel zusätzliches Licht in die Bibliotheksräume. Nur der Linoleumboden erinnert noch an alte Zeiten.

Ausblick in die Zukunft

Ob auch noch der zweite Lesegarten und die Leseterrasse gebaut werden sollen oder können, bleibt offen. Ein 89 m^2 großer Lesegarten auf der gegenüberliegenden Seite des Sockels und eine etwa 24 m^2 große Leseterrasse als Bindeglied zwischen den beiden Lesegärten könnten realisiert werden, wenn es gelingt, die dafür nötige finanzielle Unterstützung zu gewinnen. Doch erst müssten die finanziellen Voraussetzungen dafür geschaffen sein, was zurzeit schwieriger geworden ist. Im Jahr 2017 muss außerdem neu mit der Stadt verhandelt werden, wie es weitergeht mit unserem Türmchen und dem Kooperationsvertrag. Aber schon jetzt können wir sagen: Es hat sich gelohnt, den Kindern und Jugendlichen diese spezielle Kultureinrichtung zu erhalten und dafür zu kämpfen!

Freunde der
Neuen Stadtbücherei
Augsburg e. V.

Annette Högg

„Summer Reading" für bildungsbenachteiligte Kinder und Jugendliche in Augsburg – der Förderverein macht's möglich

Einleitung

Die Kinder- und Jugendabteilung der Neuen Stadtbücherei Augsburg[1] möchte durch Veranstaltungen und Kooperationen mit anderen Bildungseinrichtungen die Lesemotivation und die Freude am Umgang mit belletristischer Kinder- und Jugendliteratur wecken sowie den Austausch darüber und die Kreativität fördern.

Aufgrund von Erfahrungen mit dem Sommerferien-Leseclub (SLC)[3], den die Stadtbücherei in den vergangenen Jahren regelmäßig angeboten hatte, wurde dieses Konzept gemeinsam mit einer Lehrerin und zwei Schülerinnen einer Augsburger Mittelschule überarbeitet mit dem Ziel, bildungsbenachteiligte Kinder und Jugendliche stärker zu fördern: Das „Summer Reading"-Projekt war geboren![4]

Die Leselust ist schlussendlich auch ausschlaggebend für die Verbesserung der Lesekompetenz. Dies bestätigt die derzeitige Forschung: „Alle Formen der Lesemotivation [beeinflussen] zentrale Merkmale des Leseverhaltens (z.B. die Häufigkeit des Lesens und die Ausdauer beim Lesen schwieriger Texte) und [fördern] auf diese Weise die Lesekompetenz".[2]

Vor allem leseferne Jugendliche in den Mittelschulen sollten zur Teilnahme motiviert werden. Dabei sollten die Grundideen des Sommerferien-Leseclubs beibehalten werden: die „freiwillige" Beschäftigung mit dem Buch, auch außerhalb des schulischen Kontextes, und der Wettbewerbsgedanke, der oftmals besonders die männlichen Jugendlichen anspornt.

Zwei zentrale Thesen stehen dabei im Fokus:

- Lesemotivation durch spielerische, multimediale Elemente
- Lesemotivation durch (Anschluss-) Kommunikation innerhalb der Peer-Group

Es geht also nicht um Quantität, wie z. B. die Anzahl an gelesenen, bewerteten oder gar entliehenen Büchern oder die Anzahl an neuen Bibliotheksbesuchern, sondern um die Förderung der Leselust.

Das überarbeitete Konzept überzeugte auch den Förderverein „Freunde der Neuen Stadtbücherei e. V."[5], der durch finanzielle Mittel erst ermöglichte, das Projekt im Schuljahr 2013/14 durchzuführen.

Wer liest – gewinnt!

Die Organisation des Projekts wurde von der Kinder- und Jugendabteilung der Neuen Stadtbücherei Augsburg koordiniert, die Schulen wurden jedoch auch von den jeweiligen Zweigstellen in den Stadtteilen angesprochen. Für das Projekt wurde auch auf der Homepage der Stadt geworben.

---

1 http://www.stadtbuecherei.augsburg.de/

2 Artelt, C. et al. (2005). Expertise Förderung von Lesekompetenz. Berlin [u.a.]: BMBF, Referat Publ., Internetred. (Bildungsreform 17), S. 20.

3 http://www.sommerferien-leseclub.de, http://neuestadtbuecherei.de/sommerferien-leseclub-fazit-und-ausblick/, http://www.bibliotheksportal.de/bibliotheken/projekte/leseclubs-im-sommer.html

4 http://www.augsburg.de/aktuelles-aus-der-stadt/summer-reading-lesewettbewerb-fuer-mittelschulen-768/. Die Namensfindung orientierte sich am New Yorker Vorbild, vgl. http://www.nypl.org/events/summerreading

5 http://www.neuestadtbuecherei.de/

„Summer Reading“: Lesewettbewerb für Mittelschulen

23.06.2014 08:10 | Kategorie: Bildung & Wirtschaft

Nichts ist spannender als ein gutes Buch. Beim Summer Reading können Schulklassen tolle Preise gewinnen. Foto: Simone Peter / pixelio.de

Eine Klasse, eine Kiste Bücher, ein toller Wettbewerb: So könnte die Kurzbeschreibung von „Summer Reading“ lauten. Das Projekt der Neuen Stadtbücherei ist für alle fünften und sechsten Klassen der Augsburger Mittelschulen gemacht. Das Ziel: Die Freude am Lesen wecken!

Abb. 1: Eine eigene Webseite informiert über das Projekt „Summer Reading.[6]

Die Bücher für das Projekt wurden zentral von der Stadtbücherei ausgewählt und eingekauft und von dort an die teilnehmenden Klassen verschickt. Um eine aktuelle und spannende Auswahl an Büchern bereitzustellen, wurden diese speziell für das Projekt erworben und gingen erst nach dessen Ende in den Bestand der Stadtbücherei und der Zweigstellen über.

Teilnahmebedingung für die Schulen war, dass die Anmeldung über den Lehrer erfolgte, dass dieser Lehrer einen E-Mail-Account und einen Fotoapparat besaß und für das Verteilen und Einsammeln der Bücher zuständig war. Jede Schülerin und jeder Schüler sollte bis nach den Sommerferien mindestens ein (unterschiedliches) Buch gelesen haben und dazu einen Fragebogen beantworten. Waren nach den Ferien alle Fragebögen vollständig eingegangen, hatte die Klasse die Chance, einen von fünf Preisen zu gewinnen:

- einen Videodreh inkl. Schnitt unter Anleitung eines Medienpädagogen
- kostenlosen Eintritt zu einer Lesung in der Stadtbücherei
- ein Meet-and-Greet mit einem Spieler des FC Augsburg
- Teilnahme an einem Rap-Workshop
- Teilnahme an einem Bookslam-Workshop

Bis zu den Pfingstferien konnten sich interessierte Lehrer mit ihrer 5. oder 6. Klasse zum Projekt anmelden, bis dahin wurden Bücherkisten an alle teilnehmenden Klassen verschickt. Die Klassen wurden vorab von den Mitarbeitern der Stadt(teil)

6 http://www.augsburg.de/aktuelles-aus-der-stadt/summer-reading-lesewettbewerb-fuer-mittelschulen-768/

bücherei besucht, die i. d. R. die Inhalte der Bücherkiste z. B. durch einen Book Slam®[7] vorstellten.

Zwischen den Pfingst- und den Sommerferien hatten die Klassen dann die Möglichkeit, sich mit den Bücherkisten zu beschäftigen und gegen die anderen Klassen bei fünf „Wochenchallenges“ (s. u.) anzutreten. Die Klasse, welche die Aufgabe der „Challenge“ am originellsten gelöst hatte, wurde mit einem Preis belohnt.

Los geht's!

Am Ende des Schuljahres, kurz vor den Sommerferien, sollte sich jeder Schüler für eines der Bücher aus der Kiste entscheiden. Das Buch durfte über die Ferien mit nach Hause genommen werden, und es war ein Fragebogen dazu auszufüllen. Nach den Ferien wurden sowohl die Bücher als auch die Fragebögen von den Lehrern wieder eingesammelt und zurück an die Bücherei geschickt. Unter der Voraussetzung, dass sich alle Schüler der Klasse beteiligt und jeweils einen Fragebogen ausgefüllt hatten, wurden unter den Klassen die fünf zur Verfügung stehenden Preise verlost.

Abb. 2: We love Summer reading! © D. Silbereis.

Bis zum Beginn des Projekts im Juni 2014 hatten sich 14 Klassen aus 7 verschiedenen Augsburger Mittelschulen für das Projekt angemeldet. In den ersten fünf Wochen, zwischen den Pfingst- und den Sommerferien, wurde den Klassen jede Woche eine „Wochenchallenge“ gestellt, um anzuregen, sich mit den Büchern vertraut zu machen. Die Aufgabenstellung zur „Wochenchallenge“ wurde jeweils am Montagmorgen per E-Mail an die Lehrer verschickt. Danach hatte die Klasse bis Freitag Zeit, ihren Beitrag einzusenden.

7 http://www.bookslam.de

Wochenchallenge
Es handelte sich dabei in der Regel um eine kreative Aufgabe zu einem Buch aus der Kiste. So sollte sich z.B. die Klasse einen Reim passend zu einem Buch ausdenken oder ein Foto zu einem Thema oder einer Szene eines Buch machen.
Das Foto „We love Summer Reading“ ist das Gewinnerbild, das die Klasse 5a der Herrenbachschule im Rahmen der „Wochenchallenge“ eingereicht hat. Es soll künftig auch als Werbemittel eingesetzt werden.

Die Teilnahme an der „Challenge“ war jedoch freiwillig. Je nachdem ob der Lehrplan es zuließ, die Aufgabe zu erfüllen, beteiligten sich nicht immer alle Klassen daran. So hat z. B. nur eine Klasse an allen fünf „Wochenchallenges“ teilgenommen, andere haben sich ein-, zwei- oder dreimal beteiligt. Nach Einsendung der Antworten wurde der jeweils originellste Beitrag mit einem Eisgutschein für die ganze Klasse belohnt.

Parallel dazu wurden auch schon die Buchfragebögen an die Klassen verteilt, welche die Schüler über die Ferien ausfüllen sollten, da viele der Lehrer diese gerne vorab mit den Schülern zusammen besprechen wollten. Die Bücher und die Buchfragebögen sollten die Schüler dann jedoch mit in die Ferien nehmen und die Bücher zuhause lesen. Zwar gab es auch die Möglichkeit, den Fragebogen online auf der Homepage der Stadtbücherei auszufüllen, jedoch wurde dies von keinem der Schüler genutzt.

Nach den Sommerferien wurden die Fragebögen von den Schulklassen eingesammelt und ausgewertet: Von den 14 teilnehmenden Klassen hatten 10 Klassen die Fragebögen eingereicht, jedoch waren sie nicht bei allen Klassen vollständig, sodass nur 7 Klassen für die Verlosung der Preise in Frage kamen. Die Einlösung der Preise erfolgte sukzessive im Oktober und November, bis auf das „Meet-and-Greet“ mit einem Spieler des FC Augsburg, das erst im kommenden Jahr verwirklicht werden kann.

Die Gewinnerklasse wurde von einem Mitarbeiter persönlich aufgesucht, der den Gutschein übergab und die Klasse motivierte, sich auch weiterhin am Leseprojekt zu beteiligen.

Resümee

Die Auswertung der Rückmeldungen aus den Klassen waren insgesamt sehr positiv: Die Auswahl der Bücher war für den Großteil der Schüler in Ordnung bis sehr spannend, jedoch für manche Schüler teilweise immer noch zu schwer – obwohl bereits bei der Auswahl darauf geachtet worden war, möglichst leicht zu lesende Lektüre auszuwählen.

Auch die Buchfragebögen waren für manche Schüler nur unter Hilfestellung des Lehrers zu bewältigen. Einige Lehrer gaben den Schülern die Bücher und die Fragebögen leider auch nicht mit in die Ferien, da sie befürchteten, dass diese über die lange Zeitspanne verloren gehen könnten. Auch der Wechsel des Klassenlehrers zum neuen Schuljahr stellte vor allem die 6. Klassenstufen vor dieses Problem, sodass das Projekt teilweise schon vor den Sommerferien vom Lehrer beendet werden musste.

Sowohl die befragten Schüler als auch die Lehrer beantworteten die Frage, ob sie sich wieder an einem solchen Projekt beteiligen würden, ausschließlich positiv. Viele der Schüler äußerten den Wunsch, noch mehr Zeit für das Projekt zu haben. Außerdem wurden gemeinsame Erlebnisse wie z. B. Ausflüge immer wieder als Möglichkeit der Optimierung geäußert. Aber auch die Chance, einen „Star“ oder ein Vorbild zu treffen, war einer der am meisten geäußerten Wünsche. In der Regel wurden dabei Fußballspieler genannt, aber auch berühmte Autoren wie J. K. Rowling.

Zusammenfassend verlief das Projekt, das wir dank der großzügigen Unterstützung des Fördervereins durchführen konnten, sehr positiv. Mit den Erfahrungen, die wir im Schuljahr 2013/14 gemacht haben, würden wir das Projekt gerne unter Berücksichtigung einiger Modifikationen im Schuljahr 2014/15 wieder anbieten.

Die zitierten Internetquellen wurden zuletzt am 20.1.2015 aufgerufen.

Anna Franzmann und Brunhilde Weber

MENTOR Euskirchen – Die Leselernhelfer

Einleitung

MENTOR Euskirchen[1] wurde im September 2011 aufgrund der Initiative von Anna Franzmann und Karl Heinz Beck, Forum Ehrenamt der Euskirchener Region („feder e. V.“) gegründet. Durch ein Gespräch mit MENTOR Hürth kam die Idee auf, MENTOR Euskirchen an die Stadtbibliothek zu binden. Zeitgleich mit der Gründung konnten Prominente als Schirmherren gewonnen werden: Bürgermeister Dr. Uwe Friedl, Autor und Verleger Ralf Kramp, Journalist und Diakon Manfred Lang und Schriftsteller Norbert Scheuer.

Die Idee „MENTOR – Die Leselernhelfer“ geht auf den Buchhändler Otto Stender in Hannover zurück, der gemeinsam mit vielen Mitstreitern 2003 den Verein MENTOR gründete als Antwort auf die damaligen sehr schlechten Ergebnisse der PISA-Studie. Ziel der Leselernhelfer ist es, mit dem Einsatz von ehrenamtlichen Mentoren in den Schulen die Lese- und Sprachkompetenz von Kindern zwischen 8 und 16 Jahren zu verbessern.

„MENTOR vertritt die Ansicht, dass jedes Kind, unabhängig von seiner kulturellen und sozialen Herkunft, eine Chance auf gesellschaftliche Teilhabe erhalten soll. Dazu gehört auch ein Schulabschluss, der seiner tatsächlichen Begabung entspricht. Unser regelmäßiges Leseangebot hilft auf dem Weg dahin.“[2]

Wie groß das Problem ist, zeigten die Ergebnisse der ersten Leo-Level-One Studie aus dem Jahre 2012, in der nachgewiesen wurde, dass es in Deutschland 7,5 Mio. funktionale Analphabeten zwischen 18 und 65 Jahren gibt:

> „Funktionaler Analphabetismus betrifft kumuliert mehr als vierzehn Prozent der erwerbsfähigen Bevölkerung (Lage auf Alpha-Level 1–3, 18–64 Jahre). Das entspricht einer Größenordnung von 7,5 Millionen funktionalen Analphabet/inn/en in Deutschland. Davon wird bei Unterschreiten der Textebene gesprochen, d. h., dass eine Person zwar einzelne Sätze lesen oder schreiben kann, nicht jedoch zusammenhängende – auch kürzere – Texte. Betroffene Personen sind aufgrund ihrer begrenzten schriftsprachlichen Kompetenzen nicht in der Lage, am gesellschaftlichen Leben in angemessener Form teilzuhaben. So misslingt etwa auch bei einfachen Beschäftigungen das Lesen schriftlicher Arbeitsanweisungen.“[3]

Einfacher gesagt, funktionale Analphabeten sind Menschen, die nur so viel lesen können, wie ein Kind am Ende des ersten Schuljahres.

MENTOR – ein bundesweites Netzwerk

2008 wurde in Hannover mit den damals 15 bundesweit existierenden MENTOR-Vereinen der Bundesverband „MENTOR – Die Leselernhelfer“ (MENTOR-Bund)[4] gegrün-

1 http://www.euskirchen.de/index.php?id=2828, https://stadtbibliothekineuskirchen.wordpress.com/tag/mentor/

2 Aus: Eine Idee macht Schule. Flyer MENTOR Euskirchen – Die Leselernhelfer im Verein der Freunde und Förderer der Stadtbibliothek Euskirchen e. V.

3 Funktionaler Analphabetismus in Deutschland. Ergebnisse der ersten leo. – Level-One Studie. Alphabetisierung und Grundbildung / hrsg. von Anke Grotlüschen und Wibke Riekmann. Münster [u. a.]: Waxmann 2012 (Alphabetisierung und Grundbildung, 10). S. 19–20. http://blogs.epb.uni-hamburg.de/leo/files/2014/01/9783830927754-openaccess.pdf

4 http://www.mentor-bundesverband.de

det, aus dem verschiedene Landesverbände hervorgingen. Inzwischen gibt es die Leselernhelfer-Bewegung bundesweit in mehr als 70 Städten. 2011 erhielt MENTOR-Gründer Otto Stender, Präsident des MENTOR-Bundesverbandes und Vorsitzender von „MENTOR – die Leselernhelfer Hannover e. V.“[5], für seine Verdienste das Bundesverdienstkreuz. Schirmherr des Bundesverbandes ist Richard David Precht.

„MENTOR Euskirchen – Die Leselernhelfer“ zahlt als Mitglied im Bundesverband einen jährlichen Beitrag von 50 Euro, das erste Jahr ist beitragsfrei. Der Bundesverband unterstützte die Neugründung von MENTOR Euskirchen mit kostenlosem Werbematerial und der Möglichkeit, Formulare von anderen MENTOR-Vereinen aus dem Internet herunterzuladen. Er ist jederzeit behilflich bei allen auftretenden Fragen. Kostenlos stellt er den MENTOR-Vereinen, die nicht mehr als 50 Nutzer haben, „Die kunterbunte Kinderzeitung“[7] per E-Mail zur Verfügung, die an interessierte Mentoren weitergeleitet werden kann. Sie ist den Euskirchener Mentoren sehr willkommen, weil sie bei den Kindern ein beliebter Lesestoff ist.

„Ich unterstütze die Arbeit von MENTOR, weil man durch niemanden so gut lernt wie durch ein Vorbild – durch einen Menschen, der einen ernst nimmt und sich um einen kümmert.“
Richard David Precht[6]

Der Bundesverband unterrichtet seine Mitglieder durch regelmäßige Rundbriefe und Veröffentlichungen im Internet über wichtige Entwicklungen. Jährlich findet eine Mitgliederversammlung und – damit verbunden – eine Fachtagung statt, sodass auch persönlicher Kontakt und Erfahrungsaustausch mit anderen MENTOR-Vereinen möglich ist.

Da man sich in Hannover bereits seit 2003 damit beschäftigt, leseschwache Schüler zu fördern, konnte inzwischen festgestellt werden, dass sich die Gewaltbereitschaft Jugendlicher in Hannover seither verringert hat. Dazu sagt der Kriminologe Christian Pfeiffer: „Wenn Kinder in der Grundschule durch Mentoren unterstützt wurden, dann können sie sich selber besser erfahren, selbstbewusster werden und Ehrgeiz entwickeln. [...] Die innerfamiliäre Gewalt geht zurück, ebenso das Macho-Gehabe junger Männer. Die Werte verändern sich, sozial auffällige Freunde werden weniger häufig gewählt.“[8]

Sinnvolle Partner: Förderverein und Stadtbibliothek

Nach Gesprächen mit dem Vorstand des Vereins der „Freunde und Förderer der Stadtbibliothek Euskirchen“ war klar, dass „MENTOR Euskirchen“ dem Förderverein angegliedert werden sollte. Der damalige Vorsitzende, Dr. Christian Eschweiler, hatte diese Anbindung zügig und unkonventionell gelöst. So wurde eine eigene umständliche Vereinsgründung vermieden, zumal sowohl der Förderverein als auch MENTOR die Förderung von leseschwachen Kindern als Hauptziel ihrer Arbeit ansahen. Außerdem erleichtert der Vereinsstatus das Einwerben von Spendengeldern.

Durch die Anbindung an die Stadtbibliothek und damit an die Stadt Euskirchen erhalten alle Freiwilligen, auch die Mentoren, die für die Stadt engagiert sind, ein erweitertes polizeiliches Führungszeugnis kostenlos. Zusätzlich sind die ehrenamtlichen Mentoren über die Stadt haftpflicht- und unfallversichert. Darüber hinaus können die Räume der Bibliothek für Veranstaltungen von MENTOR, wie z. B. Fortbildungen, Erfahrungsaustausch und Schulungen, genutzt werden.

5 http://www.mentor-leselernhelfer.de/
6 http://www.mentor-bundesverband.de/index.php/mentor-bund.html
7 http://www.die-kunterbunte-kinderzeitung.de/
8 http://www.balu-und-du.de/fileadmin/user_upload/Pressearchiv/088_2010-01-30_Koelner_Stadt-Anzeiger.pdf

Brunhilde Weber, die Leiterin der Stadtbibliothek, dazu: „Die Mentoren erhalten den Jahresausweis der Stadtbibliothek für alle Medien zum Nulltarif und können somit alle Medien – auch für ihre privaten Interessen – nutzen. So entsteht eine für beide Seiten angenehme Win-Win-Situation."

Seit dem Sommer 2013 sind acht Mitarbeiter der Kreissparkasse Euskirchen (KSK) als Mentoren tätig. Sie erhalten eine Freistellung von ihrer Arbeit für die wöchentliche Mentorenstunde. Im Gegensatz zu den bereits tätigen Mentoren, vor allem Senioren, sind mit den Mitarbeitern der KSK jüngere Menschen, die im Beruf stehen, im Einsatz. Ein weiterer positiver Aspekt ist, dass einige Männer dabei sind, was besonders den Jungen zugutekommt. Diese Anbindung geht auf eine Lesung mit Richard David Precht in Gemünd 2013 zurück, Folge einer Einladung der KSK Euskirchen.

Die Besonderheit bei MENTOR – Die Leselernhelfer ist das „1:1-Prinzip", d. h. ein Leselernhelfer arbeitet mit einem Kind. Dadurch kann sich eine positive Beziehung ohne Konkurrenz zu anderen Kindern aufbauen.

Betreuung ist „alles"

MENTOR beruht auf dem 1:1-Prinzip: „Wenn sich ein Mentor bei der Förderung ausschließlich um ein Kind kümmert, fördert dies nachhaltig das Potenzial, Lesekompetenz auf Dauer zu entwickeln."[9]

Damit unterscheidet sich das Prinzip von MENTOR grundsätzlich von der Arbeit der Vorlesepaten, die mehreren Kindern oder einer Gruppe vorlesen. Viele Kinder sind darauf angewiesen, dass sich ein Erwachsener ganz allein nur um sie kümmert; sie genießen diese Zuwendung regelrecht. Daraus entsteht eine persönliche Beziehung. Man hat festgestellt, dass sich dadurch die Motivation zum Lesen besser erreichen lässt. Außerdem ist es so möglich, auf die individuellen Interessen des jeweiligen Kindes bei der Auswahl des Lesestoffes einzugehen.

Anna Franzmann dazu:

„Ich bin von der Idee und Zielsetzung der MENTOR Initiative durch meine Erfahrung als Grundschullehrerin total begeistert. Ich habe immer wieder erlebt, dass Kinder im Bereich des Lesens zusätzliche persönliche Unterstützung brauchen, die ihnen in der Schule aus Personalmangel nicht gegeben werden kann. Häufig sind die Eltern aus unterschiedlichen Gründen nicht in der Lage zu helfen. Es handelt sich um Schüler, die das Lesen im Prinzip verstanden haben, aber dann nur ganz geringe Fortschritte machen, während andere schon recht flüssig lesen können. Dadurch geraten sie dann schnell ins Hintertreffen, beginnen zu raten oder wegen der vielen Misserfolge das Lesen ganz zu vermeiden. Als Lehrerin ahnt man schon am Ende des ersten Schuljahres, wohin das führen kann. Lesen ist einfach die Schlüsselqualifikation auch für alle anderen Schulfächer. So können dann z. B. auch Textaufgaben im Bereich Mathematik nicht gelöst und Arbeitsblätter im Sachunterricht nicht richtig verstanden werden. Es ist zu befürchten, dass viele dieser Schüler nicht den Schulabschluss erreichen können, der ihrer eigentlichen Begabung entspricht, schlimmstenfalls erreichen sie überhaupt keinen Schulabschluss. Hier kann der Mentor so etwas wie ‚Erste Hilfe' für den Start ins spätere Leben leisten."

„Kinder lernen bei MENTOR nicht nur lesen, sie lernen auch, dass Menschen sich ohne praktischen Gewinn um sie kümmern. Damit lernen sie die Sorge um sich und um andere." Richard David Precht[10]

Wie geht's?

In Euskirchen konnten drei Mentorinnen gewonnen werden, die bereit sind, mit Anna Franzmann gemeinsam organisatorische Aufgaben zu übernehmen. Jede Organisatorin ist für mehrere Schulen zuständig. Sie vermittelt die Mentoren dorthin und

9 Das 1:1 Prinzip – einfach erfolgreich. Lesen lernen leicht gemacht. Broschüre vom Bundesverband „Mentor – Die Leselernhelfer e. V."

10 http://www.haz.de/Hannover/Aus-der-Stadt/Uebersicht/Gratulation-von-Pippi-und-Precht-Leselernhelfer-feiern-Jubilaeum

ist für diese Schule und deren Mentoren Ansprechpartnerin bei Unklarheiten und Problemen.

Organisatorisches, das gemeinsam oder je nach Wunsch einzeln von den Organisatorinnen erledigt wird:

- Werbung neuer Mentoren z. B. durch Verteilung von Flyern
- Verfassen von Presseartikeln
- Teilnahme an Ehrenamtstagen und Seniorenveranstaltungen
- Gespräche zur Information und zum Kennenlernen der Interessenten

Nach der Anmeldung eines neuen Mentors erfolgt die Anforderung des erweiterten polizeilichen Führungszeugnisses über die Stadt Euskirchen. Wenn Mentoren angeworben werden, wird ihnen gesagt, dass sie bereit sein sollten, mindestens ein Jahr kontinuierlich mit einem Kind in der Schule das Lesen zu üben. Die Kontinuität und die längere Dauer sind für den Erfolg der Förderung sehr wichtig, da vielfach nur über die gute Beziehung, die sich durch eine längere Dauer der Förderung ergeben kann, die Motivation zum Lesen entsteht und erhalten bleibt.

Die ersten Schulungen zum Start von MENTOR Euskirchen wurden durch eine externe Fachkraft angeboten, mittlerweile übernimmt dies MENTOR Euskirchen selbst. In der einmaligen mehrstündigen Schulung werden die Mentoren für die Situation der künftigen Förderkinder sensibilisiert und auf Hürden und Schwierigkeiten beim Lesen aufmerksam gemacht. Es werden außerdem Hinweise auf passendes Arbeitsmaterial gegeben und Informationslektüre angeboten. Jeder Teilnehmer erhält eine Mappe, in der zu Hause noch einmal alles nachgelesen werden kann.

Anschließend werden die Mentoren an eine Schule, die mit MENTOR Euskirchen zusammenarbeiten möchte, vermittelt. Die Schule sollte für den jeweiligen Mentor gut zu erreichen sein. Die für die Schule zuständige Organisatorin begleitet den neuen Mentor beim ersten Kontakt.

Wichtig: Austausch und Fortbildung

Die Stadtbibliothek Euskirchen und der Förderverein organisieren auch einmal jährlich eine Dankeschön-Veranstaltung für alle Freiwilligen, die für die Bibliothek im Einsatz sind: die Mentoren, die Vorlesepaten und die Vereinsmitglieder. So hatte im Jahr 2013 der Autor und Verleger und zugleich Schirmherr von MENTOR Ralf Kramp nach Hillesheim in sein Kriminalhaus eingeladen. Ralf Kramp las den Freiwilligen bei einer Tasse der Kaffee-Spezialröstung „Schwarzer Tod“ und hausgebackenem Kuchen zwei humorvolle, kriminalistische Kurzgeschichten vor.

Zwei- bis dreimal jährlich wird ein Erfahrungsaustausch organisiert und möglichst einmal jährlich eine Fortbildungsveranstaltung von Mentoren.

Zu den Aufgaben der Organisatorinnen gehören ferner die Gewinnung von Sponsoren und die Kontaktpflege zu ihnen und ebenso zu den Schirmherren. Durch Spendengelder konnte für jede Schule eine große Auswahl von Materialien, die den Mentoren in einer Spiele- und Bücherkiste zur Verfügung gestellt werden, erworben werden. Als Auswahlkriterium gilt: Einfach zu erklärende Spiele, die man abkürzen kann und die man so „manipulieren“ kann, dass das Kind gewinnt, um einen emotionalen Ausgleich und Ermutigung zu erzielen.

Inhalt der „Spielekiste“
- Vier gewinnt
- Tierkindermemory
- Packesel
- Halli Galli
- Schiffe versenken
- Kreuzwortwürfeln
- Buchstabengitter
- LÜK[11] Minikasten
- LÜK-Übungshefte: Das kleine Rätselfrühstück
- LÜK-Denk- und Kombinationsaufgaben
- Lesetexte mit Silbentrenner: jeweils 5 Bücher für Lesestufe 1 und 2 (Der Leserabe).

Außerdem für die Mentoren:
- Grömminger, Arnold: Über die Lesehürden in der ersten und zweiten Jahrgangsstufe der Grundschule. Tipps; der Ratgeber vom FLOH. München: Domino-Verlag 2007.
- Grömminger, Arnold: Über die Lesehürden in der dritten und vierten Jahrgangsstufe der Grundschule. Tipps; der Ratgeber vom FLOH. München: Domino-Verlag 2007.
- Dazu jeweils Arbeitsblätter als Kopiervorlage

Abb. 1: Bereit für die Mentorenstunde: Ein schönes Sofa und eine Kiste mit Spielen und Büchern © B. Weber.

Das 1x1 der Mentorenarbeit

Der Leselernhelfer benötigt keine besondere pädagogische Ausbildung. Es handelt sich bei der Tätigkeit nicht darum, grundsätzlich einem Kind das Lesen beizubringen. Der Mentor soll vielmehr Freude am Lesen vermitteln und die Lesefähigkeit und die Sprachkompetenz eines Schülers verbessern. Es werden daher Kinder ab der 2. Klasse gefördert. Wichtig ist, dass der Leselernhelfer Freude daran hat, mit Kindern umzugehen. Er sollte selbst gerne lesen, geduldig und freundlich sein, auch wenn es am

11 http://www.luek.de

Anfang sehr langsam vorangeht. Nicht zuletzt sollte er anderen Kulturen gegenüber tolerant und aufgeschlossen sein. Bei vielen der zu fördernden Kinder handelt es sich um Kinder mit Migrationshintergrund.

Die regelmäßig einmal in der Woche stattfindenden Treffen von Mentor und Kind finden in einem geschützten Raum in der Schule, oft in der Schulbücherei, statt. Zu Beginn der Tätigkeit informiert der jeweilige Klassenlehrer über das Kind und benennt seine Stärken und Schwächen und Besonderheiten. Meist empfiehlt er auch für den Anfang einen geeigneten Text, der den Lesefortschritten des Kindes entspricht. Später wählt der Mentor mit dem Kind gemeinsam Texte aus, die – was wichtig für die Motivation ist – seinen Interessen und Fertigkeiten entsprechen. Für die Auswahl stehen dem Mentor alle Medien der Stadtbibliothek kostenlos zur Verfügung. Außerdem gibt es in vielen Grundschulen eine umfangreiche Schulbibliothek, die Spiele- und Bücherkiste und die „Kunterbunte Kinderzeitung".

Grundsätzlich sollte die Stunde ein Wechselspiel zwischen Arbeit und Entspannung sein. Denn für ein Grundschulkind sind 45 Minuten mit reinem Lesen zu anstrengend. Daher sorgt ein kleines Spiel zu Beginn – wie etwa das allgemein bekannte Spiel „Ich sehe was, was du nicht siehst..." – oder eine Pause mit Unterhaltung für einen guten Start und eine lockere Atmosphäre. Das Kind kann auch während der Stunde etwas essen und trinken.

Abb. 2: Maria-Regina Neft mit Kilian in der Schulbücherei der Grundschule Kuchenheim © B. Weber.

Zu Beginn liest das Kind vor. Am Ende eines Abschnitts fragt der Mentor nach, was es gelesen hat. Vielen schwachen Lesern geht der Sinn des Textes verloren, da sie zu sehr mit dem Erlesen beschäftigt sind. Viele Kinder besitzen nur einen sehr eingeschränkten Wortschatz, daher ist die Erklärung von Wörtern und Begriffen nötig. Gemeinsames Betrachten von Bildern zum Text und das Erzählen fördert ebenfalls die Erweiterung des Wortschatzes. Es kann auch zum Text passend gemalt oder gebastelt werden.

Zum Abschluss einer anstrengenden Lesestunde empfiehlt sich ein kurzes Spiel, bei dem das Kind gewinnen sollte, damit es mit einem guten Gefühl die Mentorenstunde verlässt.

„Im Lesen bin ich viel besser geworden. Ich trau mich auch im Unterricht laut vorzulesen, früher wollte ich das nicht.“
Yesmin, 9 Jahre[12]

MENTOR Euskirchen – im „Regelbetrieb“

Im Januar 2015 sind in Euskirchen 33 Mentoren, davon fünf Männer, im Einsatz. Sie sind an sieben Grundschulen und einer Hauptschule tätig. Die Altersstruktur ist von Mitte 50 bis Mitte 70. Nur bei den KSK-Mitarbeitern gibt es jüngere Personen. Außerdem stehen zwei Interessenten bereit, die noch geschult werden müssen. Es hat sich gezeigt, dass in der Regel alle Mentoren länger als ein Jahr mit den Kindern arbeiten. So sind fast alle, die Ende 2011 angefangen haben, noch dabei. Manche begleiten ein Kind vom 2. Schuljahr bis zum Ende der Grundschulzeit. Andere beginnen im 3. oder 4. Schuljahr. Wenn die Grundschulzeit der Kinder beendet ist, übernehmen die Mentoren nach Vorschlag der Schule ein anderes Kind.

Die Mentoren berichten häufig davon, wie viel Freude ihnen ihr Ehrenamt macht. Auch die Mitarbeiter der Kreissparkasse gehen gerne in die Schulen. Oft ist es so, dass die Mentoren recht traurig sind, wenn ein Abschied bevorsteht, weil ihr Lesekind die Schule verlässt. Die Schulen, die mit MENTOR Euskirchen zusammenarbeiten, signalisieren immer wieder, dass sie einen hohen Bedarf an Mentoren haben, und wie froh sie sind, dass es dieses Angebot gibt. Viele der Freiwilligen erhalten am Ende des Schuljahres und/oder zu Weihnachten ein kleines Geschenk von der Schule. Sie werden in der Regel auch zu Schulfesten und Veranstaltungen eingeladen.

Um die Zusammenarbeit zu erleichtern, hat MENTOR Euskirchen für die Schulen daher ein „Merkblatt“ entwickelt, das bei der Vorstellung eines neuen Mentors jedes Mal überreicht wird. Am besten gelingt die Zusammenarbeit in der Regel da, wo es im Lehrerkollegium außer der Schulleitung einen Ansprechpartner für MENTOR gibt.

PR zahlt sich aus

„MENTOR Euskirchen – Die Leselernhelfer“ benötigt u. a. für die Schulungen und für Spiele und Lesematerial finanzielle Mittel. Mehrfach sind dem Förderverein großzügige Spenden durch die Rotary und Lions Clubs vor Ort, durch die Bürgerstiftung der Kreissparkasse Euskirchen und weitere Spender zugeflossen, die ausschließlich für MENTOR bestimmt sind. Bedingt durch einen hohen Bekanntheitsgrad, intensive Kontaktpflege der beiden Vorsitzenden des Fördervereins zu den Geldgebern wie Einladungen zu eigenen Veranstaltungen, Sachstandsberichte über die Verwendung der Spenden und Weihnachtspost kann MENTOR Euskirchen jährlich mit Beträgen aus Fremdmitteln rechnen.

Ein besonderes Highlight der Öffentlichkeitsarbeit war in diesem Zusammenhang die Benefizveranstaltung „Kriminal-Tango und Lesung“ im Ameron Collection Parkhotel Euskirchen im Sommer 2012. Die Veranstaltung ging auf die Idee des Mitgründers Karl Heinz Beck zurück, der auch einen großen Teil der Organisationsarbeit übernahm. Schirmherr Dr. Uwe Friedl, der Bürgermeister der Stadt Euskirchen, fungierte als „Türöffner“. Alle beteiligten Personen und Firmen, wie das Hotel, die Werbeagentur Lemm, die Tanzschule Schumacher und die Moderatorin, haben ihren Part für die Benefizveranstaltung zum „Nulltarif“ bzw. zu einem sehr günstigen Preis zur Verfügung gestellt.

Zwei der drei weiteren Schirmherren von MENTOR konnten ebenfalls zu einer Kriminal-Lesung gewonnen werden: Ralf Kramp und Manfred Lang. Letzterer hat eigens für diesen Abend einen „Kurzkrimi“ geschrieben, der im Parkhotel spielte.

12 http://www.mentor-leselernhelfer.de/index.php/werden-sie-mitglied.html

Für dieses Jahr ist eine weitere Benefizveranstaltung mit Schirmherr Norbert Scheuer, Schriftsteller aus Kall, geplant. Er ist bundesweit ein anerkannter Autor; sein Buch „Überm Rauschen“ stand 2009 auf der Shortlist des Deutschen Buchpreises, er hat mehrere Literaturpreise erhalten und mittlerweile auch eine Poetikdozentur an der Universität Bonn inne.

Fazit

Die Anbindung von „MENTOR Euskirchen – Die Leselernhelfer“ an die Stadtbibliothek und den „Verein der Freunde und Förderer der Stadtbibliothek Euskirchen e. V.“ besteht jetzt mehr als 3 Jahre. Die Zusammenarbeit hat sich bewährt und ist für alle Beteiligten positiv. Der Förderverein und MENTOR helfen sich gegenseitig bei der Arbeit an ihrem gemeinsamen Ziel: Kindern mit Schwierigkeiten beim Lesen zu helfen und ihnen Freude am Lesen zu vermitteln. Viele Kinder gehen selbst dann gerne zu ihrer Lesestunde, wenn die Erfolge sich nur langsam einstellen und die Motivation zum Lesen noch zu wünschen übrig lässt; so sehr genießen sie die persönliche Zuwendung. Auch die Mentoren freuen sich auf die Lesestunde. Sie empfinden ihr Ehrenamt als eine sinnvolle Tätigkeit. Die Schulen sind glücklich, wenn sichergestellt ist, dass sich jemand um eines ihrer „Sorgenkinder“ kontinuierlich kümmert.

„Wer Lesen und Sprache beherrscht, muss nicht zuschlagen, sondern kann argumentieren.“ (Aus einer Broschüre des Bundesverbandes MENTOR)

Davon sind wir in Euskirchen überzeugt und deshalb gibt es „MENTOR – die Leselernhelfer“ auch in Euskirchen!

Die zitierten Internetquellen wurden zuletzt am 20.1.2015 aufgerufen.

Bernd Bruns

Verführung in Boxen

Der Lesepfad auf dem Hamelner Werder

Einleitung

In den Sommerferien 2013 entdeckten wir in Gurtis im österreichischen Vorarlberg einen Lesewanderweg, den die Grundschule in Zusammenarbeit mit Gemeinde und örtlichen Sponsoren eingerichtet hatte.[2] Es handelt sich um einen markierten Weg am Waldrand mit schönen Aussichten aus etwa 1 000 m Höhe, der aus sieben Lesestationen besteht. In relativ kurzen Abständen gelangt man jeweils zu einer Sitzbank, einer bunt bemalten lebensgroßen Holzfigur und einem Pfahl mit einer durchsichtigen wetterfesten Plastikbox. Darin enthalten ist Lesestoff aller Art – vom Vorschul- bis ins Jugendalter, vom Comic bis zum Sachbuch, von der Fortsetzungsgeschichte bis zu schülereigenen Texten – die vor Ort gelesen und dann wieder in die Box zurückgelegt werden sollen. Jede der nummerierten Lesestationen erläutert auf wasserdicht verschweißter Folie das Konzept und bietet Stifte und ein Feedback-Heft an, in dem man seine (Lese-)Eindrücke notieren kann.

Konzeption und Eigeninitiative der Schüler waren so überzeugend, dass ich sogleich einen Eintrag in das Feedback-Heft vornahm, forsch ankündigend, ein ähnliches Projekt zuhause in Hameln zu verwirklichen!

„Auf dem rund ein Kilometer langen Rundwanderweg rund um die ‚Egg' werden an den zahlreichen Sitzbänken Kinder-Holzfiguren angebracht, die wiederum von den Gurtiser Schülern gestaltet und bemalt wurden", erzählt Koordinatorin Bettina Gabriel. „In einem Behälter sind kleine Kinderbüchlein und von den Schülern erdachte und im Buchdruckverfahren selbst gedruckte Verse zu finden. Ein Teil einer Gurtiser Sage, der mit einem von den Schülern angefertigten Linoldruck illustriert ist, steckt ebenfalls in jedem Behälter."
Vorarlberg online, 19.3.2012[1]

Ein Urlaubssouvenir der anderen Art

Zunächst galt es, eine Skizze des Projektes vorzubereiten und dem Vorstand der Bibliotheksgesellschaft Hameln[3] zu unterbreiten. Die Idee überzeugte, entsprach sie doch der satzungsgemäßen Zielsetzung „Förderung der Lesekultur vor Ort", und so gab es bald „grünes Licht" zur Umsetzung des Projektes.[4]

Der nächste Schritt war die Suche nach einem geeigneten Ort für dieses Vorhaben. Der Stadtwald war zu weit entfernt. Das Werder, eine Flussinsel mitten in der Weser, altstadtnah, überschaubar, durch eine Fußgängerbrücke gut angebunden und ohne Autoverkehr, vor allem auch schulnah und im städtischen Besitz, schien dagegen bestens geeignet.

Der Leiter der zuständigen städtischen Behörde, „Fachbereich Umwelt und technische Dienste", war von dem Projekt schnell zu überzeugen, und seine Mitarbeiter sollten sich bei der Umsetzung noch als sehr hilfreich erweisen. Nachdem per Vertrag die endgültige Zusage der Stadt gesichert war, wurden bei einer Ortsbesichtigung gemeinsam die Standorte der einzelnen Lesestationen festgelegt. Es sollten sechs oder sieben sein, die zwar relativ nahe beieinander, aber ringförmig um ein Gartenlokal nebst Biergarten am Weserufer gelegen waren. Man konnte sie also nacheinander bequem erreichen und dort dann relativ ungestört verweilen. Auch

1 http://www.vol.at/nenzing/volksschule-gurtis-setzt-lese-wanderweg-um/3198555
2 http://www.vol.at/nenzing/volksschule-gurtis-setzt-lese-wanderweg-um/3198555
3 Bibliotheksgesellschaft Hameln e. V., http://www.bg-hameln.de/
4 http://www.bg-hameln.de/veranstaltungskalender/Lesepfad.html

die Pächterin des Lokals gab gern ihr Einverständnis, denn die Kinder der Gäste würden, während ihre Eltern den Biergarten genossen, die nahen Lesestationen besuchen können.

Alles geregelt: Ein Vertrag zwischen Stadt und Bibliotheksgesellschaft

Lesepfad auf dem Hamelner Werder

Die Stadt Hameln gestattet der Bibliotheksgesellschaft die Errichtung eines Lesepfades auf dem Werder. Der Lesepfad beinhaltet bis zu 7 Lesestationen, d. h. bunte Figuren, an denen Kästen mit Lesematerial für Kinder angebracht sind und jeweils ein Findling als Sitzmöglichkeit zur Verfügung steht. Die Standorte sind mit der Stadt Hameln bereits abgestimmt, siehe Anlage.
Für die Standorte auf dem von Frau Fischer gepachteten Grundstück hat Herr Bruns das Einvernehmen von Frau Fischer erhalten.

Die Aufstellung der Figuren erfolgt in Eigenregie der Bibliotheksgesellschaft. Die Verankerung muss standsicher erfolgen.
Gleiches gilt für die Aufstellung der Findlinge, Unterstützung durch den städtischen Betriebshof ist hierbei gegen Rechnung möglich.

Die Bibliotheksgesellschaft übernimmt die Verantwortung für die Reinigung und Pflege der Stationen sowie für den Austausch bzw. die Neubestückung des Lesematerials. Hierzu hat die GS Papenschule ihre Hilfe zugesagt.

Die Möblierungen der Stationen bleiben im Eigentum der Bibliotheksgesellschaft. Eventuell erforderliche Reparaturen werden durch diese veranlasst und finanziert.

Alle Maßnahmen sowie Materialauswahl für die Figuren, Kästen, Verankerungen und Ähnliches werden jeweils im Vorfeld mit der Stadt Hameln abgestimmt.

Sofern die Nutzung des Lesepfades langfristig nicht den Erwartungen entspricht, sich wiederholt Probleme z. B. durch Vandalismus ergeben oder die Stationen den Verkehrssicherheitsansprüchen nicht entsprechen oder sie einen verwahrlosten Eindruck machen, behält sich die Stadt vor, die Einrichtungen abzubauen. Im Vorfeld würde eine Kontaktaufnahme mit der Bibliotheksgesellschaft erfolgen.

Partnerschaften

Nun galt es, eine Grundschule zu gewinnen, denn ohne deren Mitarbeit und aktiven Beitrag war das Projekt, das ja auch ein Schulprojekt sein sollte, nicht denkbar. Die Rektorin der in der Nähe gelegenen Papenschule (Altstadt-Grundschule) stimmte zu, die Idee auf einer Gesamtkonferenz vorzustellen. Auch hier gelang es relativ schnell, eine Mehrheit des Kollegiums und der Elternvertreter für dieses Projekt zu gewinnen. Spontan erklärten sich zwei Kolleginnen bereit, sich mit ihren Klassen daran zu beteiligen. Jetzt war endgültig klar, dass der Lesepfad verwirklicht werden konnte!

Die Schule bzw. die Schüler erarbeiteten im Rahmen eines Projektes eine Grundkonzeption und überlegten:

- Was soll in die einzelnen Boxen hinein?
- Wie sollen die Boxen bzw. die Figurinen, die auf sie hinweisen, aussehen?
- Wer betreut wann die Lesestationen?
- Wen können wir zur Mitarbeit gewinnen? Etc.

„... Hinter diesen Figuren wird nun jeweils ein Modell eines amerikanischen Briefkastens angebracht, in dem die Grundschüler dann die Bücher verstauen."
DWZ (Druckausg.) 10.5.2014

Durch die guten Kontakte der Schule zur Jugendanstalt Hameln-Tündern[5] war es möglich, in deren Werkstätten entsprechend mannshohe Figurinen in wetterfestem Holz und buntbemalt kostenfrei erstellen zu lassen.

Abb. 1: Figurine, eine junge Leserin darstellend © B. Bruns.

Abb. 2: Figurine, einen jungen Leser darstellend © B. Bruns.

Die Bibliotheksgesellschaft verhandelte mit dem städtischen Betriebshof zwecks Installierung dieser Figurinen und der Einrichtung der einzelnen Lesestationen. Man verzichtete auf Holzbänke und beschloss, große Natursandsteine zu dafür markierten Stellen bringen zu lassen, denn als Sitzgelegenheiten waren sie sowohl unzerstörbar als auch unverrottbar. Einige Steine waren auf dem Betriebshof vorrätig und wurden gespendet, andere waren schon vor Ort und konnten genutzt werden. Der Betriebshof war – gegen angemessene Bezahlung – bereit, mit entsprechend großem Gerät die schweren Steine auf die Insel zu bringen, sie zu platzieren, die Pfosten an Ort und Stelle im Erdreich sicher zu verankern und die Figurinen zu befestigen. Dankenswerterweise waren diese vorher noch durch Lattierung verstärkt worden.

Anstelle der Plastikboxen war die Entscheidung für amerikanische Briefkästen aus Stahl („Original U.S. Mailbox") gefallen, die an den Pfosten angebracht wurden. Leider sollte sich später herausstellen, dass sie zu klein ausgefallen waren und großformatige (Bild-)Bände nicht aufnehmen konnten.

Gleichzeitig galt es, Sponsoren zu gewinnen – in der Regel Bankinstitute vor Ort –, die Medien zu informieren (Presse, lokaler Sender) und geeignete Bücher (z. T. aus den Beständen der Bibliotheksgesellschaft selbst) bereitzustellen. Auch der Elternverein bzw. einzelne Eltern der Schule waren bereit, geeignete Bücher für die Boxen zur Verfügung zu stellen.

5 http://www.jugendanstalt-hameln.niedersachsen.de

DEWEZET.de

Das Wetter in Hameln | Heute 2°/-2° | Mi 2°/-1°

LOKALES NACHRICHTEN FOTO&VIDEO INFOGRAFIKEN MEINUNG SPORT KULTUR SERVICE

> Startseite > Lokales > Hameln

Hameln 09.05.2014

Bücher in Boxen

Bibliotheksgesellschaft richtet Lesepfad auf dem Werder ein

Hameln. Lesen bildet – und das an einem ungewöhnlichen Ort. Am Montag weiht die Bibliotheksgesellschaft Hameln den Lesepfad auf dem Werder ein. An sechs Stationen gibt es Kinder- und Jugendliteratur, mit der man es sich auf einem Lesestein ...

Abb. 3: Medienwirksames Marketing: Die „Bücher in Boxen“ in den Lokalnachrichten.[6]

Es ist soweit!

Endlich, am 12. Mai 2014, nach fast einjähriger Vorbereitung, konnte das Projekt unter Beteiligung der Stadt und ihrer politischen sowie Behördenvertreter, der Schule, der Sponsoren, der Mitglieder der Bibliotheksgesellschaft und – besonders wichtig – der Presse seiner Bestimmung übergeben werden. Den Schülern und Schülerinnen hat es großen Spaß gemacht, die Boxen in Eigenregie zu füllen und sich auch selber einen Überblick über die von ihnen ausgewählte Literatur zu verschaffen, d. h. sie wurden auch selbst zu Lesern. Sie freuten sich darauf, auch anderen diese „Lesegenüsse“ vermitteln zu können.

6 http://www.dewezet.de/portal/lokales/hameln_Buecher-in-Boxen-_arid,615111.html

Gefördert wird das 1000 Euro teure Projekt von der Stiftung der Sparkasse Weserbergland und der Stadtsparkasse Hameln. „Wir hoffen aber, noch weitere Sponsoren für den Lesepfad auf dem Werder gewinnen zu können," so Bruns.
Aus: DWZ (Druckausg.), 10.5.2014

hameln Hallo Mittwoch MITTWOCH, 28. MAI 2014

Verführung zum Schmökern auf der Insel

Bibliotheksgesellschaft Hameln weiht Lesepfad ein / Zweijährige Vorbereitungszeit

Hameln (amg). Andere haben schöne Nippes im Gepäck – Bernd Bruns von der Bibliotheksgesellschaft Hameln hingegen brachte eine schöne Idee aus dem Urlaub mit. Vor zwei Jahren entdeckte er im österreichischen Voralberg einen Wander-Lesepfad und war davon so begeistert, dass er sich vornahm, ein ähnliches Projekt auch in seiner Heimatstadt Hameln umzusetzen: Der Vorsitzende der Bibliotheksgesellschaft konnte verschiedene Partner für die Aktion gewinnen (die Stadt Hameln und den Betriebshof, die Stadtsparkasse Hameln und die Sparkasse Weserbergland als Sponsoren, die Papenschule und die Jugendanstalt Hameln) und schließlich war es in dieser Woche nach zweijähriger Vorbereitungszeit soweit: Ha-

Der Lesepfad auf dem Werder wurde sofort von Kindern neugierig absolviert. Foto: amg

Abb. 4: Ergebnis einer guten Pressearbeit: „Hallo Mittwoch" (Werbezeitung), 28.5.2014.

Von den lokalen Medien wurde die Initiative sehr positiv aufgenommen, sodass sich damit auch ein guter Werbeeffekt sowohl für die Bibliotheksgesellschaft Hameln als auch für die Stadtbibliothek ergab. Allerdings stellten sich sehr schnell erste Zerstörungen ein, die ebenfalls nicht unbemerkt blieben:

- 09.05.2014 DEWEZET.de – Bücher in Boxen. Bibliotheksgesellschaft richtet Lesepfad auf dem Werder ein[7]
- 10.05.2014 DWZ, Deister- und Weserzeitung – Bücher in Boxen. Bibliotheksgesellschaft richtet Lesepfad auf dem Werder ein [Druckausgabe]
- 13.05.2014: DEWEZET.de – Auf dem Werder gibt's jetzt Gänsehaut. Lesepfad mit Büchern bestückt / Bereits erster Vandalismus[8]
- 11.06.2014 my heimat – Lesepfad auf dem Werder – der Weserinsel – in Hameln[9]

Auch auf der Webseite des Stadtmarketing Hameln wurde der Lesepfad ausführlich beschrieben.[10]

7 http://www.dewezet.de/portal/lokales/hameln_Buecher-in-Boxen-_arid,615111.html
8 http://www.dewezet.de/portal/lokales/hameln_Auf-dem-Werder-gibt%26rsquo%3Bs-jetzt-Gaensehaut-_arid,615820.html
9 http://www.myheimat.de/gruppen/hameln-2190.html
10 http://www.hameln-stadtmarketing.de/willkommen/news-detail/article/projekt-lesepfad-auf-dem-werder.html?no_cache=1

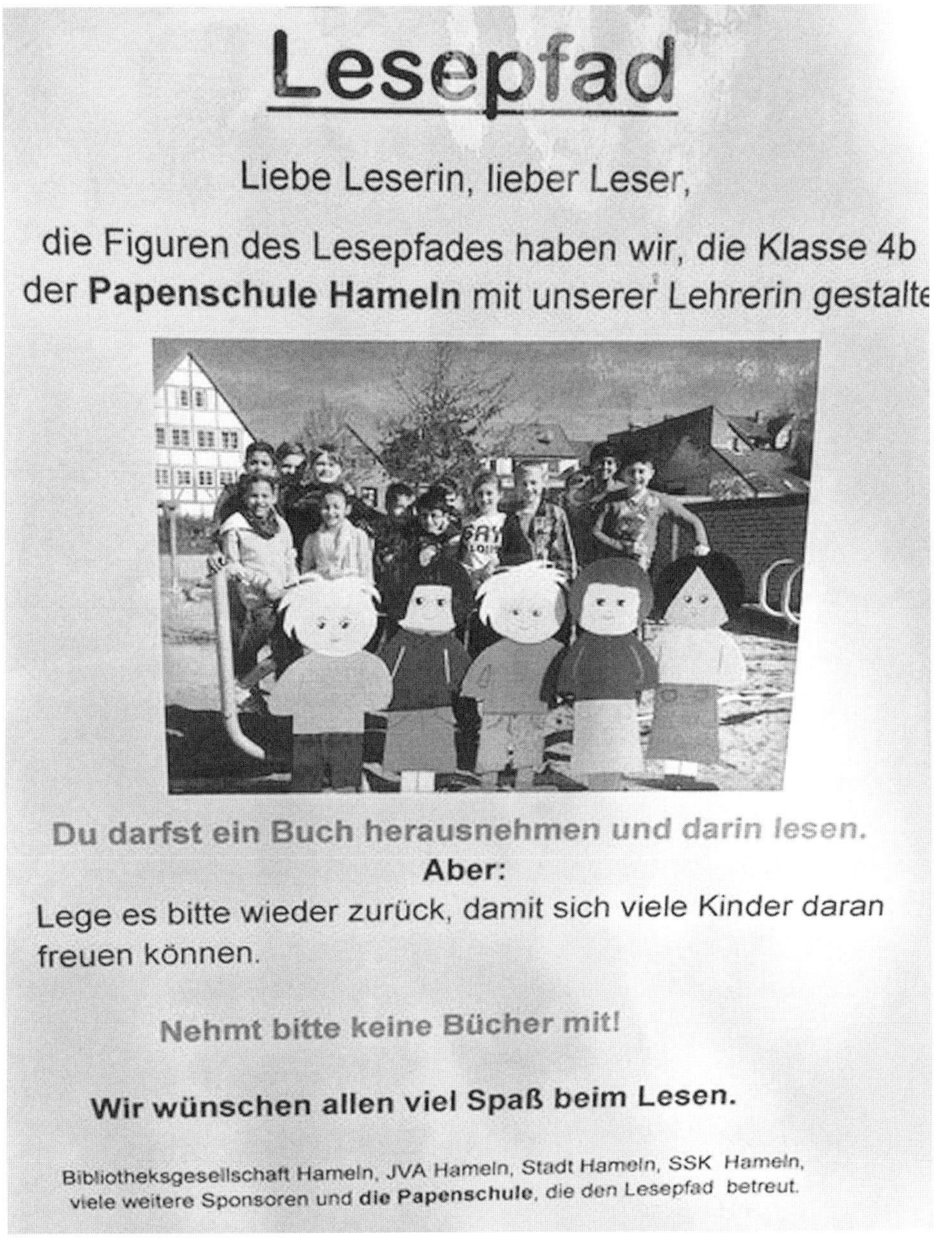

Abb. 5: Hinweiszettel erklärten zur Eröffnung des Projektes.[11]

Die Zukunft wird es zeigen …

Da keine Rundumbetreuung der Lesestationen möglich ist, ist nicht zu verhindern, dass einzelne Briefkästen beschädigt, Figurinen verschmutzt, Bücher gestohlen oder die Briefkästen als Mülleimer missbraucht werden. Auch wenn immer wieder einige unserer Mitglieder und auch die Schüler (natürlich nur während der Schulzeit) ein Auge auf die Stationen haben, bleiben Verluste nicht aus und müssen ständig „bearbeitet“ werden.

11 http://www.myheimat.de/hameln/ratgeber/lesepfad-auf-dem-werder-der-weserinsel-in-hameln-d2613133.html

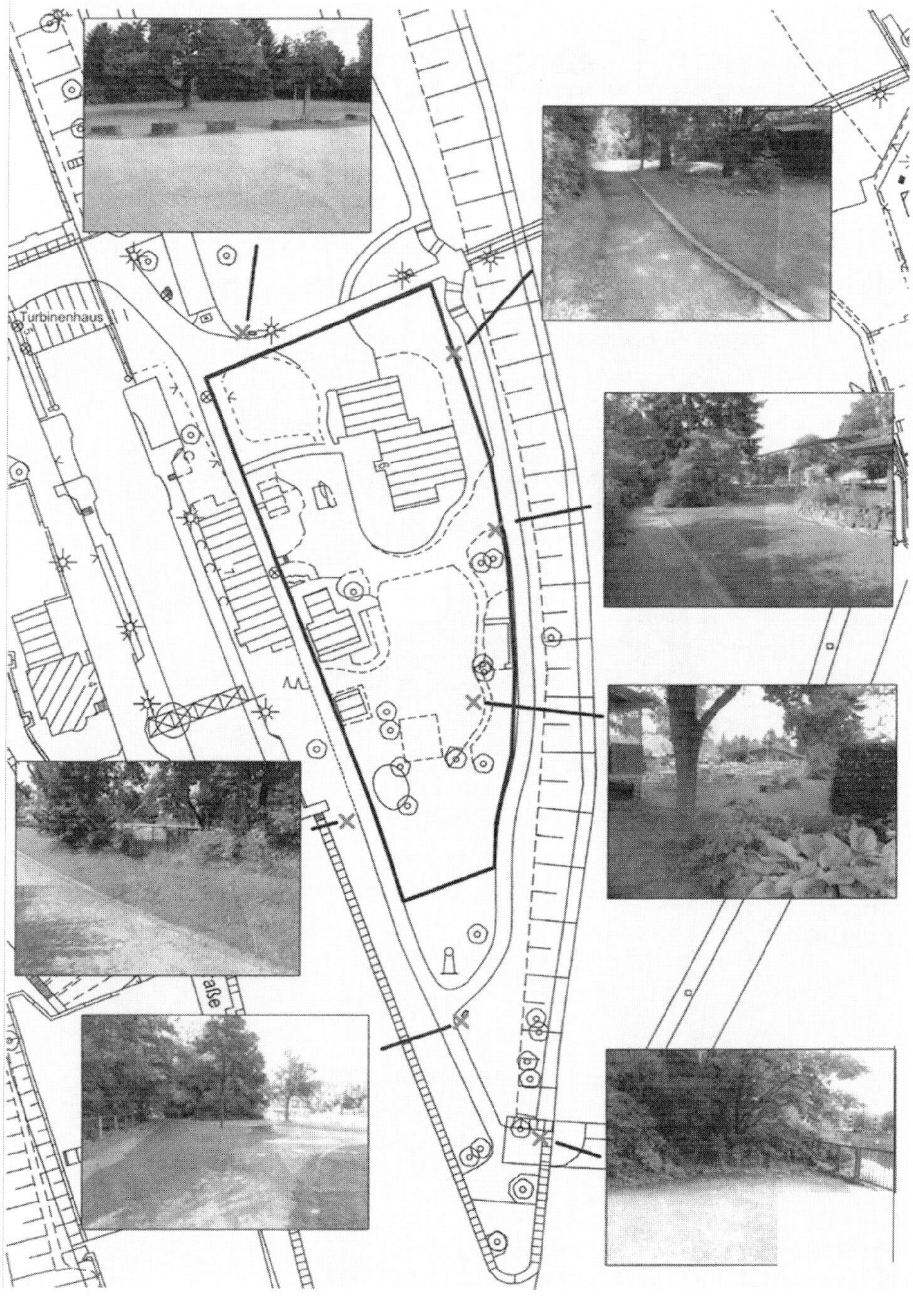

Abb. 6: „Schnitzeljagd" im Hamelner Werder: der Lesepfad © Stadt Hameln.

Da im Winterhalbjahr ein Lesen vor Ort, auf den Sandsteinen sitzend, nicht zu erwarten ist, wurde inzwischen beschlossen, den Lesepfad zunächst nur von den Oster- bis zu den Herbstferien „offen" zu halten und während der kalten Jahreszeit ruhen zu lassen.

Die Freude der an diesem Projekt Beteiligten stößt allerdings an ihre Grenzen, wenn die Grundschüler feststellen müssen, dass die Resultate ihrer Arbeit – durch Beschädigung oder Diebstahl – nicht entsprechend gewürdigt werden. Die Zukunft wird erweisen, ob dieses Projekt weitergeführt werden kann.

Die zitierten Internetquellen wurden zuletzt am 6.2.2015 aufgerufen.

Verena Grimm und Monika Ziller

450 000-mal „Geschichten zu verschenken“

„Lesen – Hören – Wissen – Freundeskreis der Stadtbibliothek Heilbronn“

lesen hören wissen

Einleitung

Der Verein „Lesen – Hören – Wissen – Freundeskreis der Stadtbibliothek Heilbronn e. V.“[1] wurde zum 100. Geburtstag der Stadtbibliothek Heilbronn im Jahr 2003 gegründet und hat derzeit über 150 Mitglieder. Er ist Fürsprecher und Interessenvertreter der Stadtbibliothek und ihrer Nutzer. Vor allem aber erfüllt der Verein seinen Satzungsauftrag, Leseförderungsprojekte zu initiieren.

Mit der Vorlesepateninitiative „Geschichten zu verschenken – Vorlesepaten für Kinder in Heilbronn“[2] leistet der Verein mit fast 100 Ehrenamtlichen, die regelmäßig in Kindertageseinrichtungen, Schulen und bei speziellen Veranstaltungen vorlesen, seit zehn Jahren einen wichtigen Beitrag für die Sprach- und Leseförderung.

Ebenso tun dies die rund 150 Männer, die sich am Bundesweiten Vorlesetag bei der Aktion „Mann liest vor“ engagieren. Seit 2007 lesen an diesem Tag in Heilbronn ausschließlich Männer Kindern vor.

Im Jahr 2013 ergaben sich durch beide Projekte ca. 3 750 Vorleseeinheiten für kleinere und größere Gruppen. Bei durchschnittlich 13 Zuhörern wurden etwa 49 000 Kinder erreicht. Darin sind natürlich zahlreiche Zuhörer inbegriffen, die mehrfach an einer Vorlesestunde teilgenommen haben.

Hintergrund und Entstehung

Die Ergebnisse der PISA-Studien aus den Jahren 2000 und 2003 waren erschreckend: Bei PISA 2000 lagen die Ergebnisse der deutschen Schüler in allen Kompetenzbereichen, darunter auch im Bereich „Lesen“, unter dem internationalen Durchschnitt. Bei der PISA-Studie 2003 befanden sich die Mittelwerte in den Bereichen Lesen, Mathematik und Naturwissenschaften auf internationalem Durchschnittsniveau. Es zeigte sich, dass Kinder aus bildungsfernen Elternhäusern, Kinder mit Migrationshintergrund und besonders Jungen in puncto Leseleistungen schlecht abschneiden.[3]

Bundesweit entstanden daraufhin Initiativen zur Leseförderung. Auch in Heilbronn beschloss der Freundeskreis der Stadtbibliothek bereits im Jahr seiner Gründung 2003, die Vorlesepateninitiative „Geschichten zu verschenken“ für Kindertageseinrichtungen und Schulen in Heilbronn zu initiieren und wurde somit von Beginn an seinem Satzungsauftrag gerecht.

Etliche Interessenten meldeten sich nach dem Aufruf des Freundeskreises als ehrenamtliche Vorlesepaten. Von ihnen sind bis heute immer noch einige aktiv dabei.

Denn Vorlesen ist ein wichtiger Baustein einer ganzheitlichen Erziehung. Menschen, denen in der Kindheit regelmäßig vorgelesen wurde, bleiben oft ein Leben lang begeisterte Leser. Das Vorlesen trägt maßgeblich zur Steigerung der Bildungschancen junger Menschen bei. Vor dem Hintergrund, dass in Heilbronn über 130 Nationalitäten leben und 46 % der Einwohner eine Zuwanderungsgeschichte haben[4], kann dieser Initiative aus der Heilbronner Bürgerschaft gar nicht genug Bedeutung beigemessen werden.

1 https://stadtbibliothek.heilbronn.de/ueber_uns/Traeger/Freundeskreis/

2 Siehe auch: http://www.schule-bw.de/unterricht/paedagogik/lesefoerderung/adressen/lesepaten/geschichten.pdf

3 Prenzel, Manfred: PISA 2003. Ergebnisse des zweiten internationalen Vergleichs. Zusammenfassung / PISA-Konsortium Deutschland. Münster 2006. S. 31f.

4 https://www.heilbronn.de/ord_soz/integration/

Alle Vorlesepaten wurden und werden vor ihrem ersten Einsatz an der „Akademie für Innovative Bildung und Management Heilbronn-Franken gGmbH (AIM)“[5] für ihre Aufgabe in einem kostenlosen eintägigen Seminar qualifiziert. Dort werden Grundlagen zur Vorlesetechnik vermittelt und es wird Hilfestellung bei der Auswahl der geeigneten Kinderliteratur gegeben.

Von „einer anfänglichen Skepsis, Fremde in die Einrichtungen zu lassen“, spricht Gisela Eisert, die Koordinatorin des Vorleseprojekts, wenn sie an die ersten Versuche denkt, Kindertageseinrichtungen und Schulen zu überzeugen. Zudem sei die Idee anfangs belächelt worden, erinnert sich der heutige Vorsitzende des Fördervereins Dr. Hans Henning Schneider. Dies änderte sich erst, als wissenschaftliche Begleitstudien den positiven Wert des Vorlesens belegten.[6]

Abb. 1: Vorlesepatin im Kindergarten © M. Ziller.

5 http://aim-akademie.org/
6 http://www.stiftunglesen.de

Nachdem diese Ergebnisse publik wurden, nahm die Organisation des Vorlesepatenprojekts eine Dimension an, die auf ehrenamtlicher Basis nicht länger zu leisten war. Die bisher ehrenamtlich tätige Koordinatorin wurde abgelöst und durch eine Stelle auf Minijobbasis ersetzt. Dies konnte nur durch die kontinuierliche und bis heute andauernde Spendenbereitschaft des Rotary-Clubs Heilbronn-Unterland möglich gemacht werden. „Diese Form der Hauptamtlichkeit ist wichtig, um die rund 100 ehrenamtlichen Vorlesepaten zu koordinieren und als zuverlässiger und dauerhafter Ansprechpartner für die Kindertageseinrichtungen und Schulen da zu sein“, ist die Stelleninhaberin Gisela Eisert überzeugt.

Doch auch für die Vorlesepaten ist Gisela Eisert ständiger Ansprechpartner. Sie bietet Sprechstunden an, verschickt Rundbriefe, erweitert regelmäßig die Vorlesepatenbibliothek und lädt die ehrenamtlichen Leser zweimal im Jahr zu einem Erfahrungsaustausch ein. Weiterhin ermöglicht sie den Vorlesepaten regelmäßige Fortbildungsmaßnahmen und gibt ihnen so die Möglichkeit, ihre ehrenamtliche Arbeit weiter zu professionalisieren. So hat erst kürzlich eine Heilbronner Vorlesepatin die vom Bundesverband Leseförderung ausgearbeitete Prüfung zur Lese- und Literaturpädagogin erfolgreich bestanden. Zusätzlich ist Gisela Eisert die regionale Ansprechpartnerin für die Stiftung Lesen im „Netzwerk Vorlesen“.[8]

Gewusst? Rotary International[7] ist ein aktives, sozial engagiertes Netzwerk mit dem Ziel, die Dienstbereitschaft im täglichen Leben durch Hilfsprojekte unterschiedlicher Art in der Gesellschaft zu unterstützen.

Vorlesepaten als Botschafter

Seit zehn Jahren geben die Vorlesepaten dem Lesen ein Gesicht und sind als Lesebotschafter für viele Heilbronner Kinder ein Vorbild. Sie wecken oder festigen Lesefreude bei den Kleinsten und sorgen dafür, dass der Stadtbibliothek die Arbeit auch in Zukunft nicht ausgeht. Schon heute gehören 60 % der Nutzer der Stadtbibliothek zur jungen Generation unter 24 Jahren. Von den Kindern im Grundschulalter nutzen über 80 % die Stadtbibliothek.

Heilbronns Vorlesepaten lesen aktuell an rund zwei Drittel der Kindertageseinrichtungen und an 16 von 19 Grundschulen der Stadt regelmäßig vor. Es gibt in Heilbronn Grundschulen, an denen über 90 % der Kinder eine Zuwanderungsgeschichte haben, wie z. B. an der Damm-Grundschule. Hier ist den Verantwortlichen die Förderung der Lese- und Sprachkompetenz ein besonders großes Anliegen, und die Arbeit der Vorlesepaten ist hier besonders wichtig.

Auch an einigen weiterführenden Schulen gibt es bereits Vorlesepaten. Deren Präsenz soll in den kommenden Jahren noch erhöht werden.

Die Vorlesepaten, von denen heute ein Drittel Männer sind, kommen in regelmäßigem Abstand, viele einmal wöchentlich, in die jeweilige Einrichtung. Die Ehrenamtlichen entscheiden in Absprache mit den Erziehern und Lehrern, aus welchem Buch sie den Kindern vorlesen.

Jeder aktive Vorlesepate bekommt einen kostenlosen Leseausweis der Stadtbibliothek. Außerdem gibt es in der Stadtbibliothek einen separaten „Vorlesepatenschrank“, aus dem sich ausschließlich die Vorlesepaten bedienen dürfen. Zudem sind unter den Vorlesepaten einige junge Mütter, die zu Hause ein eigenes Reservoir an Kinderbüchern haben. Viele Vorlesepaten greifen auf Bücher zurück, die sie in ihrer eigenen Kindheit fasziniert und geprägt haben. So lernen Heilbronns Kinder die Lieblingsbücher unterschiedlicher Generationen kennen.

7 https://www.rotary.org/de
8 http://www.netzwerkvorlesen.de/

Abb. 2: Vorlesepate in einer Grundschule © M. Ziller.

In der Regel wird die Kindergartengruppe bzw. Klasse geteilt, wenn der Vorlesepate in die Einrichtung kommt. Jeweils ca. eine halbe bis eine Stunde betreut der Vorlesepate eine Gruppe. Dabei ist es wichtig, dass zwischen dem Vorlesepaten und den kleinen Zuhörern zusätzlich zum Vorlesen ein Dialog entsteht. Diese Gespräche ergeben sich dadurch, dass der Vorlesepate an bestimmten Stellen eine Lesepause macht, die Kinder fragt, wie die Geschichte weitergehen könnte, möglicherweise unklare Wörter erklärt usw. Dabei kommt es oft vor, dass die Kinder von persönlichen Erlebnissen berichten oder Themen zur Sprache kommen, die weit über die eigentliche Geschichte hinausgehen.

Auf Initiative der Kinderkrankenschwester und Vorlesepatin Monika Küstner gibt es das Vorlesepatenprojekt seit 2006 auch an der Kinderklinik des SLK Klinikums Heilbronn. Zweimal pro Woche kommen seitdem vier Vorlesepaten im Wechsel zu bettlägerigen Kindern. Gerade diese kleinen Patienten, die im Klinikalltag wenig Abwechslung erfahren und auch das Spielzimmer auf der Station nicht besuchen können, freuen sich besonders auf die Vorlesestunde. Da die Vorlesepaten in der Kinderklinik die Mehrheit der Patienten nicht nochmals antrifft, ist es wichtig, dass die Geschichten geschlossen sind. Thematisch wählen die Vorlesepaten Bücher aus, die die Kinder auf positive Gedanken bringen sollen.

Außerdem…

Die Heilbronner Vorlesepaten sind jedoch nicht nur in Kindertageseinrichtungen, in Schulen und am SLK-Klinikum aktiv. Sie lesen auch in den Zweigstellen der Stadtbibliothek, beim Internationalen Kinderfest im Frankenstadion sowie bei der Waldnacht oder bei besonderen Veranstaltungen in der Kinderbibliothek.

„Mann liest vor"

Im Bereich Lesekompetenz haben die PISA-Studien seit dem Jahr 2000 für alle Teilnehmerländer große Unterschiede zwischen den Lese- und Textverständnisfähigkeiten von Jungen und Mädchen aufgezeigt. Zudem zeigen die Nutzungsdaten vieler Bibliotheken, dass Jungen ab einem Alter von neun oder zehn Jahren nicht mehr so viele Bücher entleihen und seltener als Mädchen Bibliotheken besuchen.[9]

Abb. 3: „Mann liest vor" 2014 in der Elly-Heuss-Knapp-Schule Heilbronn © M. Ziller.

Diese Entwicklung war für den Freundeskreis der Stadtbibliothek Heilbronn vor einigen Jahren Grund genug, eine Podiumsdiskussion zum Thema „Leseförderung von Jungen" zu initiieren. Im Anschluss daran entstand die Initiative „Mann liest vor".

Seitdem lesen jedes Jahr ausschließlich Männer am Bundesweiten Vorlesetag im November in Heilbronner Kindertageseinrichtungen, Schulen und in den Zweigstellen der Stadtbibliothek vor. Gerade Jungen soll damit ein positives Rollenmodell angeboten werden. Denn viele Vorleser erfahren aus ihrer Praxis, dass Jungen seltener vorgelesen bekommen als Mädchen und Kinder generell selten auf lesende Väter treffen.

Begonnen hat „Mann liest vor" 2007 mit 40 teilnehmenden Männern, 2014 waren es bereits über 150 männliche Vorleser. Zwei Drittel dieser Ehrenamtlichen sind berufstätig und kommen aus den unterschiedlichsten Berufen (Selbstständige, Arbeiter, Ärzte usw.). Unter den männlichen Vorlesepaten befinden sich dank des Engagements der Firma Audi aus dem benachbarten Neckarsulm auch immer zwei ihrer Auszubildenden. Die Aktion „Mann liest vor" findet regelmäßig ihr positives Echo in der örtlichen Presse. Zudem unterstützt das Medienunternehmen Heilbronner Stimme den Vorlesetag mit einem Schreibwettbewerb, dessen Siegergeschichten von Schauspielern des Heilbronner Theaters im Rahmen einer öffentlichen Preisverleihung präsentiert werden.

Durch die Vorlesepateninitiative „Geschichten zu verschenken" und durch die Aktion „Mann liest vor" wurden in zehn Jahren rund 35 000 Vorleseveranstaltungen für etwa 450 000 Kinder durchgeführt. Dieser Beitrag zur Sprach- und Leseförderung, getragen ausschließlich von ehrenamtlichem Engagement, kann sich sehen lassen.

9 http://www.bibliotheksportal.de/themen/bibliothek-und-bildung/lesefoerderung/lesefoerderung-jungen.html

Montag, 19. Januar 2015, 17:22 Uhr

STIMME.de // Regioticker

HEILBRONN HOHENLOHE KRAICHGAU SÜDWESTEN SPORT DEUTSCHLAND & W

Mann liest vor

Heilbronn Mann liest vor, heißt es am Freitag, 21. November, in Schulen, Kindergärten und Tagesstätten. Männer aus allen Berufen besuchen Kinder und machen sie neugierig auf Bücher. Dieses Jahr beteiligen sich in Heilbronn 156 Männer an der Aktion von der Stiftung Lesen, der Zeit und der Deutschen Bahn.

Die *Heilbronner Stimme* hat in Kooperation mit der Osianderschein Buchhandlung wieder einen Schreibwettbewerb für Kinder zum Vorlesetag ausgerufen. Die acht preisgekrönten Geschichten von Einzeleinsendern und aus Schulklassen werden bei der Veranstaltung *„Stimme liest vor"* um 16 Uhr in der Buchhandlung Osiander von den Heilbronner Theaterschauspielern Oliver Firit und Manuel Sieg vorgelesen. *red*

Abb. 4: Immer eine gute Presse: „Mann liest vor".[10]

Bei der Aktion „Mann liest vor" lesen die Männer zwischen 10 und 25 Minuten. Im Anschluss entwickelt sich ein Dialog zwischen dem Vorleser und den Kindern. Oft gehen die Gespräche auch hier weit über die Vorlesegeschichte hinaus. Im Unterschied zu den Vorlesepaten, die regelmäßig das ganze Jahr hindurch in eine Einrichtung kommen, sind bei der Aktion „Mann liest vor" die Betreuungspersonen während der Vorlesestunde mit im Raum. Die vertrauten Bezugspersonen kennen die Kinder, können sie mit Namen ansprechen und wenn nötig für Ruhe sorgen.

Woher kommen die Mittel?

Zwei- bis dreimal pro Jahr findet ein solcher Bücherflohmarkt statt. Darunter auch ein spezieller Flohmarkt, bei dem ausschließlich Kinderbücher verkauft werden. Die Stadtbibliothek ersetzt jedes Jahr rund 10 Prozent ihres Bestandes. Vieles, was aussortiert wird, muss entsorgt werden. Andere Medien finden in der Bibliothek nicht mehr genug Interessenten – wohl aber auf dem Flohmarkt.

Um diese Maßnahmen zur Leseförderung überhaupt durchführen zu können, braucht es finanzielle Mittel. Diese gewinnt der Verein zum einen aus seinen Mitgliedsbeiträgen und Spenden und zum anderen aus den Bücherflohmärkten.

Da die Stadtbibliothek in ihrem Platz beschränkt ist, darf der Medienbestand nicht wachsen. Deshalb müssen jedes Jahr etliche Medien weichen. Ehrenamtliche Helfer des Freundeskreises sortieren die Bücher, präsentieren und verkaufen sie. So wechseln auf den Bücherflohmärkten des Freundeskreises diese Medien für kleines Geld den Besitzer. Zudem spenden Privatleute gebrauchte Bücher an den Freundeskreis. Dieses nachhaltige und ressourcenschonende Konzept bringt jährlich einen Erlös von 5 000 bis 6 000 Euro, den der Verein für die Unterstützung verschiedener Leseförderungsprojekte der Stadtbibliothek verwendet.

10 http://www.stimme.de/regioticker/Mann-liest-vor;art16233,3241361

Vorlesen – und mehr!

Neben dem Vorlesepatenprojekt zählt dazu das kostenlose und wöchentliche Angebot „Bücherminis". Hier singen, reimen und lesen Kinder von einem Jahr bis zu drei Jahren zusammen mit einem Elternteil. Außerdem werden regelmäßig Bücher und andere Medien für Kinder und Eltern vorgestellt.

„Bilderbuchkinos" gibt es für Kindergartengruppen und Kinder in der ersten Klasse. Nach einer Einführung in die Kinderbibliothek wird der Gruppe ein Bilderbuch in riesigen, stimmungsvollen Bildern auf die Leinwand projiziert.

Auch den Ferienleseclub für Schüler unterstützt der Freundeskreis. Er stellt Geld für den Kauf eines attraktiven Buchbestandes ausschließlich für die Clubmitglieder bereit. Für attraktive Preise bei der Abschlussparty wirbt der Verein zusätzliche Spenden ein.

Unterstützt hat der Freundeskreis in den vergangenen Jahren auch die Musikbibliothek, die ihren Bestand damit besonders für Kinder und Musikschüler erweitern konnte. Ebenso wurde es durch die finanzielle Hilfe des Freundeskreises möglich, die Medienbestände für Heilbronns Mitbürger mit Zuwanderungsgeschichte zu erweitern.

Auch beim Aufbau der Online-Bibliothek und für die Medienausleihe per Internet hatte der Freundeskreis ein offenes Ohr für die Bitte der Stadtbibliothek um Unterstützung.

Über 1,1 Mio. Medien werden jährlich bei der Stadtbibliothek entliehen. All diese Bücher, DVDs, CDs, Brettspiele usw. kommen auch wieder zurück. Die Medien müssen auf Bücherwägen gepackt und wieder in die Regale einsortiert werden. Auch hier wird die Stadtbibliothek täglich von Ehrenamtlichen aus dem Freundeskreis unterstützt. Sie sorgen dafür, dass der Bestand der Stadtbibliothek gut sortiert und gepflegt ist.

Darüber hinaus pflegt der Freundeskreis die umfangreiche und aktuelle Broschürensammlung mit kostenlosem Informationsmaterial aus den Bereichen Familie, Jugend, Gesundheit, Recht, Medien und Soziales im Eingangsbereich der Stadtbibliothek. Dieses Angebot ist nur sinnvoll, wenn es kontinuierlich gepflegt, nachgefüllt und geordnet wird. Es ist ein wichtiger Baustein der Stadtbibliothek als Bürgereinrichtung und Informationszentrum.

Abb. 5: Spendensammlung mit der Spendierhose © M. Ziller.

Zudem konnte der Verein in der Vergangenheit weitere finanzielle Mittel, beispielsweise von der Dieter-Schwarz-Stiftung[11] oder der Stiftung „Jugend, soziale Aufgaben und Naturschutz" der Kreissparkasse Heilbronn[12] akquirieren. Weiterhin ist der Freundeskreis gut mit der Heilbronner Bürgerstiftung[13] vernetzt. Diese organisierte erst kürzlich eine Veranstaltung unter dem Motto „Jazz und Literatur zur Weihnachtszeit" mit der Bosch Big Band zugunsten der Leseförderungsprojekte der Stadtbibliothek.[14]

Würdigung der Ehrenamtlichen

Den Verantwortlichen der Stadtbibliothek Heilbronn und des Freundeskreises ist die Würdigung der Ehrenamtlichen ein sehr wichtiges Anliegen. Anlässlich des zehnjährigen Bestehens des Freundeskreises gab es einen Festakt. Zu diesem Anlass wurde erstmals eine Bild- und Filmpräsentation über die vielseitige Arbeit des Freundeskreises gezeigt.[15]

Zudem gibt es einmal im Jahr eine Veranstaltung mit kulturellem Rahmenprogramm in der Stadtbibliothek, zu der alle Ehrenamtlichen eingeladen sind und bei der die Freunde und Förderer der Stadtbibliothek gewürdigt werden. „Diese Form der Wertschätzung ist immens wichtig. Sie motiviert unsere Ehrenamtlichen sehr und ist für uns eine Möglichkeit, allen unseren Dank auszusprechen", sagt der Vorsitzende Dr. Hans-Henning Schneider.

Last but not least: Es ist alles auch Politik ...

Zu den genannten Veranstaltungen kommen natürlich auch die Verantwortlichen aus Politik, Verwaltung, Kultur und Wirtschaft der Stadt Heilbronn. Die Teilnahme gehört inzwischen zum „guten Ton". Hier wird über die Arbeit, die neuen Projekte, aber auch über Bedarfe der Stadtbibliothek und des Freundeskreises berichtet, und es gibt Raum und Zeit für Gespräche und Vernetzung. Damit wird das Fundament des Bibliotheksbetriebs gefestigt. Ein Freundeskreis allein kann die Erhaltung, die Sicherung und den Ausbau einer kommunalen Bibliothek nicht garantieren. Aber er kann mit dafür sorgen, dass der politische Wille für dieses wichtige Bildungs- und Kulturzentrum einer Kommune erhalten und gestärkt wird. Diesem Anspruch wird die Arbeit des Freundeskreises der Stadtbibliothek Heilbronn in hervorragender Weise gerecht.

Die zitierten Internetquellen wurden zuletzt am 6.2.2015 aufgerufen.

---

11 http://www.dieter-schwarz-stiftung.de/
12 http://www.sparkassenstiftungen.de/index.php?id=7980
13 http://www.heilbronner-buergerstiftung.de
14 Siehe auch den Pressebericht: http://www.regiomusik.de/veranstaltung/termin/2996000.html
15 http://www.youtube.com/user/stbhn

Barbara Bisping-Bau und Marita Kämmerer-Valentin

Oskar Leseclown

Förderverein
Stadtbücherei Stolberg

Das Leseförderprogramm von Förderverein und Stadtbücherei Stolberg

Einleitung

Seit 2008 werden im Dezember jeden Jahres die Klassenlehrerinnen der ersten Klassen der Stolberger Grundschulen von der Stadtbücherei kontaktiert und mit dem Projekt „Oskar Leseclown" bekannt gemacht. Es ist ein Gemeinschaftsprojekt des „Fördervereins Stadtbücherei Stolberg e. V."[1] und der Stadtbücherei Stolberg[2] mit dem Ziel der Schreib- und Leseförderung in den ersten Schuljahren.

Oskar liebt Brieffreundschaften

Die Klassenlehrerinnen werden über die Möglichkeit informiert, dass die Erstklässler nach der Hälfte des ersten Schuljahrs einen Briefwechsel mit dem Leseclown Oskar beginnen können. Dazu gehört auch der erste Brief Oskars an die Kinder, in dem er sich kurz vorstellt und seinen Wunsch nach einer Brieffreundschaft mit den Kindern ausspricht. Im Unterricht wird Oskars Brief den Kindern vorgelesen, und sein lustiges Bild wird allen gezeigt. Dann fordert die Lehrerin die Kinder auf, einen Antwortbrief an Oskar zu schreiben und ihm ein schönes Bild zu malen.

Abb. 1: Oskar Leseclown wartet auf Post! © B. Bisping-Bau.

---

1 http://www.förderverein-stadtbücherei-stolberg.de/
2 Stadtbücherei Stolberg, http://www.stolberg.de/> Stadtbücherei

Zunächst malen die Kinder häufig einen Clown und schreiben nur wenige Worte, manchmal auch nur ihren Namen, je nachdem, wie gut sie schon schreiben können. Die Briefe der Kinder werden gesammelt und von der Lehrerin an die Stadtbücherei geschickt.

Post von Oskar!

Die Stadt Stolberg hat sehr viele Kinder mit Migrationshintergrund, für die dieses Projekt doppelt wichtig ist.

Oskar antwortet jedem Kind persönlich und geht auf das Bild und die Worte ein. Zuerst schreibt er nur wenige kleine Sätze und kurze Fragen. In der Folgezeit beschreibt er, wie sein Leben in der Bücherei und außerhalb aussieht und regt die Kinder dazu an, auch aus ihrem Leben zu berichten. Oskar hilft durch gezielte Fragen, und so entwickelt sich in der Regel ein richtiger Briefwechsel, meist bis zum Ende des 2. Schuljahrs.

Die Kinder freuen sich über Oskars Briefe und sprechen oft von ihrem Freund Oskar. Sie üben zu schreiben, zu formulieren und werden durch Oskars Lesetipps zum Lesen und zum Besuch der Bücherei angeregt. Ein bemerkenswerter Nebeneffekt ist, dass die Kinder das Briefeschreiben kennenlernen und dass sich dann manchmal auch Großeltern oder Freunde über Briefe freuen können.

Oskar bekommt Besuch

Zum Abschluss des Briefwechsels (vorher möglichst nicht) lernen die Kinder Oskar in der Stadtbücherei im Rahmen einer kleinen Veranstaltung kennen und erhalten zusätzlich eine Einführung in die Stadtbücherei Stolberg.

Ein Gruppenfoto zur Erinnerung wird meistens auch gemacht. Die Kinder bekommen durch den Briefwechsel mit Oskar ein selbstverständliches Verhältnis zum Lesen und zur Bücherei – kennen keine Schwellenangst – weil sie Oskar dort immer wieder treffen können. Das ist auch eine gute Voraussetzung für ihre weitere schulische Entwicklung.

Von Lehrern und Eltern kommen viele positive Rückmeldungen. So konnten eine Verbesserung des Wortschatzes, der Schreibweise und der Rechtschreibung sowie mehr Lust zum und Freude am Lesen festgestellt werden.

Das Team hinter Oskar

Oskar ist eine etwa 80 cm große Clown-Handpuppe. Zurzeit beantworten sechs ehrenamtliche Mitarbeiterinnen die Briefe im Namen von Oskar, wobei sie je nach Jahreszeit Briefpapier mit unterschiedlichen Bildern von Oskar verwenden. Sie haben dazu ein Profil von ihm erstellt, damit alle Kinder die gleichen Informationen über ihn bekommen.

Steckbrief: Oskar Leseclown

- 7 Jahre alt, geb. am 12. Februar
- 2. Schuljahr
- grüne Augen
- rote Haare
- liest gern lustige Geschichten und Tiergeschichten über Bären und Pinguine
- Lieblingsfarben Grün und Rot
- turnt gern und übt Ballspiele

- kann nicht schwimmen
- hat eine Tante, die nicht in der Bücherei wohnt und die er gern besucht
- mag Nudeln und Salat, Äpfel und Schokolade
- findet Ballett toll (kann es aber nicht)
- klettert auf den Bücherregalen herum (ab und zu hat er blaue Flecken, wenn er runter fällt)
- liebt Bücher über Piraten
- liebt Flötenspiel (kann es aber nicht)
- hätte gern ein Haustier, aber die sind in der Stadtbücherei nicht erlaubt
- hat kleine Füße und trägt gern große Schuhe
- seine Eltern sind mit dem Zirkus auf Reisen
- er möchte einmal ein richtiger Zirkusclown werden und übt daher, Gedichte und kleine Geschichten auswendig zu lernen

Die Verfasserinnen der Antwortbriefe an die Kinder antworten sowohl handschriftlich (mit klarer großer Schrift) als auch mit dem PC (anfangs z. B. Schriftgrad 16), jede, wie sie es möchte oder kann.

Jede Mitarbeiterin ist für ein bis zwei Schulen zuständig. Da die Schulen bis zu 4-zügig sind und die Klassenstärke bei etwa 25 Kindern liegt, kann das eine ganze Menge Arbeit sein, besonders wenn die Kinder im 2. Schuljahr richtig schreibfreudig sind.

Das Team von Oskars Mitarbeiterinnen trifft sich einmal im Jahr, dann werden Erfahrungen ausgetauscht und Probleme besprochen, und manchmal wird auch Oskars Profil erweitert.

Fazit

Das Programm läuft nun schon seit mehreren Jahren äußerst erfolgreich und ist bei kleinen und großen Büchereibesuchern sehr beliebt. Auch die Presse hat Oskar bereits gewürdigt:

Oskar, der Leseclown – neue Bücher für Schulanfänger

Wer Oskars neue Lieblingsbücher kennenlernen möchte, der kann gerne in der Stadtbücherei vorbeikommen. Hier gibt es neben Büchern zum Schauen, Zuhören und Lesen auch noch Spiele, CDs, DVDs und Zeitschriften für Kinder.

Oskar, der Leseclown, wohnt in der Bücherei zwischen den Büchern, lernt gerade das Lesen und sucht Brieffreunde, mit denen er sich über das wunderbare Abenteuer „Lesen“ austauschen kann. Alle Stolberger Erstklässler sind aufgefordert, Oskar zu schreiben. Und jede Klasse, die ihm antwortet, bekommt natürlich auch wieder Post von Oskar. So entsteht eine besondere Art der Brieffreundschaft.

Ehrenamtliche Mitglieder des Fördervereins der Stadtbücherei Stolberg kümmern sich darum, dass alle Erstklässler auch regelmäßig eine Antwort von Oskar bekommen.[3]

Die zitierten Internetquellen wurden zuletzt am 6.2.2015 aufgerufen.

3 Aachener Zeitung, 24.9.2013.

Maria Waigant
in Zusammenarbeit mit Jochen Heins

Schulbegleitende „Lesepaten in Syke“

Ein Projekt des Fördervereins der Stadtbibliothek Syke

Einleitung

Für die Leseförderung im Grundschulalter wurde im niedersächsischen Syke ein Konzept für schulbegleitende Leselernhilfe entwickelt, das Eltern und Lehrkräfte unterstützt, während es den Kindern eine zusätzliche, verlässliche Verbindung für ihre sprachliche Entwicklung bietet. Darüber hinaus wird im Rahmen des Projektes auch der Umgang mit den lokalen Informationseinrichtungen, wie der Stadtbibliothek Syke, gefördert. Eine tragende Rolle in diesem Konzept besitzt der „Förderverein der Stadtbibliothek Syke e. V.“, der bereits während der Pilotphase an dem Projekt mitgewirkt hat.[1]

„[...] das grenzenloseste aller Abenteuer der Kindheit, das war das Leseabenteuer. Für mich begann es, als ich zum ersten Mal ein eigenes Buch bekam und mich da hineinschnupperte. In diesem Augenblick erwachte mein Lesehunger, und ein besseres Geschenk hat das Leben mir nicht beschert.“
Astrid Lindgren[2]

Eigene Lesebegeisterung weitergeben

Der Förderverein der Stadtbibliothek setzte sich 2006 zum Ziel, neben der Unterstützung der örtlichen Bibliothek auch die Freude am Lesen zu fördern und die eigene Leidenschaft für Geschichten an Kinder und Jugendliche weiterzugeben. So wurde das Projekt „Lesepaten in Syke“ im November 2007 ins Leben gerufen.

Die örtliche Grundschule „Am Lindhof“ arbeitet schon seit Ende der 1970er Jahre erfolgreich mit engagierten „Leseeltern“ zusammen. Diese unterstützen Kinder parallel zum Unterricht im Lese- und Schreiblernprozess. 2007 wurde jedoch deutlich, dass ein zusätzliches Angebot für die Leseförderung in den ersten Grundschuljahren benötigt wird, um lern- und leseschwachen Kindern gezielt und individuell zu helfen.

Unterstützt durch die Syker „Rotarier“[3], organisierte die Grundschule zusammen mit dem Förderverein der örtlichen Bibliothek das Lesepatenprojekt. In der Pilotphase nahmen zunächst nur Kinder aus dem zweiten Halbjahr der ersten Jahrgangsstufe an dem Projekt teil, somit waren gewisse schulische Grundkenntnisse bereits vorhanden, und die Förderung konnte darauf aufbauen. Die Lehrkräfte wählten aus ihren Klassen bis zu sechs Kinder aus. Die Lesepaten wurden aus dem Förderverein „rekrutiert“, einige hatten zuvor schon Kindern in der Bibliothek vorgelesen und wollten sich weiter ehrenamtlich engagieren. In einer eintägigen Fortbildung wurden die Lesepaten auf ihre Aufgabe vorbereitet. Dieser vorbereitende Kurs wurde von zwei Koordinatorinnen durchgeführt, die sich über die Stiftung Lesen in Hannover zielgerichtet fortgebildet hatten.

Um einen „verlässlichen Lesekontakt“[4] für die Schüler zu organisieren, wurde jedem Kind dauerhaft ein Lesepate zugeordnet. Die Lesepaten begleiteten „ihre“ Kinder stundenweise parallel zum Unterricht, um sie bei der Erledigung der gestellten Auf-

1 http://www.foerderverein-stadtbibliothek-syke.de/
2 Lindgren, Astrid: Das entschwundene Land. Hamburg: Oetinger 1977. S. 79.
3 http://syke.rotary1850.org/
4 http://grundschuleamlindhof.syke.de/index.php/schulprogramm/leseerziehung

gaben zu unterstützen oder mit ihnen gemeinsam zu lesen. Mit diesen zusätzlichen Lese- und Schreibübungen sollte leseschwachen Kindern der Anschluss an das Klassenziel ermöglicht werden. Die Bilanz des Projektes im Februar 2008 war sehr positiv, sodass daraufhin die Kinder der neuen Klassenstufen in das Projekt aufgenommen wurden und nach Notwendigkeit auch eine Lernbegleitung bis ins letzte Grundschuljahr ermöglicht werden sollte.

Abb. 1: Lesen mit dem Zeigefinger © J. Heins.

Wann und wie arbeiten die Lesepaten?

- Ein- bis zweimal pro Woche, je eine Unterrichtsstunde.
- Ein Pate betreut zeitgleich nur ein Kind.
- In einer Unterrichtsstunde werden meistens zwei Kinder nacheinander begleitet.
- Der Lesepate unterstützt „sein“ Kind bei den Unterrichtsaufgaben – das können von der Lehrkraft zur Verfügung gestellte Lesetexte, Arbeitsblätter oder andere Materialien sein.
- Schwerpunkt der Förderung ist das Lesen, vereinzelt kann der Lesepate jedoch auch beim selbstständigen Arbeiten in freien Arbeitsphasen unterstützen.

Von Lesepaten zu Leselernhelfern

Heute sind an den drei Grundschulen sowie an der Hacheschule Syke (Förderzentrum) rund 50 Lesepaten aktiv, darunter auch einige über den Förderverein „Geschulte Lesemütter“. Inzwischen erstreckt sich die ehrenamtliche Unterstützung über den gesamten Grundschullehrstoff in allen Schulklassen, sodass die engagierten Lernbegleiter nun als „Leselernhelfer“ bekannt sind.

Einmal jährlich findet in der Stadtbibliothek eine gezielte Schulung für die Leselernhelfer statt, organisiert und geleitet jeweils von einer Sozialpädagogin und einer

„In der Schule stellt Lesen eine unerlässliche Basiskompetenz dar, die sich auf alle Fächer erstreckt. Durch diese Kompetenz ist das Kind in der Lage, sich Geschichten, Gedichte, Sachtexte, Arbeitsanweisungen, Textaufgaben, Liedertexte, Bücher, Internetseiten, Lexika und vieles mehr zu erschließen und die enthaltenen Informationen zu verwerten.“[5]

5 http://grundschuleamlindhof.syke.de/index.php/schulprogramm/leseerziehung

Diplom-Psychologin. Die Koordinatorinnen dieser Schulungen veranstalten darüber hinaus auch zwei jährliche Treffen zum Erfahrungsaustausch der Leselernhelfer und ein jährliches „Dankeschön-Frühstück" mit dem Förderverein als Finanzier. Sie dienen sowohl dem Lehrpersonal als auch den ehrenamtlichen Helfern als dauerhafte Ansprechpartnerinnen.

Abb. 2: Lesehelferin mit Arbeitsmappe und Lesekärtchen © J. Heins.

Weitere Leselernhelfer werden größtenteils über persönliche Kontakte für das Projekt gewonnen. Entsprechende Presseberichte mit der Aufforderung mitzuwirken blieben bisher zumeist ergebnislos.

Der Erfolg zieht Kreise

Angestoßen durch das Projekt „Lesepaten", konnten sich vielfältige Formen der individuellen Leselernhilfe entwickeln, die sich an die jeweiligen Bedürfnisse der Schüler anpassen. Vereinzelt haben sich Aktivitäten außerhalb der Schule entwickelt, in denen die Leselernhelfer die Schüler zu Hause besuchen oder Ferienangebote zur Leseförderung organisieren. Mit Einverständnis der Eltern werden die Kinder auch in die Stadtbibliothek mitgenommen, um dort an Veranstaltungen des Bilderbuchkinos oder an Spielenachmittagen teilzunehmen. In diesem Rahmen wird auch das Medienangebot der Bibliothek vorgestellt. Diese Veranstaltungen wecken das Interesse der Kinder an der Stadtbibliothek und unterstützen sie in der eigenständigen und selbstbewussten Nutzung von Informationseinrichtungen. Des Weiteren locken drei bis vier jährliche Autorenlesungen für Schulklassen aller Schulzweige die Schüler in die Stadtbibliothek.

Stimmen aktiver Leselernhelfer

- „... die Patenschaft macht mir viel Spaß!"
- „... man merkt, dass die Kinder auf uns warten und es genießen, allein mit einem interessierten Erwachsenen zu lesen oder zu erzählen."

- „... ich kenne jetzt auch schon die Familie meines Patenkindes ...!"
- „... die Fortbildung zu Beginn war interessant und hat mir den Einstieg erleichtert, schließlich sind meine eigenen Kinder schon lange aus der Schule heraus ..."

Rückmeldung der Lehrkräfte

- „Lesepatenschaft kann eine Bereicherung für alle Seiten sein."
- „Lesepatenschaft hat für das einzelne Kind einen hohen Wert! Oft bereitet erst eine wertschätzende und verlässliche Beziehung den Boden für ein erfolgreiches Lernen."

Obgleich die ehrenamtliche Lesehilfe kein Ersatz für professionelle Lehrarbeit ist, bietet sie doch eine erfolgreiche Ergänzung und solide Unterstützung für die Schreib- und Leseförderung der Kinder. Darüber hinaus löst sie die starren Unterrichtsstrukturen auf und eröffnet die Möglichkeit, eine komplementäre und individuelle Betreuung während der ersten Schuljahre anzubieten.

Die zitierten Internetquellen wurden zuletzt am 23.1.2015 aufgerufen.

Was es sonst noch gibt

Gerhard Kühn

„Information für alle!“

Internet, Webkatalog, E-Reader und mehr in Wilhelmshaven

Einleitung

Mitte der 1990er Jahre wurde der Gedanke des „World Wide Web“ auch in breiten Bevölkerungsschichten zunehmend populär. Der Zugang zum Internet blieb jedoch vielen Menschen aus unterschiedlichsten Gründen verwehrt – häufig aus finanziellen Gründen, oft aber auch aufgrund des fehlenden „Know-hows“. Daher lag bei den Beschäftigten der Stadtbibliothek Wilhelmshaven[1] der Gedanke nahe, es den noch wenigen beispielgebenden Öffentlichen Bibliotheken gleichzutun und einen öffentlichen Internetzugang einzurichten. Der Plan stieß zwar bei einzelnen Entscheidungsträgern in Politik und Verwaltung auf Interesse, die Umsetzung wurde jedoch, aufgrund fehlender finanzieller Möglichkeiten, nicht befürwortet. Um das Vorhaben dennoch umzusetzen, gründete die Bibliothek, mit ideeller Unterstützung der Verwaltung, 1996 den Förderverein „Information für alle e. V.“[2]

Die 27 Gründungsmitglieder des Vereins waren Beschäftigte der Stadtbibliothek, einzelne Kommunalpolitiker, ein Mitglied der Stadtverwaltung sowie einige weitere Unterstützer. Nach seiner Gründung ließ sich der Verein beim Amtsgericht als eingetragener Verein registrieren. Die zunächst anerkannte Gemeinnützigkeit des Vereins wurde wenige Jahre später aberkannt, da die entscheidenden Stellen der Ansicht waren, dass die Nutzung des Internets nicht ausschließlich der Bildung und Information, sondern auch der Unterhaltung seiner Nutzer diene.

Zweck der Vereinsgründung war es, trotz fehlender kommunaler Mittel mithilfe eines Fördervereins einen für alle Menschen nutzbaren Zugang zum Internet zu schaffen.

Aus den Statuten des Vereins (1996)

Der Zugang zu gespeichertem Wissen und der Austausch von Informationen sind durch die jüngsten Entwicklungen in der Datentechnik einfacher, schneller und umfassender als je zuvor geworden. Andererseits besteht eben durch den Trend, das Allgemeingut „Information“ mehr und mehr an elektronische Medien zu binden, die Gefahr, dass einem Großteil der Bürgerinnen und Bürger, aufgrund zu hoher Kosten oder fehlender technischer und fachlicher Kenntnisse, der Zugang zu diesen Informationen verwehrt bleibt.
Der Verein „Information für Alle“ will darauf hinwirken, Voraussetzungen für einen allgemeinen Zugang zu Wissen und Fakten eines breitgefächerten Themenspektrums zu für den informationssuchenden Bürger günstigen Konditionen zu schaffen.

Ziele des Vereins

Der Verein verfolgt das Ziel, die notwendigen Voraussetzungen für einen allgemein zugänglichen Zugriff auf elektronisch gespeicherte Informationen zu ermöglichen.
Dazu zählen:

- die Beschaffung hierzu dienender Hardware und Software, ihre Installation in Räumlichkeiten der Stadtbibliothek sowie die Beratung der Informationssuchenden,
- die Einrichtung und der Betrieb einer stationär nutzbaren Informationsvermittlungsstelle mit Zugriff auf das Internet und Datenbanken,

1 http://www.stadtbibliothek-wilhelmshaven.de, https://www.facebook.com/StadtbibliothekWilhelmshaven
2 http://www.stadtbuecherei-wilhelmshaven.de/blog/service/hilfe/forderverein-information-fur-alle

- die Installation der technischen Voraussetzungen, um von außerhalb auf digital gespeicherte Informationen (z. B. EDV-Katalog der Stadtbibliothek Wilhelmshaven und andere lokale oder externe Datenbanken) zugreifen zu können,
- die Unterstützung von Projekten der Stadtbibliothek Wilhelmshaven, die der allgemeinen Nutzbarmachung von digitalisierten Inhalten (E-Medien) dienen.[3]

Die Umsetzung dieser Ziele zeigt sich in zahlreichen Aktivitäten, die vom Förderverein initiiert und getragen werden.

Informationsveranstaltungen

Bis heute bietet der Verein Informationsveranstaltungen, beispielsweise zur „Onleihe", an.

Kurz nach seiner Gründung veranstaltete der Verein Ende 1996 in der Stadtbibliothek einen Informationsabend unter dem Titel, „Was ist eigentlich das Internet?" Das enorme Interesse (über 100 Interessierte kamen zu der Veranstaltung) ermutigte die Vereinsmitglieder zu weiteren ähnlichen Veranstaltungen.

Öffentliche Internetzugänge

Bereits im Mai 1997 wurde als erstes Projekt des Vereins in der Stadtbibliothek Wilhelmshaven ein öffentliches Internet-Terminal installiert. Der Verein mietete einen eigenen ISDN-Anschluss, war also von Anfang an auch in kommunikationstechnischer Hinsicht von der Stadtverwaltung unabhängig. Die notwendigen Gelder für Geräte und Betriebskosten wurden durch Mitgliedsbeiträge (60 DM pro Jahr) und durch Spenden aufgebracht. Für die Nutzung des Internet-PCs wurden Entgelte erhoben – anfangs 5 DM pro Stunde. Aus den Einnahmen des Vereins werden bis heute die laufenden Kosten sowie weitere Projekte finanziert.

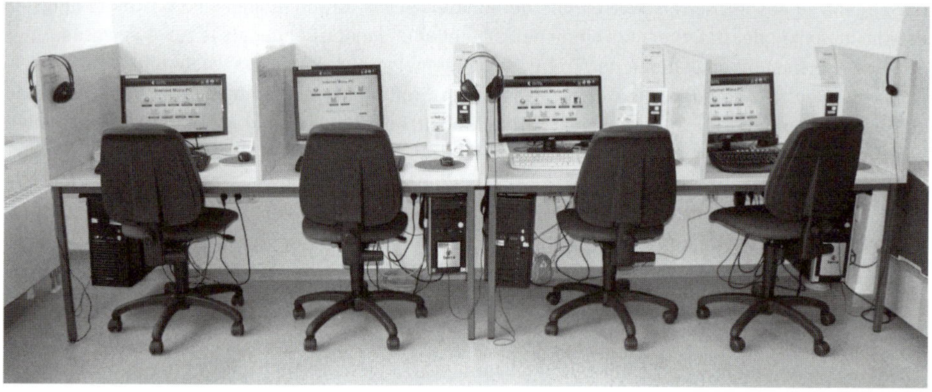

Abb. 1: PC-Arbeitsplätze mit Internetanschluss 2013 © G. Kühn.

Mit der Beschaffung von sieben weiteren PCs durch den Verein stehen der Stadtbibliothek Wilhelmshaven mittlerweile acht PC-Arbeitsplätze mit Internet-Zugang zur Verfügung. Hard- und Software werden durch den Verein ständig auf dem aktuellen technischen Stand gehalten; alle entstehenden Kosten, einschließlich laufender Online-Kosten, trägt der Verein.

3 http://www.stadtbuecherei-wilhelmshaven.de/blog/service/hilfe/forderverein-information-fur-alle/

Homepage für die Stadtbibliothek Wilhelmshaven

Noch bevor die Stadt Wilhelmshaven über eine eigene offizielle Web-Seite verfügte, veröffentlichte der Verein ebenfalls 1997 den Webauftritt der Stadtbibliothek.[4] Zahlreiche Online-Angebote der Stadtbibliothek (z. B. Leihfristverlängerung per E-Mail etc.) wurden bis zur Installation des neuen Web-Katalogs im Mai 2004 ebenfalls vom Verein realisiert und finanziert.

Web-Katalog der Stadtbibliothek Wilhelmshaven

Einnahmen erzielt der Verein in erster Linie durch Nutzungsentgelte, Spenden und Mitgliedsbeiträge.

Der Verein initiierte und finanzierte 2002 die Installation des ersten Online-Medienkatalogs der Stadtbibliothek im Internet. Hierbei handelte es sich auf technischer Seite um einen ausgedienten Rechner, der mit Hilfe einer Linux-basierten Software im 2-Stunden-Takt den Medienbestand und den Ausleihstatus der Medien „erfragte“ und diese mittels einer Art „Shop-Software“ im Internet veröffentlichte. Das damalige EDV-Bibliothekssystem blieb auf diese Weise abgeschottet und offline. Dieser erste Medienkatalog wurde im Mai 2004 durch den Web-Katalog der Stadtbibliothek ersetzt.

Mobiler Medienkatalog für die Fahrbücherei

Für den damals noch vorhandenen Bücherbus der Stadtbibliothek beschaffte der Verein ein Notebook, auf dem eine Datenbank mit dem kompletten Medienkatalog der Stadtbibliothek installiert wurde. Dieses Angebot wurde allerdings, zusammen mit dem Bücherbus, bereits im Jahre 2005 stillgelegt.

Gebührenfreie Auskunfts-PCs

An sechs PC-Arbeitsplätzen können, neben dem Internet-Zugang, Standard-Programme wie WORD, EXCEL etc. genutzt werden. Ein spezieller Auskunfts-PC steht zur kostenlosen Nutzung ausgewählter Internet-Links (Jobbörsen, BerufeNet, Bahnauskunft, Vorlesungsverzeichnisse von Fachhochschulen und Universitäten der Region, Online-Zeitungen, städtische Einrichtungen etc.) zur Verfügung. Weitere Angebote sind geplant.

Kostenfreie Nutzung: Spiele-PCs für Kinder

Für Kinder bis zum Alter von 14 Jahren stellt der Verein in der Kinder- und Jugendbibliothek zwei PCs zum Ausprobieren von Computerspielen und Sach-CD-ROMs zur kostenlosen Nutzung bereit.

4 http://www.stadtbuecherei-wilhelmshaven.de

Abb. 2: Spiele-PCs in der Kinder- und Jugendbibliothek © G. Kühn.

Die Ausleihe von elektronischen Medien erfolgt über den Verbund NBib24.

Förderung des Projekts „Onleihe“

Der Verein beteiligt sich seit 2009 finanziell am Projekt „eAusleihe“ (NBib24), über das angemeldeten Besuchern der Stadtbibliothek der kostenlose Download und die zeitbegrenzte Nutzung von E-Books, E-Videos und E-Audios ermöglicht werden. Für die Förderung der „Onleihe“ wendet der Verein pro Jahr 2 000 bis 2 500 Euro auf.

Ein Förderprogramm der niedersächsischen Sparkassen ermöglichte es 2011, E-Reader zu beschaffen und den Nutzern der Stadtbibliothek zur Ausleihe anzubieten. Dieses Angebot wurde vom Verein erweitert und aktualisiert.

Abb. 3: E-Reader zur Ausleihe © G. Kühn.

WLAN-Hotspot in der Stadtbibliothek

Der Verein realisierte 2012 die Installation eines WLAN-Hotspots in der Stadtbibliothek, über den sich Besucher der Stadtbibliothek mit ihren eigenen Notebooks oder Smartphones in das Internet einwählen können.

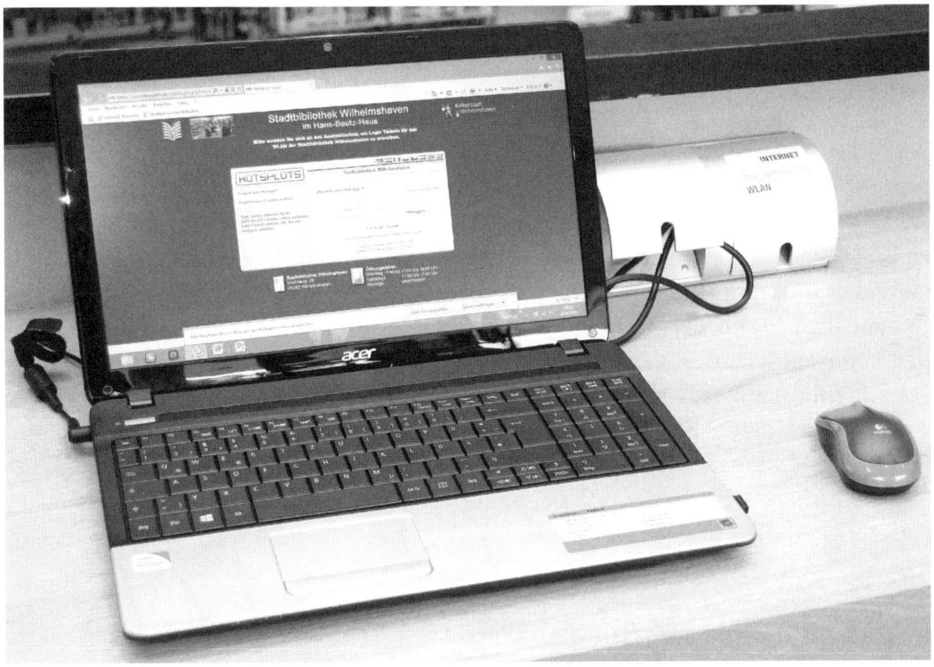

Abb. 4: Verbinden mit dem WLAN-Hotspot in der Stadtbibliothek © G. Kühn.

... und es geht weiter

Die traditionellen Informationsträger wie Bücher, Zeitschriften und andere „Printmedien“ konkurrieren inzwischen mit der Funktionsvielfalt digitaler Medien. Neben digitalen Datenträgern wie CD-ROM oder DVD-ROM kommt zunehmend dem zum Download bereitgestellten virtuellen Angebot digitalisierter Inhalte in Form von E-Medien (E-Books, E-Videos etc.) eine große Bedeutung zu. Beispielsweise will der Verein durch die bereits begonnene Förderung der „E-Ausleihe“ in Öffentlichen Bibliotheken dem wachsenden Markt an mobilen Lesegeräten für elektronische Bücher weiterhin Rechnung tragen.

Die zitierten Internetquellen wurden zuletzt am 19.1.2015 aufgerufen.

Anke Wittich

Pro & Contra Ehrenamt

Erfahrungen des Fördervereins der Ortsbücherei Braunschweig-Lehndorf

Einleitung

Wie alle Großstadtbibliothekssysteme unterliegt auch die Stadtbibliothek Braunschweig laufenden Einsparmaßnahmen. So wurden 1999 die bis dahin hauptamtlich geführten Stadtteilbibliotheken – in Braunschweig Ortsbüchereien genannt – in quasi ehrenamtliche Betreuung überführt. Lediglich zwei Stadtteilbibliotheken blieben von dieser Umstrukturierung verschont und werden auch bis heute hauptamtlich geleitet.

Mit dem Bruch der herkömmlichen Organisationsstruktur stand die Frage im Raum, die Ortsbücherei gänzlich zu schließen, da unklar war, wie lange ein attraktives Bibliotheksangebot auf ehrenamtlicher Basis weitergeführt werden konnte.

Um einer möglichen Abwärtsspirale entgegenzuwirken[1], gründeten engagierte Bibliotheksbesucher und Bewohner des Stadtteils schließlich den „Förderverein für die Ortsbücherei Lehndorf e. V.“[2], der heute mit ca. 70 Mitgliedern die Ortsbücherei im Wesentlichen trägt und betreibt.

Status quo – aus der Not geboren

Der Förderverein für die Ortsbücherei Lehndorf e. V. wird vom Finanzamt als gemeinnützig anerkannt. Alle Spender erhalten zum Jahresende eine Spendenbescheinigung, die sie bei ihrer Steuererklärung als Sonderausgabe geltend machen können.

Nach der Umstrukturierung werden die Kosten der 17 verbliebenen Ortsbüchereien für die Räume, für Strom, Wasser, Telefon und Reinigung von der Stadtbibliothek getragen. Ein Grundetat für Neuerwerbungen und Bibliotheksmaterial ist ausgewiesen, unterliegt jedoch Schwankungen, abhängig von den Ausleihzahlen und von den jährlich neuen Festlegungen durch die jeweiligen Bezirksräte.

Die freiwilligen Mitarbeiter werden als „Büchereiwarte“ durch die Stadtbibliothek eingesetzt und ebenfalls vom jeweiligen Bezirksrat bestätigt. Das Team der Ortsbücherei Lehndorf besteht aus zwei berufenen Büchereiwartinnen sowie elf weiteren aktiven Beschäftigten. Lediglich die Büchereiwartinnen erhalten eine Aufwandsentschädigung, alle anderen Freiwilligen arbeiten unentgeltlich.

Als Hauptaufgaben definiert die Ortsbücherei Lehndorf Leseförderung im Kleinkind-, Kindes- und Erstlesealter, Informationen zur Kindererziehung sowie Unterhaltung für Erwachsene. Hieraus ergibt sich ein Bestand von derzeit ca. 11 000 ME, bestehend aus Bilderbüchern, Vorlese- und Erstlesebüchern für das Alter bis 12 Jahren, Spielen für alle Altersgruppen, einem aktuellen Belletristikbestand sowie einem umfangreichen Bestand an Hörbüchern und Ratgeberliteratur. Bastelnachmittage für Kinder und Veranstaltungen zur Förderung der Lesekompetenz ergänzen das Angebot der Bücherei, die sich auch als Ort der Kommunikation anbietet, an dem gezielt der Austausch mit den Büchereibesuchern gepflegt wird.

---

1 Vgl. auch Wittich, Anke: Fördervereine in Bibliotheken. Von der Gründung bis zur effektiven Bibliotheksarbeit. In: Papagoi, 0 (2011). S. 32–35.

2 http://www.buecherei-lehndorf.de/foerderverein.html

Kommunikation an erster Stelle

Neben und mit den vom Bezirksrat berufenen Büchereiwartinnen und den Freiwilligen wird die in der Bücherei anfallende Arbeit von den Mitgliedern des Fördervereins getragen und unterstützt, die z. T. bereits über lange Zeit für die Bücherei tätig waren und hier gut „verankert“ sind. Das Anwerben neuer Fördervereinsmitglieder geschieht vorrangig durch persönliche Kontakte sowohl der Vorstandsmitglieder als auch der Büchereibeschäftigten. So können auch die Notwendigkeit der finanziellen Unterstützung und der Einsatz der Fördermittel im direkten Austausch zielgruppenadäquat vermittelt und auch neue Mitglieder für den Förderverein gewonnen werden.

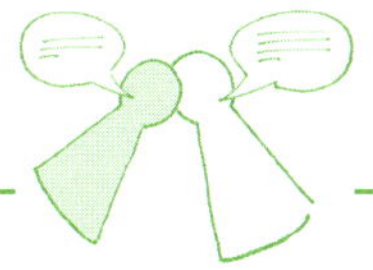

Auch das Einwerben von Sponsorengeldern bei der örtlichen Wirtschaft basiert auf persönlichen Kontakten und setzt eine langjährige Verankerung der Ansprechpartner in der Bücherei voraus.

Auch extern ist der Förderverein gut in der Gemeinde verankert, so z. B. durch die Kooperation mit nahegelegenen Kindertagesstätten und Schulen. Durch die Kontaktarbeit kann bei zukünftigen Erstlesern bzw. deren Eltern die Aufmerksamkeit auf die Ortsbücherei und ihre Angebote gelenkt werden. Bücherkisten, finanziert durch den Förderverein, können abgestimmt auf diese Zielgruppen zu speziellen Themen durch die Ortsbücherei bereitgestellt werden.

Die Vernetzung mit weiteren Fördervereinen von Ortsbüchereien in der Stadt schafft die Möglichkeit zum Erfahrungsaustausch und stärkt die Position gegenüber der übergeordneten Einrichtung, hier der zentralen Stadtbibliothek.

Alle diese Kooperationen konnten in den ersten Jahren der Vereinstätigkeit nachhaltig aufgebaut werden. Entgegenwirkende Einflussfaktoren wie der Aufbau eigener interner Büchersammlungen in Kindertagesstätten und Schulen sowie die Eröffnung des Neubaus der zentralen Stadtbibliothek mit einem attraktiven und modernen Angebot wirkten sich auf die Ausleihtätigkeit in der Ortsbücherei nur in geringem Maße aus.

Finanzielle Förderung

Eine dauerhafte Aufgabe besteht in der Akquise von Fördermitteln, ergänzt von regelmäßigen und einmaligen Veranstaltungen. Diese Aktivitäten wirken sich nachhaltig auf die Bibliotheksentwicklung aus.

Die Förderbeiträge für die Ortsbücherei setzten sich aus laufenden und freiwilligen Spenden der Mitglieder und einmaligen Fördersummen durch Sponsoren zusammen.

Die Mitglieder des Fördervereins entrichten eine jährliche Spende. Die Höhe legen sie laut Satzung eigenständig fest. Dadurch wird auf der einen Seite die Hemmschwelle zum Eintritt in den Verein herabgesetzt. Andererseits ermöglicht dies aber auch überdurchschnittliche Förderbeiträge.

Eingehende Spenden werden unmittelbar – für die Bibliotheksbesucher transparent – in den Kauf neuer Bücher investiert. Alle mit Mitteln des Fördervereins erworbenen Medien erhalten einen Stempel des Fördervereins. In Mitgliederversammlungen wird über den Etat des kommenden Jahres beraten und es werden die Ausgaben des vergangenen Jahres offengelegt. Die inhaltliche und vor allem zeitliche Flexibilität steht bei den Beratungen und Entscheidungen im Mittelpunkt. Lässt der Erwerbungsetat der Stadt auch zu Jahresbeginn auf sich warten – die Mittel des Fördervereins stehen unabhängig von Haushaltsplanungen zur Verfügung!

Aus juristischen Gründen dürfen ehrenamtlich Tätige keine Säumnisgebühren einfordern. Mahnverfahren sind ausschließlich über die zentrale Stadtbibliothek möglich. Der Förderverein kann allerdings „Spenden“ von säumigen Lesern erbitten. Dieser freiwillige Beitrag kann auch von Nichtmitgliedern des Fördervereins geleistet werden und stellt eine nicht unerhebliche Einnahmequelle dar.

Vertreter der örtlichen Wirtschaft, wie z. B. Apotheken, Druckereien, Outdoorausstatter u. a., beteiligen sich ebenfalls an der finanziellen Unterstützung der Ortsbücherei. Je nach Förderbeitrag erhalten die Förderer eine Eintragung in die von ihren

Mitteln erworbenen Bücher. Das Spektrum der zu erwerbenden Literatur wird dabei auf das wirtschaftliche Tätigkeitsgebiet abgestimmt; die Apotheke fördert z. B. entsprechend Gesundheitsliteratur.

Diese Art der – mitunter laufenden – Förderung wird ergänzt durch einmalige Beträge, die über Banken oder Sparkassen, aus Erlösen von Weihnachtsveranstaltungen ortsansässiger Geschäfte oder durch speziell ausgeschriebene Veranstaltungen auch karitativ wirkender Vereine, z. B. Logen, erbeten werden können.

Um Mittel aus den genannten Quellen zu erhalten, bedarf es einer überzeugenden Außendarstellung durch den Förderverein, u. a. durch seine Webseite, aber auch durch das Auftreten seiner Mitglieder. Einen wesentlichen Anteil an dieser Außendarstellung machen die Veranstaltungen des Fördervereins aus.

Veranstaltungen und Projekte

Regelmäßige Veranstaltungen binden die Mitglieder des Vereins an die Bücherei, bieten eine Gelegenheit, Sponsoren zu würdigen und erinnern weitere potenzielle Unterstützer an ihre Fördermöglichkeiten. Die Ortsbücherei Lehndorf bietet regelmäßige Vorlesetermine und jährlich ein Bücherfest, jeweils mit aktiver Unterstützung durch die Vereinsmitglieder, an.

Lesen macht schlau!
Kinder von vier bis sieben Jahren treffen sich einmal im Monat als „Lehndorfer Leselöwen" zur Leseförderung.

Die wichtigste Veranstaltung für den Förderverein und die Ortsbücherei Lehndorf ist das jährliche Bücherfest. Hier werden ein Bücherflohmarkt, ein Bilderbuchkino sowie Bewegungs- und Bastelaktivitäten für Kinder angeboten. Die Leser steuern für den Flohmarkt Buchspenden bei, die vor Ort erworben werden können. Eine aktive Mitgliederwerbung sowie der Austausch mit aktiven Bibliotheksbesuchern findet in lockerer Atmosphäre bei Kaffee und Kuchen statt. Die Einnahmen des Bücherfestes bilden den Grundstock der finanziellen Förderung.

Die Veranstaltungsreihe „Lehndorfer Leselöwen"[3], von Aktiven des Fördervereins organisiert und durchgeführt, steht ganz im Wahrzeichen des Wappentiers von Braunschweig. Einmal monatlich kümmern sich zwei Bücherei-Mitarbeiterinnen in einer offenen Gruppe darum, Anregungen zum Sprechen und Lesen zu geben, den Wortschatz zu erweitern, die Ausdrucksfähigkeit zu stärken und das Konzentrationsvermögen zu trainieren. Hier werden aktuelle Bilderbücher vorgestellt und anschließend in kurzen Spielsequenzen ausgeführt. In den frühen Abendstunden werden Lesungen für ältere Kinder angeboten. Unter anderem werden Bücher der klassischen Literatur kindgerecht aufgearbeitet und sollen für ein positiveres Leseverständnis sorgen.

„Lebendiger Advent"
Der Ablauf wird jeweils von den Organisatoren bestimmt. In der Regel wird eine kurze Weihnachtsgeschichte vorgelesen und es werden einige Weihnachtslieder gesungen. Danach kann man sich bei Glühwein und Keksen mit Nachbarn und Freunden unterhalten oder einfach mit netten Menschen plauschen.

Der „Lebendige Adventskalender"[4], durchgeführt in Verbindung mit der Kirchengemeinde, richtet sich an das Publikum des Ortsteils insgesamt. An allen Adventstagen kommen Interessierte zu ausgewiesenen Privathaushalten und besinnen sich der Adventszeit mit Liedern und ggf. Punsch zum Aufwärmen. Auch hier reiht sich der Förderverein ein und macht mit diesem Veranstaltungsformat auf sich aufmerksam.

Ohne den Förderverein wären auch die notwendigen Renovierungsmaßnahmen in der Ortsbücherei nicht vorstellbar gewesen. In Eigenregie wurden die Wände, Decken und Säulen der Bücherei frisch gestrichen. Die neu entstandene Atmosphäre wurde von den Besuchern positiv aufgenommen.

3 http://www.buecherei-lehndorf.de/leseloewen.html
4 http://website.hl-geist-bs.de/?q=seite/lebendiger-advent

Des Weiteren führten Mitglieder des Fördervereins ein Bibliotheksverwaltungssystem ein, um das Leihkartensystem abzulösen. Jetzt können die Besucher problemlos die Leihfrist ihrer Medien verlängern, die Ausleihtätigkeit beschleunigt sich und ist geprägt durch mehr Transparenz. Hierfür wurden das System „PS-Biblio" implementiert und die Daten mit einem Open-Source System „LiteRat" übernommen und mit Barcodes ergänzt. Auch die Medien mussten entsprechend ausgestattet werden. Sowohl die finanziellen Mittel hierfür als auch die technische Umsetzung leistete der Förderverein.

Lessons learned

Unterstützung durch einen Förderverein ist gerade für kleine Büchereien wie bei diesem Beispiel eine wichtige Voraussetzung zur bedarfsgerechten Gestaltung der Büchereiarbeit. Andere vergleichbar aktive Ortsbüchereien im Bibliothekssystem Braunschweig werden ebenfalls von Fördervereinen unterstützt. Die Kontinuität dieser Fördertätigkeit ist dabei ein verlässlicher Baustein auch für die Durchführung von außergewöhnlichen Projekten wie die Renovierung oder die Umstellung auf eine computergestützte Ausleihe.

Die statistischen Zahlen zu den jährlichen Ausleihen zeigen die Attraktivität des Angebots und weisen auf die hohe intrinsische Motivation der Mitarbeiter und der Fördervereinsaktiven hin.

Alle beschriebenen Dienstleistungen und zusätzlichen Aktivitäten resultieren aus dem Selbstverständnis der Einrichtung als Kommunikationszentrum. Bibliotheksarbeit und Fördertätigkeit arbeiten hier zielorientiert zusammen.

Kritische Reflexion

Mit der Einführung von ehrenamtlich Beschäftigten in Öffentlichen Bibliotheken hat sich der Personalverband Berufsverband Information Bibliothek (BIB) mit Recht über einen langen Zeitraum kritisch auseinandergesetzt. Sein Positionspapier stellt dabei die ausdrückliche Ergänzung der hauptamtlichen Tätigkeit durch freiwillige Helfer in den Vordergrund.

Aus dem Positionspapier des BIB[5]

Für Bibliotheken engagieren sich viele Ehrenamtliche durch unterstützende Mitarbeit in den Einrichtungen selbst und in Fördervereinen. Die Freiwilligen sind häufig über das konkrete Engagement hinaus wichtige Fürsprecher für die Belange der Bibliotheken in Gesellschaft und Politik. Sie können durch die Identifikation mit ihrem Einsatzbereich in ihrem sozialen Umfeld positive Aufmerksamkeit für die Bibliothek wecken. Die Bibliothek bleibt aber auch dann primär eine Einrichtung, die klar definierte Aufgaben der Politik zu erfüllen hat. Erst in zweiter Linie ist sie ein Ort und eine Möglichkeit für das Engagement ehrenamtlicher Kräfte.

Der Berufsverband Information Bibliothek e. V. (BIB) begrüßt das ehrenamtliche Engagement in Bibliotheken ausschließlich dann, wenn damit zusätzliche Angebote ermöglicht werden und die Stärkung der hauptamtlich und qualifiziert betriebenen Bibliothek Ziel und Anliegen ist.

---

5 Berufsverband Information Bibliothek (2011). Bibliotheken haben einen öffentlichen Auftrag. Qualifizierte Bibliotheksarbeit erfordert qualifiziertes Personal – Leitlinien zur Freiwilligenarbeit in kommunalen Bibliotheken. http://www.bib-info.de/fileadmin/media/Dokumente/Publikationen/BIB-Ehrenamtspapier.pdf

Die hier beschriebene Einrichtung entspricht einerseits dem Anspruch einer „qualifiziert betriebenen Bibliothek“, indem die Leitung von der Stadtbibliothek gegen eine Aufwandsentschädigung an ausgewählte „Büchereiwarte“ übertragen wird, die zusätzlich vom Bezirksrat bestätigt werden. Andererseits üben diese letztlich doch Ehrenamtlichen, unterstützt von weiteren Freiwilligen aus dem Kreis des Fördervereins, sowohl alle fachlichen Tätigkeiten wie auch die ergänzenden Förderaktivitäten selbstständig aus. Die Situation vor Ort – ein Bibliothekssystem mit einer Hauptstelle und zahlreichen Ortsbüchereien in den Ortsteilen – ist unter den heutigen Haushaltszuweisungen nicht mehr konsequent mit hauptamtlichen Kräften zu bewältigen.

Für die Menschen in den Ortsteilen bleibt jedoch der Wunsch nach einer bedarfsgerechten Literaturvorsorgung vor Ort bestehen. Die Versorgung für die „kurzen Wege“ vor Ort, v. a. mit den Zielgruppen Grundschulkinder und (mobil eingeschränkte) Senioren, wird von allen Beteiligten als großer Wert und als unverzichtbar angesehen. Ohne die Fördertätigkeit des Vereins könnte diese Einrichtung nicht annähernd auf eine solch erfolgreiche Arbeit zurückblicken, und ohne das ehrenamtliche Engagement würde die Einrichtung langfristig nicht erhalten bleiben können.

Die zitierten Internetquellen wurden zuletzt am 23.1.2015 aufgerufen.

Marius Müller

Verstaubt war gestern!

Ein „Lifting“ für die Stadtteilbücherei im Gögginger Alten Rathaus

Bücherfreunde Göggingen

Einleitung

Nachdem als Folge der Eingemeindung Göggingen zu einem Stadtteil Augsburgs geworden war, stand das Alte Rathaus, einst Sitz der Gemeindeverwaltung und Herzstück des Gemeindelebens, zur Disposition. Hier fand ab 1972 u. a. die Stadtteilbücherei Göggingen eine neue Heimat – auch dies Ausdruck des nach wie vor stark autarken Charakters des Stadtteils, der sich in der Pflege des Alten Rathauses als Mittelpunkt der ehemaligen Stadt Göggingen äußert.

Inzwischen war die Bücherei allerdings mächtig in die Jahre gekommen und Auffrischung tat dringend not. Und so gründeten sich im Jahr 2012 – unabhängig vom bereits existierenden Freundeskreis „Freunde der Neuen Stadtbücherei Augsburg e. V.“ – die „Bücherfreunde Göggingen e. V.“[1] mit dem Ziel der Unterstützung der im Süden Augsburgs beheimateten Zweigstelle der Stadtbücherei Augsburg.[2] Es galt, das Alte Rathaus, in dem die Bücherei untergebracht war, vom Staub der Jahrzehnte zu befreien, die desolate bauliche Situation zu beenden, das Haus mit neuem Leben zu erfüllen und wieder zu einem Glanzstück des Ortes werden zu lassen. Begleitet wurde die Gründung u. a. durch Zeitungsberichte der lokalen Presse.[3]

Die „Bücherfreunde Göggingen e. V.“

„Das Gögginger Rathaus mit seinem wunderschönen Innenhof soll wieder das werden, was es einmal war: Ein Ort der täglichen Begegnung.“ Homepage

Der Förderverein hat einen fünfköpfigen Vorstand mit Beisitzern, unter ihnen der Leiter der Stadtteilbücherei als beratendes Mitglied. Der Verein zählt derzeit 39 reguläre Mitglieder, die ihn durch Mitgliedsbeiträge und durch ihre Arbeitskraft unterstützen. Auf regelmäßigen Vorstandssitzungen und Mitgliederversammlungen werden vergangene Aktionen validiert, die finanzielle Lage geprüft und weitere Einsatzmöglichkeiten sowie Aktionen zur Mitgliederwerbung besprochen.

Die Veranstaltungen und Aktionen des Vereins finden teilweise im Rahmen anderer Aktionen ortsansässiger Firmen, zu Stadtteilfeiern oder in Kooperation z. B. mit der ARGE-Göggingen, Arbeitsgemeinschaft der Gögginger Vereine und Organisationen e. V.[4], oder der WiG, Wir in Göggingen Unternehmergemeinschaft e. V.[5], statt. Mit Hilfe von Mitgliedsbeiträgen, Sponsoring oder ganz praktisch mit vielen helfenden Händen geht es darum, immer mehr Leser und Kulturinteressierte dauerhaft für die Stadtteilbücherei zu begeistern. Dazu gehören neben einem erweiterten Kultur- und Veranstaltungsangebot aber auch Räume mit Wohlfühlatmosphäre: Das Alte Rathaus Göggingen mit seinem wunderschönen Innenhof sollte wieder ein Kommunikationszentrum für Jung und Alt werden!

---

1 http://www.buecherfreunde-goeggingen.de
2 http://www.stadtbuecherei.augsburg.de/index.php?id=sb_goeggingen
3 http://www.augsburger-allgemeine.de/augsburg/Einstimmig-angenommen-id19924651.html, http://www.augsburger-allgemeine.de/augsburg/Buecherfreunde-tagen-das-1-Mal-id25075506.html, http://goeggingen-online.de/tag/bucherfreunde/, http://www.buendnis.augsburg.de/index.php?id=23292
4 http://www.arge-goeggingen.de/
5 http://www.wir-in-goeggingen.de/

Grundsätzlich geht es um „Bildung, Kunst und Kultur im Stadtteil Göggingen, konkret umgesetzt durch die Stadtteilbücherei." Homepage

Die Aktivitäten der Bücherfreunde Göggingen e. V.

- Renovierung der Wände des Treppenhauses und des Erdgeschossganges des Alten Rathauses
- Beteiligung an der „Italienischen Nacht" 2012
- Beteiligung an „Wege der Kunst" 2012
- Bücherflohmarkt im Sommer 2012
- Autorenlesung Antonia Michaelis in Zusammenarbeit mit der Pfiffigunde[6]
- Beteiligung an der „Italienischen Nacht" 2013
- Beteiligung an „Wege der Kunst" 2013, verbunden mit einem Bücherflohmarkt
- Renovierung und Neugestaltung im EG von Besucherecke und Café Anfang 2014
- Bücherflohmarkt im Frühjahr und im Herbst 2014
- Beteiligung beim „Fest der Sinne" 2014
- Beteiligung an der „Italienischen Nacht" 2014
- Beteiligung bei „Wege der Kunst" 2014

Projekte

Als eine der ersten Aktionen wurde im Januar 2012 das in die Jahre gekommene Treppenhaus renoviert. Hierzu wurde altes Interieur aus dem Gebäude entfernt, die Wände des historischen Treppenaufgangs wurden neu gestrichen und mit Galerieschienen versehen. Dadurch ist es nun möglich, schnell und flexibel neue Ausstellungen von lokalen Künstlern zu präsentieren. Kuratiert werden die Ausstellungen ehrenamtlich von einem Vereinsmitglied, sodass das Bibliothekspersonal nicht damit belastet wird.

Ein weiterer Wochenendeinsatz der Bücherfreunde galt dem im Erdgeschoss der Bücherei beheimateten Flohmarktlager, das neu gestrichen und mit Regalen versehen wurde – auch, um die Sortierung der Bücher für künftige Flohmärkte zu erleichtern.

In Kooperation mit dem Arbeiter-Samariter-Bund (ASB) wurde zudem im Laufe mehrerer Monate ein altes Stuhllager im Erdgeschoss des Alten Rathauses umfunktioniert. Es wurde Teppichboden entfernt, alter Dielenboden geschliffen, es wurden Wände, Tische, Stühle und Schränke gestrichen sowie eine Küchenzeile eingebaut. Durch finanzielle Zuwendungen des Fördervereins war es möglich, das alte Stuhllager des Rathauses mit neuer Funktionalität zu erfüllen und so einen Raum in zentraler Lage im Herzen Göggingens zu schaffen, der vom ASB und von den Bücherfreunden zu Besprechungen, Workshops, als MehrGenerationenTreffpunkt (MGT) und dergleichen genutzt werden kann. So besteht gegenseitiger Nutzen für MGT und Bücherei, da die jeweiligen Besucher oft spontan auch noch im MGT bzw. in der Bücherei vorbeischauen, sodass ein Ort der Begegnung und des Austausches unterschiedlicher Generationen und Herkunft entstanden ist.[7]

Veranstaltungen

Die beiden genannten Gemeinschaften ARGE und WiG veranstalten einmal im Jahr das „Fest der Sinne", „Wege der Kunst" und die „Italienische Nacht". Bei den beiden erstgenannten Aktionen wird von den Bücherfreunden halbjährlich ein Bücherflohmarkt mit kulinarischem Angebot organisiert. Bücherspenden und ausgeschiedene

6 http://www.pfiffigunde.de
7 http://www.buendnis.augsburg.de/index.php?id=23292

Bibliothekstitel werden von Freiwilligen zuvor sortiert und kategorisiert und anschließend im Innenhof der Bücherei auf Spendenbasis verkauft. Zudem bieten die Bücherfreunde Kaffee und Kuchen an, um so zusätzlich Einnahmen für den Verein zu erzielen.

Abb. 1: Bücherflohmarkt im Innenhof des Alten Rathauses Göggingen © H. Eberle.

Bei der „Italienischen Nacht", einem weit über die Grenzen Göggingens hinaus bekannten Fest, das zahlreiche Besucher anzieht und auch in den Medien[8] auf entsprechende Resonanz stößt, bieten die Bücherfreunde neben einem kleinen Bücherflohmarkt auch ein Bilderbuchkino mit italienischen Motiven an. So kann der Verein zusätzlich auf sich aufmerksam machen und nutzt die Möglichkeit, neue Mitglieder zu werben.

Zwei weitere Veranstaltungen, die vom Arbeiter-Samariter-Bund zusammen mit den Bücherfreunden durchgeführt werden, sind eine „Gruselnacht zu Halloween" und die „Geschichten unterm Sternenhimmel". Hier werden den Kindern von Freiwilligen in besonderem Ambiente Geschichten vorgelesen und passende Spezialitäten serviert. Diese nun seit zwei Jahren erfolgreich stattfindenden Aktionen haben sich bereits etabliert und werden nicht nur von Büchereibesuchern und deren Kindern gerne angenommen.

Lobbyarbeit

Die klaren Vorteile eines Fördervereins sind die sozialen Kontakte und Netzwerke, auf die er durch seine Mitglieder zurückgreifen kann. Gerade in wirtschaftlich schwieri-

8 http://www.augsburger-allgemeine.de/augsburg/lokalnachrichten/Italienische-Nacht-in-Goeggingen-id2431106.html

gen Zeiten bedarf es intensiver Lobbyarbeit, um oftmals sogar das Bestehen von Bibliotheken zu garantieren.[9]

Im Vorstand der Bücherfreunde Göggingen e. V. finden sich Mitglieder, die in sämtlichen ansässigen Vereinen und Firmen vertreten sind und Ansprechpartner für die jeweiligen Belange kennen. Sie setzen ihr soziales Netzwerk für die Lobbyarbeit des Vereins ein und leisten so auf informeller Basis wichtige Grundlagen für die Vereinsarbeit.

Aufgrund der auch zwei Jahre nach Gründung immer noch teilweise desolaten Zustände der Stadtteilbücherei beschloss der Vorstand im Oktober 2014, alle in Göggingen zuständigen und ansässigen Stadträte der aktuellen Legislaturperiode einzuladen. Ziel war es, vor Ort auf die Arbeit des Vereins und auf dringend benötigte finanzielle Zuwendungen hinzuweisen. Diese Arbeit trug auch bereits erste Früchte, denn durch die öffentliche Dokumentation der Bestrebungen ließen sich sowohl finanzielle Mittel einwerben als auch Rückmeldungen aus der Bevölkerung verzeichnen. Dies führte dazu, dass nun erste Räume des älteren Flügels des Rathauses renoviert werden können. Auch erklärte sich ein ansässiger Installateur bereit, die veralteten Rohre und Sanitäranlagen der Bücherei kostenfrei zu ersetzen.

Kommunikation

Ein runder Tisch kann viele Probleme aus dem Weg räumen und die unterschiedlichen Parteien einen.

Einer Herausforderung, die in der Arbeit mit Fördervereinen des Öfteren zu beobachten ist, musste man sich auch in Göggingen stellen. Durch die Beteiligung mehrerer Parteien mit teils diametralen Vorstellungen z. B. zur Umgestaltung eines Raums entstanden Spannungen, die allerdings durch intensive Vermittlungsarbeit seitens der Stadtbücherei behoben werden konnten. Gründe für solche Spannungen liegen mitunter in mangelnder Transparenz oder einer noch optimierfähigen Kommunikationsstrategie.

Für die künftige Arbeit und Kooperation empfiehlt es sich grundsätzlich, größtmögliche Offenheit walten zu lassen und alle Parteien möglichst umfassend zu informieren, um Problemen im Vorhinein gleich begegnen und diese möglichst gering halten zu können.

In die Zukunft gedacht

Der Gögginger Förderverein strebt einige künftige Projekte an. Hierzu zählen die Einrichtung eines „Literaturschranks" im nahegelegenen Kurpark, die weitere Renovierung von Räumen des Rathauses sowie die Fortführung der bereits bestehenden Aktionen, wie etwa des Bücherflohmarkts, der zu den Haupteinnahmequellen der Bücherfreunde zählt. Neben der aktiven Mitgliedergewinnung ist eine stabile Mitarbeit an der Seite der Stadtteilbücherei klar vereinbartes Ziel und wird weiter vorangetrieben werden.

9 Häcker, Susanne: Lobbyarbeit für Bibliotheken. Stuttgart: Hochschule der Medien 2005 (Haushaltskonsolidierung in Bibliotheken: Instrumente und Methoden für die Bibliotheksarbeit in schwierigen Zeiten). http://www.spareninbibliotheken.de/Beitragsthemen/lobby.htm/

Fazit

Die Gründung des Fördervereins für die Stadtteilbücherei Göggingen hat sich in jedem Fall gelohnt und ist ein Gewinn für den Stadtteil und die Arbeit der Bücherei. Sowohl in finanzieller als auch in personeller Hinsicht hat sich die Vereinsgründung als rentabel erwiesen.

Wiegt man die Vorteile des Vereins mit den Reibungen auf, die im Zuge einer Vereinsarbeit manchmal auftreten, so erweisen sich die Vorteile als deutlich überwiegend. Der Verein erbringt zusätzliche Leistungen, zu denen die Bücherei eingedenk ihrer personellen Situation nicht in der Lage wäre. Er bildet einen „Hilfsmotor“[10], wie er jeder Bibliothek nur empfohlen werden kann.

Die zitierten Internetquellen wurden zuletzt am 16.1.2015 aufgerufen.

10 Diesner, Susan u. Ridder, Imke: Freundes- und Förderkreise in Bibliotheken. Stuttgart: Hochschule der Medien 2005 (Haushaltskonsolidierung in Bibliotheken: Instrumente und Methoden für die Bibliotheksarbeit in schwierigen Zeiten). http://www.spareninbibliotheken.de/Beitragsthemen/freunde.htm

Anhang

Abkürzungen

AGB	Allgemeine Geschäftsbedingungen
AIM	Akademie für Innovative Bildung und Management Heilbronn Franken GmbH
ALA	American Library Association
ALTA	Association for Library Trustees and Advocates
ASB	Arbeiter-Samariter-Bund
A. T. U	Auto-Teile-Unger GmbH & Co. KG
AV-Medien	Audiovisuelle Medien
BIB	Berufsverband Information Bibliothek e. V.
BID	Bibliothek & Information Deutschland e. V.
CDU	Christlich-Demokratische Union
CILIP	Chartered Institute for Library and Information Professionals
CSU	Christlich-Soziale Union
DACH-Raum	Deutschland, Österreich, Schweiz und Lichtenstein
dbv	Deutscher Bibliotheksverband e. V.
DWZ	DEWEZET – Deister- und Weserzeitung
FAQ	Frequently asked questions
FOLUSA	Friends of Libraries U.S.A.
GEMA	Gesellschaft für musikalische Aufführungs- und mechanische Vervielfältigungsrechte
GmbH	Gesellschaft mit beschränkter Haftung
GS	Grundschule
gUG	gemeinnützige Unternehmergesellschaft
IFLA	International Federation of Library Associations and Institutions
KMU	kleine und mittlere Unternehmen
KSK	Kreissparkasse
LMIV	Lebensmittel-Informationsverordnung
LÜK	Lesen – Üben – Kontrollieren
ME	Medieneinheiten
MGT	MehrGenerationenTreffpunkt
Mio.	Millionen
Mrd.	Milliarden
Mt.	Bibel, Neues Testament, Evangelium des Matthäus
NDR	Norddeutscher Rundfunk
NRW	Nordrhein-Westfalen
ÖB	Öffentliche Bibliothek/en
OPAC	Online Public Access Catalogue
PLN	Public Library News
PN	Private Nachricht
PR	Public Relations
SLC	Sommerferien-Leseclub
SLK-Kliniken	Stadt- und Landkreiskliniken Heilbronn GmbH
SPD	Sozialdemokratische Partei Deutschlands
SWK	Stadtwerke Krefeld
SWOT	Strengths (Stärken), Weaknesses (Schwächen), Opportunities (Chancen), Threats (Gefahren)
UfL	United for Libraries
UN	United Nations
UNESCO	United Nations Educational, Scientific and Cultural Organization
UV	Ultraviolettstrahlung (UV-Licht)
VfL	Voices for the Library
VHS	Volkshochschule
WiG	Wir in Göggingen Unternehmergemeinschaft
WLAN	Wireless Local Area Network
WZ	Westdeutsche Zeitung
Zsarb.	Zusammenarbeit

Autoren & Autorinnen

Herbert Althoff, Vors. des Fördervereins der Stadtbücherei Bad Oeynhausen e. V., E-Mail: h-m-althoff@web.de, Homepage: http://www.badoeynhausen.de/index.php?id=274

Dr. Natalie Arras, Mitglied des Vereins Bücher und so... Freunde der Gemeindebücherei Stelle e. V., E-Mail: natalie.arras@t-online.de, Homepage: http://www.buecherei-stelle.de/Buechereiverein.php?nr=3

Frank Bergmannshoff, Mitglied des Freundeskreises der Jugendbücherei im Türmchen e. V., E-Mail: webmaster@tuermchen-marl.de, Homepage: http://www.tuermchen-marl.de

Dr. agr. Rolf Bielau, Vors. des Freundeskreises der Kreisbibliothek in Quedlinburg e. V., E-Mail: rolf.bielau@gmx.de, Homepage: http://www.kreis-hz.de/de/die-foerdervereine.html

Barbara Bisping-Bau, Dipl.-Bibl. i. R., Vorstandsmitglied im Förderverein Stadtbücherei Stolberg e. V., E-Mail: bisping.bau@drbbau.de, Homepage: http://www.förderverein-stadtbücherei-stolberg.de

Julia Boltze, Studentin, Institut für Bibliotheks- und Informationswissenschaft der Humboldt-Universität zu Berlin, E-Mail: julia.boltze@googlemail.com

Bernd Bruns, 1. Vors. der Bibliotheksgesellschaft Hameln e. V., E-Mail: bg.hameln@googlemail.com, Homepage: http://www.bg-hameln.de/

Carla Feldmann, Dipl.-Ing. Architektur, Stellv. Vors. des Fördervereins der Stadtbibliothek Bayreuth e. V., E-Mail: info@pro-bibliothek.org, Homepage: http://www.mediation-feldmann.de/

Norbert Feyerabend, Mitglied des Freundeskreises der Jugendbücherei im Türmchen e. V., E-Mail: norbert.feyerabend@t-online.de, Homepage: http://www.tuermchen-marl.de

Anna Franzmann, Grundschullehrerin und Legasthenie-Therapeutin i. R., E-Mail: afranzmann@gmx.de, Homepage: http://www.euskirchen.de/index.php?id=2828

Verena Grimm, Journalistin, Geschäftsstelle des Landesverbandes Baden-Württemberg im dbv, E-Mail: info@bw.bibliotheksverband.de

Sabine Guhl, Dipl.-Bibl., Leiterin der Regionalbibliothek Weiden, Stellv. Leiterin des Amtes für Kultur, Stadtgeschichte und Tourismus, 2. Vors. des Fördervereins Pro Libris e. V., E-Mail: sabine.guhl@weiden.de, Homepage: http://www.regionalbibliothek-weiden.de/page_6_1.php

Bernhard Haake, Vors. des Freundeskreises der Stadtbibliothek Mülheim an der Ruhr e. V., E-Mail: bernhard.haake@gmx.net, Homepage: http://www.muelheim-ruhr.de/stadtbibliothek.html

Christine Hauke, Leiterin der Stadtbücherei Schelklingen, 2. Vors. des Fördervereins der Stadtbücherei Schelklingen e. V., E-Mail: acjkhauke@gmail.com, Homepage: http://www.schelklingen.de/,Lde/Home/Unsere+Stadt/Foerderverein.html

Dr. Petra Hauke, Lehrbeauftragte, Autorin und Herausgeberin bibliothekswissenschaftlicher und -praktischer Publikationen, Institut für Bibliotheks- und Informationswissenschaft der Humboldt-Universität zu Berlin, E-Mail: petra.hauke@hu-berlin.de, Homepage: https://www.ibi.hu-berlin.de/institut/personen/hauke

Brigitte Häussermann, Vors. des Fördervereins Freundeskreis der Stadtbibliothek Schwäbisch Gmünd e. V., E-Mail: b.haeussermann@freitagundhaeussermann.de, Homepage: http://www.schwaebisch-gmuend.de/6958.php

Jochen Heins, 1. Vors. des Fördervereins der Stadtbibliothek Syke e. V., E-Mail: joel.heins@gmx.de, Homepage: http://www.foerderverein-stadtbibliothek-syke.de

Annette Högg, Kinder- und Jugendabteilung, Neue Stadtbücherei Augsburg, E-Mail: annette.hoegg@augsburg.de, Homepage: http://www.stadtbuecherei.augsburg.de/

Ulrike Horn M. A., Schriftführerin des Fördervereins der Stadtbibliothek Bayreuth e. V., E-Mail: info@pro-bibliothek.org, Homepage: http://www.horn-kommunikation.de/

Guido Jansen, Dipl.-Dok. M. A., Leiter des Arbeitsbereichs Internationale Kooperation im Kompetenznetzwerk für Bibliotheken beim Deutschen Bibliotheksverband, E-Mail: jansen@bibliotheksverband.de, Homepage: http://www.bibliotheksportal.de/wir-ueber-uns/kompetenznetzwerk.html

Marita Kämmerer-Valentin, Dipl.-Bibl. i. R., Vorstandsmitglied im Förderverein Stadtbücherei Stolberg e. V., E-Mail: foerdervereinstadtbuecherei.stolberg@freenet.de, Homepage: http://www.förderverein-stadtbücherei-stolberg.de

Gerhard Kühn, Vors. von „Information für alle – Verein zur Förderung der Nutzung elektronisch gespeicherter Information e. V.“, E-Mail: gerhard.kuehn@stadt.wilhelmshaven.de, Homepage: http://www.stadtbuecherei-wilhelmshaven.de

Barbara Lison, Leitende Bibliotheksdirektorin der Stadtbibliothek Bremen, Vorstandsmitglied der Freunde der Stadtbibliothek Bremen e. V., E-Mail: direktion@stadtbibliothek.bremen.de, Homepage: http://www.stabi-hb.de/

Roland Mehlmann, Dipl.-Betriebswirt (B. A.), Mitglied der Büchereifreunde Bad Mergentheim, E-Mail: roland.mehlmann@web.de, Homepage: http://buechereifreunde.bad-mergentheim.de/

Marius Müller, Leitung der Stadtteilbibliothek Augsburg-Göggingen, E-Mail: marius.mueller@augsburg.de, Homepage: http://www.stadtbuecherei.augsburg.de/index.php?id=sb_goeggingen

Ilona Munique, diplom. Erwachsenenbildnerin, Selbstständige Lernbegleiterin / CEO, Das WEGA-Team – PersonalEntwicklung und OrganisationsLernen, E-Mail: munique@wegateam.de, Homepage: http://www.wegateam.de

Florian Pittroff M. A., Journalist und Texter, E-Mail: info@flo-job.de, Homepage: http://flo-job.de/

Maria Poll, Leiterin der Kinder- und Jugendbücherei Türmchen, Mitglied des Freundeskreises der Jugendbücherei im Türmchen e. V., E-Mail: maria.poll@marl.de, Homepage: http://www.tuermchen-marl.de

Brigitte Schäfers, Vors. der Freunde und Förderer der Mediothek Krefeld e. V., E-Mail: brigitteschaefers@web.de, Homepage: https://www.krefeld.de/de/mediothek/foerderverein-der-mediothek/

Nicole Scheibel, Dipl.-Bibl., Leiterin der Samtgemeindebücherei Tostedt, 2. Vors. des Fördervereins der Bücherei Tostedt e. V., E-Mail: n.scheibel@tostedt.de, Homepage: http://www.tostedt.de/buecherei

Dr. Karsten Schuldt, Wiss. Mitarbeiter am Schweizerischen Institut für Informationswissenschaft, HTW Chur; Schriftleiter LIBREAS. Verein zur Förderung der bibliotheks- und informationswissenschaftlichen Kommunikation; Lehraufträge FH Potsdam, Fachbereich Informationswissenschaften, E-Mail: karsten.schuldt@htwchur.ch, Homepage: http://www.karstenschuldt.info

Sinikka Sipilä, IFLA-Präsidentin 2013–2015, Generalsekretärin des Finnischen Bibliotheksverbandes, E-Mail: sinikka.sipila@fla.fi, Homepage: http://www.libraries.fi/sinikkasipila

Veronica Specht, Psychotherapeutin, Beisitzerin des Fördervereins der Stadtbibliothek Bayreuth e. V., E-Mail: beratung@veronika-specht.de, Homepage: http://www.veronika-specht.de/

Cornelia Stabrodt, Direktorin der Fouqué-Bibliothek, Öffentliche Bibliothek der Stadt Brandenburg an der Havel, E-Mail: cornelia.stabrodt@stadt-brandenburg.de, Homepage: http://www.stadt-brandenburg.de/bibliothek

Ulla Theisling, Sozialwissenschaftlerin, Geschäftsführerin SOCIUS Organisationsberatung Köln, Moderatorin für Zukunftswerkstätten und Großgruppenmoderation, E-Mail: mail@ulla-theisling.de, Homepage: http://www.ulla-theisling.de

Prof. Cornelia Vonhof, Prodekanin der Fakultät Information und Kommunikation an der Hochschule der Medien Stuttgart, E-Mail: vonhof@hdm-stuttgart.de, Homepage: http://www.hdm-stuttgart.de/new_search/person_view_detail?mitarbid=850041

Maria Waigant, Studentin, Institut für Bibliotheks-und Informationswissenschaft der Humboldt-Universität zu Berlin, E-Mail: maria.waigant@gmx.de

Brunhilde Weber, Dipl.-Bibl., Bereichsleitung Stadtbetrieb Kultureinrichtungen Euskirchen – Bereich Bibliothek, Stadtbibliothek Euskirchen, E-Mail: brunhilde.weber@euskirchen.de, Homepage: http://www.euskirchen.de/index.php?id=2733

Dr. Klaus Ulrich Werner, Bibliotheksdirektor, Leiter des Bibliotheksbereiches Philosophie und Geisteswissenschaften und der Philologischen Bibliothek der Freien Universität Berlin, E-Mail: klaus.werner@fu-berlin.de, Homepage: http://www.geisteswissenschaften.fu-berlin.de/fachbereich/bibliotheken/mitarbeiter/werner/index.html

Dr. Anke Wittich, Lehrkraft für besondere Aufgaben an der Hochschule Hannover, E-Mail: anke.wittich@hs-hannover.de, Homepage: http://f3.hs-hannover.de/personen/lehrende/wittich-anke-dr-lfba/index.html

Monika Ziller, Dipl.-Bibl., Leiterin der Stadtbibliothek Heilbronn, E-Mail: monika.ziller@stadt-heilbronn.de, Homepage: https://stadtbibliothek.heilbronn.de/